Aupair USA

interconnections

Mit Dutt und Highheels - Abenteuer Stewardess
Höhenflüge, Turbulenzen, Weltspaziergänge
Stewardess – das lässt sehnsuchtsvolle Bilder bei vielen jungen Frauen aufsteigen. Hier also plaudert eine moderne Nomadin aus ihrem Leben. Am faszinierendsten ist es allerdings immer wieder auf der Erde. Davon berichtet sie.
Brochierte Ausgabe, s/w-Fotos

Ca. 206 S
15,90 €

Sex, Mord und Halluzinationen
Traum und Alptraum eines Aussteigers in Venezuela
Ein Frankfurter Banker, beschreibt und verarbeitet in seinem Roman abenteuerliche und lebensgefährliche Erlebnisse während seiner Rucksackreise durch Venezuela.

152 S.
15,90 €

interconnections.de

interconnections-verlag.de, > Katalog oder im Buchhandel

Dort auch viele weitere Titel zu Jobs, Praktika, Austausch und Reisethemen

Aupair USA

Kinder, Kultur, Abenteuer

Henriette Lavalle

interconnections

Impressum
Reihe »Jobs, Praktika, Studium«, Band 31

Henriette Lavalle
Aupair USA
Kinder, Kultur, Abenteuer

Dritte überarbeitete Auflage 2014
ISBN: 978-3-86040-212-2

Umschlagentwurf: Sonja Münkner
Umschlagfotos Fotolia
copyright interconnections Freiburg

Verlag interconnections
interconnections, Schillerstr. 44, 79102 Freiburg
Tel. +49 761 700 650, Fax +49 761 700 688
info@interconnections.de
www.interconnections.de, www.interconnections-verlag.de
www.reisetops.com

INHALT

GESCHICHTE 8

Gastland USA 8

AUPAIR-PROGRAMM 13

Gründe zur Teilnahme 13
Voraussetzungen 16
Aufgaben 19
Leistungen 26
Programmkosten 27
Voraussetzungen 27
Varianten 28

ORGANISATIONEN 34

Aufgaben 34
Bewerbungsverfahren 35
Aupair ohne Organisation 50

REISEVORBEREITUNG 52

Kofferpacken 52
Gastgeschenke 55
Einige Regeln 57
Die ersten Tage 60
Sicheinleben – Gastfamilie 62
Aupair und Familienmitgliedschaft 64
Betreuung der Kinder 71
Entwicklungsstufen 73
Erziehung und Strafen 106
Sicherheit und Verantwortung 109
Betreuung 113
Gasteltern und Aupair 116
Feiertage 116
Krankheitsfall 116
Probleme 117
Problemlösung 120
Familienwechsel 124
Fazit 128

LEBEN IN DEN USA ... 129

Allgemeines ... 129
Kulturelle Unterschiede ... 132
Autofahren ... 153
Essen ... 156
Freizeit ... 161
Neue Freunde ... 162
Aupair-Sport: „Lästern" ... 163
Geschichtlicher Exkurs ... 163
Politische Struktur ... 170
Feiertage ... 172

AUPAIR UND JUSTIZ ... 179

Nanny Cam ... 185

ERFAHRUNGEN ... 188

Mein Aupair-Jahr ... 188
Zwei gegensätzliche Gastfamilien ... 197
Zwischen Traum und Alptraum ... 205
Rundum glücklich ... 209

MÄNNLICHE AUPAIRS ... 212

Bücher ... 215
Webseiten ... 219

ADRESSEN ... 226

Nützliches ... 228
Nützliches ... 229
Wichtige Vokabeln ... 229
Aupair-Vermittler ... 243

Vorwort

Mehrere Tausend junger Leute in Deutschland, Österreich und der Schweiz ergreift jedes Jahr das Fernweh. So packen sie ihre Koffer, um für einige Zeit mit Sprachkurs und Familienleben die Kultur eines anderen Landes kennenzulernen. Die USA sind dabei das beliebteste Gastland für die jungen Globetrotter.

Nach einem Jahr kehren sie wieder zurück in ihr Heimatland. Sie bringen neue Eindrücke mit, sind selbstständiger geworden und haben auf jeden Fall an Erfahrungen gewonnen.

Manches ehemalige Aupair behält kleine Traditionen wie das Feiern von den typischen amerikanischen Feiertagen Thanksgiving und Halloween noch viele Jahre bei. Fotos, Flaggen, USA-T-Shirts oder kleine Freiheitsstatuen erinnern noch lange an eine Zeit, die neue Horizonte eröffnet und nicht selten auch den ganzen Lebensweg nach der Zeit als Aupair beeinflusst hat.

Nicht alle Heimkehrer sind begeistert von dem, was sie im Ausland erlebt haben. Einige kehren auch vor Ablauf des Austauschprogramms aus den USA zurück. Es ist nicht leicht, sich in einem neuen Land und in einer neuen Familie zurechtzufinden. Manch einem liegt die Lebensweise der Gastfamilie oder auch die Kultur des Gastlandes nicht. Bei dem einen oder anderen Aupair stellt sich auch heraus, dass eine Vollzeittätigkeit als Kindermädchen auf Dauer nicht das Richtige ist.

Doch auch sie können auf eine ereignisreiche Zeit zurückblicken, in der sie neue Eindrücke und Erkenntnisse gewonnen haben.

Ein Aupair-Aufenthalt muss geplant und sorgfältig vorbereitet werden. Dazu gehören die intensive Information über das Aupair-Programm in den USA, die Vorbereitung auf die Arbeit mit Kindern und nicht zuletzt die ersten Planungen für kleine und größere Reisen oder Ausflüge in den USA.
In diesem Buch werden die wichtigsten Informationen zum Aupair-Programm in den USA vorgestellt und die vielen Facetten dieses offiziellen Kulturaustauschprogramms beleuchtet.

Georg Beckmann

Manuskripte gesucht!
Wir suchen laufende interessante Manuskripte zu Sachthemen, Reise usw., aber auch belletristische Werke, insbesondere ausgefallene Autobiographien

info@interconnections.de

GESCHICHTE

Das mittlerweile weltweit verbreitete Kulturaustauschprogramm Aupair hat seine Wurzeln gleich vor unserer Haustür – hier, im Herzen Mitteleuropas.

Haustöchter in der Schweiz

Bereits im 18. Jahrhundert war es unter wohlhabenden Bürgern in der Schweiz üblich, ihre Töchter für einige Zeit zu Familien ins Ausland oder einen anderssprachigen Teil des Landes zu schicken. Nicht selten waren dies befreundete Familien oder Geschäftspartner. Ziel dieses Aufenthaltes war es, den jungen Damen zu ermöglichen, eine Fremdsprache zu lernen, neue Erfahrung zu sammeln und auch einen gewissen Grad an Bildung zu erlangen. Dass Frauen in dieser Zeit höhere Schulen besuchten oder gar studierten, war nicht üblich.

Diese so genannten Haustöchter lebten mit im Haushalt der Gastfamilien und halfen als Gegenleistung für die Gastfreundschaft bei der Kinderbetreuung.
Das Wort Aupair stammt aus dem Französischen. Es geht zurück auf das Wort „on par" – auf Gegenseitigkeit. Der Name ist also gleichzeitig das Ziel dieses einzigartigen Austauschprogramms: Faires Miteinander mit gegenseitigem Geben und Nehmen – Kultur, Sprache und Bildung gegen Mithilfe bei Kinderbetreuung und im Haushalt.

Gastland USA

Aupairs als Touristen

Die USA gehören schon seit einigen Jahrzehnten zu den beliebtesten Zielen eines AupairAufenthalts. Offiziell gibt es das Programm aber erst seit ca. 25 Jahren. Zuvor war es nicht möglich, auf legalem Weg als Aupair in die USA einzureisen und dort zu arbeiten. Für viele junge Menschen hieß dies, dass sie ihren Traum von einem Auslandsaufenthalt als Aupair in einem anderen Land verwirklichen mussten. Einige entschieden sich jedoch auch, mit einem Touristenvisum in die USA einzureisen und dann illegal als Aupair zu arbeiten. Wie viele junge Menschen auf diesem Wege einige Zeit als illegale Aupairs in den USA verbracht haben, lässt sich nur schwer abschätzen, es müssen jedoch Tausende gewesen sein.

Kulturaustausch in den USA

Bereits 1961 setzte sich die USA mit dem *Mutual Educational and Cultural Exchange Act* das Ziel, mittels Kulturaustausch und Bildungsprogrammen gegenseitiges Verständnis zwischen Amerikanern und anderen Völkern zu fördern. Besonders engagiert zeigte sich dabei Senator William Fulbright, weshalb dies auch unter dem Namen *Fulbright-Hays Act* bekannt geworden ist.
Seither sind viele Kulturaustauschprogramme entstanden, die jungen Menschen einen zeitlich begrenzten Aufenthalt in den USA im Sinne des Kulturaustausches und der Völkerverständigung ermöglichen. Einige der bekannten Programme sind zum Beispiel *High School Exchange, Summer Work & Travel* oder auch das *Teachers Exchange Program*.

Aupair-Programm

Der Traum vom legalen Aupair-Aufenthalt in den USA wurde schließlich 1986 wahr, als sich die Organisationen *American Institute for Foreign Study* und *Experiment in International Living* bei der amerikanischen Regierungebehörde USIA um die Genehmigung eines Aupair-Programms im Sinne der Völkerverständigung bemühten, das *Exchange Visitor Program*.
Die USIA, die *United States Information Agency,* 1959 zur Unterstützung der amerikanischen Außenpolitik gegründet, war zuständig für die Durchführung internationaler Bildungs- und Kulturaustauschprogramme sowie Rundfunksendungen und Informationsprogramme.

Wie das *Exchange Visitor Program* genau funktioniert, verrät Jörn Gutowski von AYUSA International:

»Viele Auslandsprogramme lassen sich leicht in Kategorien einordnen. Ein Schüleraustauschprogramm in Brasilien ist ein kulturelles Austauschprogramm; ein Sprachkurs in Spanien eine Bildungsreise und ein Farmjob in Australien ein Arbeitsprogramm. In welche Kategorie gehört aber das Aupairprogramm? – Viele Länder haben verschiedene Regelungen getroffen, wie sie das Aupairprogramm einordnen, und welchem Ministerium es unterstellt ist. So hat Österreich entschieden, das Programm einer normalen Arbeitstätigkeit gleichzustellen. In Deutschland hat das Programm zwar eine arbeitsrechtliche Sonderstellung, es wird aber auch nicht klar als ein kulturelles Austauschprogramm angesehen. Deshalb ist es auch nicht verwunderlich, dass in Deutschland eine Reihe von Ministerien damit befasst sind, wie z.B. das Auswärtige Amt, das Arbeitsministerium und auch das Ministerium für Familie, Senioren, Frauen und Jugend.

Die USA sind mit den Niederlanden das einzige Land weltweit, das das Aupairprogramm als Cultural Exchange (kulturelles Austauschprogramm) behandelt.

Cultural Exchange Programs sind in den USA dem Außenministerium unterstellt und besitzen dort eine eigene Visumkategorie (J-Visum). Das Aupairprogramm wird somit durch die gleiche Behörde überwacht, die ebenfalls andere Austauschprogramme wie den Schüleraustausch oder universitäre Auslandssemester betreut.

Die Behörde stellt nicht nur genaue Anforderungen an Aupairs und Gastfamilien, sondern auch an Agenturen, die in den USA das Programm durchführen. Agenturen, die *Sponsoring Organizations* genannt werden, müssen sich in einem aufwendigen Prozess um die Erlaubnis bewerben, Aupairs vermitteln zu dürfen. Sie unterliegen einer regelmäßigen Kontrolle und müssen ihre Akten Prüfern der amerikanischen Behörden öffnen. Die Agenturen werden u.a. danach bewertet, inwieweit sie die Programmregeln erfüllen. Ferner müssen Statistiken von den Agenturen gesammelt werden, die auch Programmabbrecher und Aupairs, die nicht nach Programmende in ihr Heimatland zurückreisen, erfassen.
Aus diesen komplexen Gründen sind zurzeit auch nur zwölf Agenturen als offizielle Sponsoring Organization beim U.S. Außenministerium registriert.

Die Kontrolle der gesetzlichen Rahmenbedingungen bedeutet für private amerikanische Agenturen, genau zwischen wirtschaftlichen Zielen und der Sicherstellung des Qualitätsstandards abwägen zu müssen. Deshalb achten sie auch genau auf ihre Partneragenturen in den Heimatländern der Aupairs, die für die Auswahl der geeigneten Aupairkandidaten zuständig sind.

Dieser Auswahlprozess ist ebenfalls wesentlich aufwendiger als in anderen Ländern. Bewerber müssen neben den ausführlichen schriftlichen Bewerbungsunterlagen mindestens zwei Referenzen über Kinderbetreuung einreichen, einen Gesundheitstest ablegen, ein polizeiliches Führungszeugnis beantragen, zu einem persönlichen Gespräch kommen, Englischkenntnisse nachweisen – und nicht zuletzt bereit sein, ein ganzes Jahr in den USA zu bleiben.

Angesichts dieser augenscheinlich hohen Hürden spricht einiges dagegen, dass ein Land mit diesen strengen Regularien ein für alle Seiten erfolgreiches Programm durchführen könnte. Genau dies ist aber der Fall: Die USA haben wohl das weltweit größte Aupairprogramm mit mehr als 20.000 Aupairs pro Jahr und einem Anstieg von mehr als 85% in den letzten zehn Jahren. Natürlich hat die USA eine große Bevölkerungsschicht, die sich diese Kinderbetreuung leisten kann, aber dies ist nicht der einzige Grund, warum das Programm so erfolgreich ist. Denn auch andere Länder – wie zum Beispiel Deutschland – haben einen Bedarf an Aupairs, der aber aufgrund der undurchsichtigen Regeln des Programms und der unterschiedlichen Zuständigkeiten bei verschiedenen Ministerien oft nicht gedeckt werden kann.

Der Grund für den Erfolg in den USA liegt vielmehr darin, dass die Regierung das Aupairwesen als kulturelles Austauschprogramm versteht, und es damit dem Außenministerium zugeordnet wird. Statt das Programm vornehmlich als eine Arbeitstätigkeit anzusehen, wurde der kulturelle Austausch zwischen der Familie und dem Aupair in den Vordergrund gestellt. Inbesondere wird hervorgehoben, dass die Aupairs im Familienleben integriert werden sollen, um so die amerikanische Kultur im Alltag zu erleben. Gleichzeitig ermöglicht das Aupair der Familie den Zugang zu einer anderen Kultur und Sprache.

Das Visum, das die Aupairs vor der Abreise erhalten, beinhaltet die Arbeitserlaubnis, als Aupair in den USA tätig zu werden. Es ist immer nur in Verbindung mit der Sponsoring Organization gültig, die die Verantwortung für das Aupair während des gesamten Aufenthalts trägt und so immer genau über den Aufenthaltsort des Aupairs unterrichtet sein muss.

Die Begründung für die positive Auswirkung der Ansiedlung des Programms im Außenministerium lässt sich damit erklären, dass es eines der Ziele des Ministeriums ist, ein positives Bild der USA zu verbreiten. Erfahrungen mit anderen Austauschprogrammen haben der Behörde gezeigt, dass junge Menschen, die eine längere Zeit in den USA leben, ein wesentlich positiveres Bild Amerikas haben als ihre Altersgenossen, die noch nicht in Amerika waren. Hier stand insbesondere das seit dem Zweiten Weltkrieg erfolgreiche Schüleraustauschprogramm Pate. Es ist deshalb auch nicht verwunderlich, dass die größten Aupair-Agenturen vorher meist viele Jahre in dieses Programm angeboten hatten und ihre Erfahrungen im interkulturellen Austausch einbringen konnten.

Das amerikanische Aupairmodell sorgt für ein sicheres, qualitativ hochwertiges Programm, von dem viele Länder lernen können, da es eine Balance zwischen Sicherheit, Transparenz und klaren Prozessen gefunden hat.«

Aupairprogramm: Für und Wider

Die Anfänge des Aupair-Programms bargen jedoch politische Schwierigkeiten. Bis 1990, also vier Jahre nach Programmbeginn schließlich vom Kongress der USA erklärt wurde, dass das Programm nun auf Dauer bestehen bleibe, wurde dieses mehrfach fast aufgehoben. Bis heute kommen immer wieder Diskussionen in den Regierungsbehörden auf, ob das Aupair-Programm wirklich ein Kulturaustauschprogramm im Sinne der Völkerverständigung sei oder doch eher ein Arbeitsprogramm, bei dem die Gastfamilien mehr an einer günstigen Arbeitskraft und die Aupairs mehr an einem Aufenthalt in den USA, als am Miteinanderleben und Voneinanderlernen interessiert seien.

Befürchtungen über illegale Einwanderung und Arbeitsplatzverluste amerikanischer Hausangestellter führten Ende 1987 erstmals dazu, dass eine Kommission der USIA die Beendigung des Programms empfahl. Es dauerte fast ein Jahr,

bis die USIA durch einen Kongressbeschluss angewiesen wurde, das Programm weiterhin durchzuführen.
 Doch bereits Anfang 1990 stand das Programm erneut zur Diskussion. Der Vorwurf lautete, dass das Programm Visa für Bildungs- und Kulturaustausch für ein Arbeitsprogramm missbrauche und somit das Aupair-Programm nicht mit der ursprünglichen Idee eines Kulturaustausches übereinstimme. Dennoch beschloss der Kongress, das Programm unter den damals gültigen Richtlinien fortzusetzen.
 Die Regeln für das Aupair-Programm in den USA wurden seither mehrfach überarbeitet und hinsichtlich Auswahlprozess von Aupairs und Gastfamilie, Überprüfung der Programmteilnehmer sowie Platzierung in Gastfamilien geändert.
 Seit 1996 müssen Aupairs vor Antritt ihrer Tätigkeit bei der Gastfamilie an einer mehrtägigen Schulung teilnehmen („orientation"), die häufig in New York stattfindet.
1999 wurde die USIA aufgelöst und die Administration und Durchführung des Aupair-Programms an das Department of State übertragen.

Während einige Agenturen über einen Rückgang oder eine Stagnation der Bewerbungen von Gastfamilien klagen, widerspricht Silke Rixen von GermanAuPair: „Ich kann diesen Trend nicht bestätigen. Sollte es so sein, ist es bis zu uns noch nicht durchgedrungen. Ich gehe davon aus, dass es auch in den kommenden Jahren so bleibt oder sogar noch ansteigt. Im Zuge der Globalisierung ist ein Auslandsaufenthalt heutzutage etwas, das in kaum einem Lebenslauf fehlen darf."
Inzwischen reisen rund 12.000 junge Frauen und Männer aus Ländern rund um den Globus jedes Jahr als Aupair in die USA. Insgesamt haben sich gut über 100.000 mit dem Aupair-Programm den Traum vom vorübergehenden Leben und Arbeiten in den USA erfüllt.

Mitwohnen.org
Günstig wohnen gegen Hilfe

AUPAIR-PROGRAMM

Eine Chance, im Ausland zu leben, zu arbeiten, zu reisen und zu studieren – der Traum vieler junger Menschen.

Kurzgefasst verbringt ein Aupairs ein Jahr in einer Gastfamilie im Ausland, lernt neue Menschen kennen, erfährt die amerikanische Kultur aus der Sicht einer Familie, belegt einige Kurse an einem College und hat am Ende des Jahres noch einen 13. Monat zum Reisen zur Verfügung. Auf ein Aupair wartet ein Jahr voller Überraschungen, Spaß und neuen Erfahrungen.

Die Programmdauer beträgt zwölf Monate. Eine kürzere Programmdauer von zum Beispiel sechs Monaten ist derzeit nicht möglich, außer als Sommer- oder als Kurzzeit-Aupair, wobei die Stellen hier begrenzt sind, insbesondere im zweiten Fall. Stattdessen besteht die Möglichkeit, das Programm um drei, sechs, neun oder zwölf Monate zu verlängern. Diese Leistung ist jedoch nicht Programmbestandteil aller Anbieter, und sie wird auch von der Mehrzahl der Aupairs nicht genutzt, wie eine Agentur verrät: „Wenn Familie und Aupair sich einig sind, wird die Variante gerne in Anspruch genommen. Es gibt häufig aber mehr Familien als Aupairs, die das gerne machen würden. Die meisten Aupairs möchten dann doch wieder zurück, weil sie Studium oder Ausbildung beginnen bzw. fortsetzen möchten."

Gründe zur Teilnahme

Die Gründe für ein Aupair-Jahr in den USA sind vielfältig.

Fernweh, Auszeit und Veränderung

Den einen oder anderen plagt schon sehr lange das Fernweh, und er oder sie träumt davon, einige Zeit im Ausland zu leben.

Gerade junge Menschen, die später einen sozialen Beruf oder einen Beruf mit Kindern anstreben, können durch einen Aupair-Aufenthalt erste Erfahrungen sammeln, um festzustellen, ob sie mit ihrem Berufswunsch auch richtig liegen.

Einige Aupairs sind sich noch nicht sicher, was sie nach dem Schulabschluss machen sollen und brauchen noch etwas Zeit, um sich über die Zukunft klar zu werden. Schulabgängern mit festem Berufswunsch bietet die Teilnahme an dem Programm die Möglichkeit, eine Art soziales Jahr im Ausland zu machen, um einmal etwas anderes zu erleben und sich persönlich weiterzuentwickeln.

Genauso können Frust im aktuellen Job und die Lust auf Veränderung Gründe dafür sein, eine Pause einzulegen oder sich neu zu orientieren und sich dabei einmal ganz andere Luft um die Nase wehen zu lassen.

Aber auch Arbeitslosigkeit – zum Beispiel nach Beendigung einer Ausbildung oder dem Studium – führt dazu, dass so mancher eine Möglichkeit sucht, eine Wartezeit zu überbrücken und dabei neue Erfahrungen zu sammeln, die sich positiv auf die Bewerbungschancen auswirken.

Amerikanische Lebensweise

Die Teilnahme am Aupair-Programm eröffnet die Möglichkeit, einen legalen und organisierten Aufenthalt in den USA zu verbringen und dabei die amerikanische Lebensweise hautnah zu erleben. Eine bessere Möglichkeit, direkt mit Amerikanern zu leben, findet man nicht. Man erlebt mit ihnen all die typischen kleinen Alltagsdinge und Freizeitaktivitäten, die den *American way of Life* ausmachen, wie zum Beispiel großes Kino im Original, Sportveranstaltungen, berühmte Museen oder Wochenendausflüge in die großen Städte oder die Natur.

Reisen

Kaum ein Land bietet so viele interessante und berühmte Reiseziele wie die USA.

Von New York, Boston, Chicago, New Orleans, Los Angeles über San Francisco – im ganzen Land erwarten das Aupair beeindruckende Metropolen. Der eine oder andere Fan von Hollywoodproduktionen geht hier auf Entdeckungsreise, um sich die Originalschauplätze berühmter Filme anzusehen. Kunstbegeisterte Aupairs können in Museen Gemälde weltberühmter Maler wie Vincent van Gogh oder Andy Warhol im Original bestaunen.

Fremdsprachen lernen

Ohne Pauken und Anstrengung lernt ein Aupair während des Aufenthalts durch das Sprechen mit Gastfamilie, Kindern und neuen Freunden aus aller Welt ganz von selbst und fließend Englisch sprechen. Dies lässt sich durch einen ESL-Sprachkurs (ESL = English as a Second Language), den man an allen Colleges und Abendschulen für Erwachsene belegen kann, noch beschleunigen.

Besonders in der Anfangszeit verbessern sich die Englischkenntnisse spürbar von Tag zu Tag, und man hat immer mehr Freude daran, in einer anderen Sprache zu kommunizieren.

Ganz besondere Momente in einem Aupair-Jahr sind z.B., wenn einem bewusst wird, dass man auf Englisch denkt und träumt, oder wenn man zum ersten Mal für einen Amerikaner gehalten wird.

Weiterbildung

Teil des Aupair-Programms ist das Belegen von akademischen Kursen an einem College in der Nähe des Wohnortes der Gastfamilie. Colleges bieten in der Regel ein breites Spektrum an Kursen, und neben Englisch kann man zum Beispiel Kurse im eigenen Berufsfeld oder dem künftigen Beruf belegen.

Selbstbewusstsein

Durch die Auslandserfahrung werden das Selbstbewusstsein und Selbstvertrauen gestärkt, so dass man als selbstständigere Person nach Hause zurückkehrt.

Neue Freunde

Durch Collegekurse und Freizeitaktivitäten lernt man im Laufe des Jahres viele Menschen kennen. Es entstehen neue Freundschaften, von denen einige vielleicht ein ganzes Leben lang halten. Nicht zuletzt bleiben viele Aupairs noch lange mit ihren Gastfamilien in Kontakt und kommen immer wieder auf einen Besuch in die USA.

Interkulturelle Kompetenz

Das Erleben einer anderen Kultur eröffnet einem Aupair Zugang zu einer ganz neue Sicht- und Lebensweise, was die Toleranz und das Verständnis für andere Kulturen fördert – neue Horizonte tun sich auf.
Ein Aupair-Aufenthalt ist weit mehr als ein langer Urlaub im Ausland – man erlebt viel und bildet sich dabei auch noch zwecks Verbesserung der eigenen Berufschancen weiter.

Madlen zieht folgendes Fazit aus ihrem Aupairjahr: „12 Monate in der Ferne, eine fremde Sprache so ziemlich perfektioniert, viele internationale Kontakte geknüpft, gereist, erlebt und auch mit den Schattenseiten konfrontiert."

Voraussetzungen

Bei Aupairs

- Aupair junge Männer wie Frauen, haben folgende Voraussetzungen zu erfüllen:
- Alter 18-26 Jahre (Bewerbung ab 17 J.)
- Nichtraucher, andernfalls muss die Bereitschaft bestehen, auf das Rauchen in der Gegenwart und den Räumlichkeiten der Familie zu verzichten bzw. die amerikanischen Rauchverbote zu respektieren. Tatsächlich sind Raucher kaum vermittelbar
- Männliche Bewerber müssten über ausgezeichnete Qualifikationen verfügen, insbesondere auch die Bereitschaft zeigebn, sich um behinderte Kinder zu kümmern
- abgeschlossene Schulbildung
- grundlegende bzw. passable Englischkenntnisse
- Bereitschaft einen 12monatigen Aufenthalt zu absolvieren, verlängerbar um bis zu 12 Monate
- ledig, kinderlos
- guter Gesundheitszustand, keine Allergien, keine Asthma, etc.
- einwandfreies polizeiliches Führungszeugnis
- Führerschein und Fahrpraxis von mindestens 50 Stunden
- Kein Einreiseverbot in die USA
- Erfahrung in der Betreuung von Kindern (nachzuweisen sind zwei Tätigkeiten von mindestens 200 Stunden binnen der drei letzten Jahre, davon 150 bei nicht verwandten Personen oder Institutionen).

Weitere Voraussetzungen:
- Freude am Umgang mit Kindern
- Einfühlungsvermögen
- Neugier
- Toleranz
- Offenheit gegenüber Neuem
- Konfliktfähigkeit
- Kommunikationsfähigkeit
- Interesse an neuen Kulturen.

Wer bereits Aupair in den USA war und den Aufenthalt erfolgreich abgeschlossen hat, kann ein weiteres Jahr anschließen lassen. Dies ist zumindest bei Agenturen möglich, die mit AuPairCare kooperieren.

Leistungen:

- Freier Hin- und Rückflug nach New York City (nach Rücksprache auch von anderen Städten)
- Zur Verfügungstellung diverser Materialien mit nützlichen Informationen für einen erfolgreichen Aufenthalt
- Betreuung im Heimatland und den USA, regelmäßige Aupair Treffen
- J1-Visa-Antragsunterlagen (zum legalen USA-Aufenthalt) und Unterstützung bei der Visa-Beantragung
- Visa-Gebühr in Höhe von rund 35,00 US$
- Umfangreiches Versicherungspaket (Kranken- und Unfallversicherung)
- Viertägiges Vorbereitungsseminar, in New York, inkl. Unterkunft mit
- interessanten Vorträgen über Erste Hilfe, altersgerechte Kinderbetreuung, Kulturschock, etc.
- Weiterreise zur Gastfamilie

Kosten: 850,- Euro * (alles inklusive)
Taschengeld: 195,75 US$
Studiengeld: 500,- US$

Marita Grammatopoulos von der *1st Aupair Agentur* wünscht sich von künftigen Aupairs zum Beispiel, dass sie „Kinderbetreuungserfahrung aufweisen und wirklich gerne ihre Tage mit Kindern verbringen. Außerdem sollten sie auch unbedingt anpassungsfähig sein und sich auch in fremder Umgebung glücklich fühlen." Eine Agentur meint dazu noch: „Sie sollten offen und tolerant anderen Menschen und Kulturen gegenüber sein. Sie müssen Kinder mögen und bereit sein, sich auf das ganze Programm einzulassen. Es ist kein Urlaub, und wir können auch keinen sorgenfreien Aufenthalt vermitteln. Von daher ist es wichtig, dass sich die Aupairs in der Lage fühlen, selbst Probleme anzusprechen und das Beste aus jeder Situation zu machen. Selbst ist das Au pair!!"

Eine Vermittlerin nennt „Anpassungsfähigkeit, Intelligenz, gute Sprachkenntnisse und Extrovertiertheit" als ideale Eigenschaften und warnt gleichzeitig vor dem Psychotest: „Wir verlieren viele Bewerber, da sie nicht durch den Psychotest (z.B. HOGAN-TEST) kommen, der auch nur einmal wiederholt werden kann."

Von den Organisationen werden teilweise zusätzliche Anforderungen zur Teilnahme am Programm gestellt, z.B. (nachgewiesene) Erfahrung in hauswirtschaftlichen Tätigkeiten. Erfahrungen in der Kinderbetreuung müssen häufig in den letzten zwei Jahren gesammelt worden sein bzw. eine bestimmte Anzahl von Stunden überschreiten, z.B. 200 oder 250 Stunden. Nicht alle Agenturen vermit-

teln Männer, Raucher oder Aupairs mit gesundheitlichen Einschränkungen (Diabetes, Allergien, Epilepsie u.ä.). Bei Aupairs, die in psychologischer Behandlung waren oder sind, wird zudem überprüft, inwiefern eine Teilnahme am Programm zu empfehlen ist, da die Einstellung auf eine neue Kultur und die Integration in eine neue Familie eine erhebliche psychische Belastung darstellt.
Personen mit gesundheitlichen Problemen können grundsätzlich am Programm teilnehmen, so lange sie durch ein ärztliches Attest nachweisen können, dass für die Teilnahme an dem Programm keine gesundheitlichen Einschränkungen vorliegen. Eine gängige Voraussetzung ist auch, dass der Bewerber ledig und kinderlos ist.

Erfahrung in der Kinderbetreuung

Wichtigste Aufgabe eines Aupairs während des Aufenthaltes ist die Betreuung der Kinder der Gastfamilie. Aus diesem Grund muss ein Aupair Erfahrung in der Kinderbetreuung nachweisen können. Diese können unterschiedlicher Art sein, zum Beispiel eine Tätigkeit als Babysitter, ein Praktikum im Kindergarten oder auf einer Kinderstation in einem Krankenhaus, ehrenamtliches Engagement als Betreuer einer Kindergruppe in einem Verein oder die Mithilfe bei Kinderprogrammen wie Ferienlager oder dergleichen.

Die Aupairvermittler müssen diese Erfahrungen im Laufe des Bewerbungsverfahrens überprüfen.

Möchte ein Aupair Kinder unter zwei Jahren betreuen, so hat es insgesamt 200 Stunden Erfahrung in der Betreuung von Kleinkindern genau in dieser Altersgruppe nachzuweisen, andernfalls kann es nicht in eine Gastfamilie mit kleinen Kindern platziert werden.

Gute Vermittlungschancen

Besonders gute Vermittlungschancen haben Aupairs die:

- viel Erfahrung mit Kindern nachweisen können
- gutes Englisch sprechen
- Nichtraucher sind
- schon einige Zeit den Führerschein besitzen und Fahrpraxis nachweisen
- sich Mühe bei den Bewerbungsunterlagen geben und diese sauber ausfüllen sowie auch Fotos mit Kindern beilegen
- flexibel in Bezug auf Wünsche und Erwartungen an die Gastfamilie sind.

Aufgaben

Aupairs arbeiten als Kindermädchen für die Gastfamilie. Die Arbeitszeit beträgt dabei höchstens 45 Stunden in der Woche, also mehr, als wir in normalen Arbeitsverhältnissen tätig sind. Pro Arbeitstag dürfen aber zehn Arbeitsstunden nicht überschritten werden, und jede Woche sind höchstens fünfeinhalb Arbeitstage vorgesehen. Wenn das Aupair als einziger Erwachsener daheim ist, zählt es auch als Arbeitszeit, wenn Baby oder Kind noch schlafen. Einzige Ausnahme: es befindet sich ein weiterer Erwachsener im Haus, beispielsweise die Großmutter.

Arbeitszeiten wie die von *Rebecca* sind also nicht zulässig – sie arbeitete die gleichen Stunden wie ihre Gasteltern, die beide Notärzte im Krankenhaus waren:

„Die meisten Aupairs hatten ihren Alltag, d.h. einen normalen Arbeitstag von 8 bis 17 Uhr. Meiner war da doch etwas anders. Ich hatte keine Wochenenden, und wenn der Kleine nachts schrie, musste ich raus. Am Anfang war das bis zu einem gewissen Punkt auch noch okay, aber wenn man nachts nicht mehr als drei Stunden schlafen kann, zerrt das ja dann doch an den Nerven, und irgendwann sind der tolle bezahlte Urlaub oder andere Dinge „zum Ausgleich" egal, weil man einfach nur eine Nacht durchschlafen möchte. Dies ging in meiner gesamten Zeit dort ganze drei Tage, weil der Kleine bei seinen Großeltern war.

Ein Tagesbeispiel war: Von 0-6 Uhr war einer meiner Gasteltern zuständig, von 6 bis 17 Uhr ich (weil beide arbeiten gingen), von 17 Uhr bis Mitternacht wieder einer meiner Gasteltern, ebenso von 0-6 Uhr, usw. Da sie aber den Kleinen von ihrem Zimmer eine Etage darunter nie schreien hörten, bewirkte das überhaupt nichts, denn es war ich, die wach wurde, aufstand und ihn beruhigte. Ich konnte doch nicht einfach in meinem Bett liegen bleiben und mitanhören, wie er im Nebenzimmer schrie, während ich selbst nicht mehr einschlafen konnte und darauf wartete, dass jemand kommen würde. Also stand ich jeweils nach einer kurzen Zeit auf und gab ihm die Flasche. Ich wusste, dass meine Gasteltern viel arbeiteten und sich deshalb ausruhen mussten und auch sollten. Aber mein Tag war eindeutig zu lang: Ich hatte pro Tag mehr als 12 Stunden, und, wie gesagt, nachts konnte ich auch nicht schlafen.

Mit meinen freien Tagen bzw. Wochenende klappte es auch nicht so richtig; ich hatte zwar schon manchmal meinen freien Tag, aber wenn, dann nur in der Woche, oder ich musste einen Tag nur halbtags arbeiten."

Einschränkungen

Säuglinge unter drei Monaten dürfen von Aupairs nicht alleine beaufsichtigt werden. Hat eine Gastfamilie ein so kleines Baby, muss ein Elternteil oder ein verantwortlicher Erwachsener während der Arbeitszeit des Aupairs zu Hause sein.
Aupairs müssen drei Tage Eingewöhnungszeit in der Familie bekommen, was bedeutet, dass ein Elternteil oder eine andere erwachsene verantwortliche Person während dieser Zeit zu Hause sein muss.

Kinderbetreuung

Hauptaufgabe des Aupairs ist es, sich um die Kinder der Gastfamilie zu kümmern.
Tätigkeiten, die rund um die Kinder anfallen, sind zum Beispiel:

- morgens die Kinder aufwecken, ihnen beim Anziehen helfen, mit ihnen frühstücken, sie für die Schule fertigmachen
- Kleinkinder wickeln, baden und Fläschchen geben
- Mit Schulkindern Hausaufgaben machen und lernen
- Kinder zur Schule oder zu Aktivitäten fahren und abholen
- Mit dem Kind zum Arzt gehen und sich um das kranke Kind zu Hause kümmern
- Mit den Kindern auf den Spielplatz gehen
- Malen, basteln und singen
- beim Üben mit Musikinstrumenten helfen

Viele Gastfamilien freuen sich, wenn man den Kindern ein paar Worte Deutsch beibringt und mit ihnen über das eigene Heimatland spricht.

Leichte Hausarbeit

Alle Aufgaben im Alltag der Familie müssen mit der Betreuung der Kinder zusammenhängen. Schwere Hausarbeiten fallen nicht in den Aufgabenbereich eines Aupairs. In den Richtlinien des Programms heißt es, dass Aupairs auch leichte Hausarbeit, die zur Kinderbetreuung dazugehört, verrichten dürfen. Dazu können folgende zählen:

- Frühstück, Mittagessen, Abendessen, Pausenbrote und Zwischenmahlzeiten für die Kinder zubereiten

- Die Küche tagsüber nach den Mahlzeiten aufräumen, Geschirr waschen und ggf. mit dem Besen durchkehren
- Spielsachen der Kinder wegräumen
- Kinderzimmer und Spielzimmer aufräumen und reinigen
- Betten der Kinder machen
- Wäsche der Kinder waschen, trocknen, zusammenlegen und wegräumen
- Sich um die eigene Wäsche kümmern
- Schmutz wegwischen, den die Kinder gemacht haben, z.b. wenn sie etwas verschüttet haben oder mit schmutzigen Schuhen ins Haus gelaufen sind, anstatt sich die Schuhe draußen auszuziehen.
- Auto des Aupairs sauber halten, falls eines zur Verfügung steht
- Eigene Räume wie Schlafzimmer und Bad reinhalten.
- Nicht zu den Aufgaben eines Aupairs zählen dagegen:
- Mahlzeiten für die ganze Familie zubereiten
- Wäsche der Gasteltern waschen
- Wohnzimmer, Bäder oder Schlafzimmer der Gasteltern putzen
- Einkaufen für die ganze Familie
- Gartenarbeit
- Haustiere der Gastfamilie versorgen

Tagesablauf

Der Tagesablauf und die Arbeitszeiten eines Aupairs sind von Gastfamilie zu Gastfamilie höchst unterschiedlich, was mit den Berufen der Gasteltern, dem Alter der Kinder und den Aktivitäten der Kinder zusammenhängt. Ähnlich wie in den folgenden Beispielen kann der Tagesplan eines Aupairs aussehen.

Stundenplan eines Aupairs zweier kleiner Babys,
Christopher und Kristina (11 Monate)

🕐 6:30 Uhr
Offizieller Arbeitsbeginn, Gasteltern verlassen das Haus, Gastmutter bringt das Babyphone

🕐 8:30 Uhr
Die Kleinen werden wach

🕐 8:30 Uhr - 9:30 Uhr
Waschen, Windeln wechseln, Anziehen und Füttern

🕒 9:30 Uhr
Einkaufen für die Familie, noch in ein paar Läden bummeln

🕒 12:00 Uhr
Die Kleinen für den Mittagsschlaf hinlegen

🕒 12:00 - ca. 13:30 Uhr
Zeit für mich

🕒 13:30 Uhr - 14:00 Uhr
Mit den Kleinen spielen, malen oder in den Park gehen

🕒 14:00 - 15:00 Uhr
Babyschwimmen im YMCA

🕒 15:00 - 16:30 Uhr
Die Kleinen beschäftigen

🕒 16:30 Uhr
Arbeitsende

Weitere typische Tätigkeiten:
Windeln wechseln, Fläschchen geben, Mund abwischen, aufpassen, dass die Kleinen nirgends herunterfallen, nichts umwerfen oder ausräumen, Sprechen üben, Laufen üben, gute Nerven für quengelige Tage haben, schreiende Babys trösten, wenn sie sich mal wieder gestoßen haben usw.

Stundenplan eines Aupairs

mit dem kleinen Max (1 Jahr) und Ashley (3 Jahre)

🕒 8:30 Uhr
Arbeitsbeginn, Gastmutter geht zur Arbeit

Kinder sind in der Regel schon im Wohnzimmer und Ashley schaut fern. Erste Maschine Wäsche befüllen und einschalten

🕒 8:30 - 9:30 Uhr
Ashley Frühstück geben, Max füttern, danach beide Kinder anziehen

🕒 9:30 Uhr
Wäsche in den Trockner, zweite Waschmaschinenladung einschalten. Danach Ashley in die Pre-School fahren.

Anschließend mit Max zum Beispiel im Park spazieren gehen, bei einem anderen Aupair vorbeifahren oder Einkaufsbummel

🕒 12:00 Uhr

Ashley aus der Pre-School abholen, nach Hause fahren und Mittagessen. Ashley isst am liebsten Erdnussbutterbrot mit Erdbeermarmelade. Zweite Ladung Wäsche in den Trockner stecken

🕐 12:30 Uhr
Ashley und Max zum Mittagsschlaf hinlegen

🕐 12:30 - 13:15 Uhr
Zeit zum TV schauen, E-Mails lesen oder Briefe schreiben

🕐 13:15 Uhr
Ashley wacht auf, kleiner Snack
Danach malen, Lego oder Puppen spielen
Nebenbei Wäsche zusammenlegen und wegräumen

🕐 14:00 Uhr
Max aufwecken

🕐 14:30 Uhr
Meist kommt ein Aupair aus der Nachbarschaft mit seinen Kindern oder man trifft sich auf dem Spielplatz.

🕐 17:00 Uhr
Arbeitsende, vorher noch Wäsche fertig zusammenlegen und wegräumen, Spielsachen aufräumen

Weitere typische Tätigkeiten:
Laufen und Sprechen üben mit Max, Farben und Buchstaben üben mit Ashley, aufpassen dass keiner irgendetwas ausräumt oder sich verletzt, ständig Sachen wegräumen, viele Windeln wechselnxax

Stundenplan eines Aupairs
mit den 2 Kindern Cathy (6) und David (8)

🕐 7:00 - 7:15 Uhr Pausenbrote machen, Schultaschen kontrollieren, Schwimmtaschen packen und bereitstellen

🕐 7:15 Uhr
David und Cathy aufwecken, dafür sorgen, dass sie sich anziehen

🕐 7:30 - 7:50 Uhr
Frühstück

🕐 7:50 - 8:15 Uhr
Zähneputzen, Kämmen, Schuhe und Jacken anziehen

🕐 8:15 - 9:00 Uhr
David und Cathy in die Grundschule fahren

24 // Aupair-Programm

🕐 9:00 - 15:00 Uhr
Freizeit

🕐 15:00 - 15:45 Uhr
David und Cathy von der Schule abholen

🕐 15:45 - 16:00 Uhr
Kleine Zwischenmahlzeit

🕐 16:00 - 16:30 Uhr
Hausaufgaben machen

🕐 16:30 Uhr
Abfahrt zum Schwimmen

🕐 18:00 Uhr
Wieder zu Hause, Abendessen

🕐 18:30 Uhr
Mithelfen beim Essen abräumen

🕐 18:45 Uhr - 20:00 Uhr
Restliche Hausaufgaben mit den Kindern erledigen, noch ein Weilchen spielen und fernsehen, Schlafanzüge anziehen und Zähne putzen

🕐 20:00 Uhr Arbeitsendexax

Weitere typische Tätigkeiten:
Spielsachen wegräumen – wenn möglich mit den Kindern, Cathy Geschichten vorlesen, Cathy baden, Streit schlichten, Spiele machen, mit David Basketball spielen, auf den Spielplatz gehen, das Haus voller Klassenkameraden habenxax

Stundenplan eines Aupairs

mit den drei Kindern Daniel (11), Helen (7) und Brittany (5)

🕐 7:00 Uhr
Gasteltern gehen aus dem Haus, Arbeitsbeginn
Kinder wecken – sie machen sich selbstständig fertig –, Frühstück vorbereiten

🕐 7:45Uhr - 8:15 Uhr
Dafür sorgen, dass Kinder frühstücken und sich für die Schule bereit machen

🕐 8:00 Uhr
Daniel zur Bushaltestelle losschicken

🕐 8:15 Uhr
Helen wird von Nachbarin abgeholt, Brittany in den Kindergarten fahren

🕐 Ca. 9:00 Uhr - 12:00 Uhr
Frei

🕐 12:00 Uhr
Brittany aus dem Kindergarten abholen, danach Mittagessen

🕐 12:30 Uhr
Eventuell Hausaufgaben mit Brittany machen (in den Kindergärten werden tatsächlich ab und zu schon kleine Hausaufgaben verteilt, so könnte z.b. etwas auszumalen sein).

🕐 13:00 Uhr
Playdate mit Melissa und ihrem amerikanischen Kindermädchen Rachel

🕐 14:30 Uhr - 15:15 Uhr
Flötenunterricht, Lehrerin kommt ins Haus; währendessen Aufräumen

🕐 15:30 Uhr
Helen kommt mit Nachbarin nach Hause,
Daniel besucht den Religionsunterricht im Gemeindehaus und wird vom Gemeindebus der Schule abgeholt, Snack und Hausaufgaben

🕐 16:00 Uhr
Abfahrt zu Hause, Nachbarskind mitnehmen

🕐 16:15 Uhr
Helen beim Turnen abliefern

🕐 16:30 Uhr
Brittany beim Ballett absetzen, noch eine Viertelstunde zuschauen

🕐 17:00 Uhr
Daniel am Gemeindehaus abholen, danach zur Turnhalle fahren und Helen abholen.

🕐 17:30 Uhr
Wieder zu Hause, Brittany kommt mit Nachbarin nach Hause

🕐 17:45 Uhr
Daniel muss noch Hausaufgaben machen und Helen eventuell Hausaufgaben fertigstellen.

🕐 18:00 Uhr
Abendessen mit der ganzen Familie, danach frei

🕐 20:00 Uhr
Englischkurs am Collegexax

Weitere typische Tätigkeiten:
Mathe mit Daniel üben, Daniel oder Helen für einen Test in der Schule abhören, Hausaufgaben kontrollieren, in die Bücherei gehen, Freunde im Haus mitbeaufsichtigen, beim Vorbereiten des Abendessens mithelfen oder auch mal etwas von zu Hause kochen, ab und zu, wenn Zeit ist, mit den Kindern Eisessen gehen.

Leistungen

Von der Gastfamilie

Das Aupair ist Teilnehmer an einem Kulturaustauschprogramm, weshalb die Gastfamilie bereit sein soll, das Aupair als Familienmitglied und nicht als Hausangestellte zu akzeptieren. Ein Aupair sollte wie ein volles Familienmitglied aufgenommen werden.

Aupairs steht im Haus der Gastfamilie ein eigenes Zimmer zur Verfügung, ferner auch volle Verpflegung. Für die Kinderbetreuung erhält es derzeit knapp $ 220 pro Woche, was auch wöchentlich ausbezahlt wird.

Zur Erholung besteht Anspruch auf eineinhalb freie Tage pro Woche. Einmal monatlich müssen diese freien Tage auf ein Wochenende fallen. Zudem erhält es zwei Wochen bezahlten Urlaub.

Da es sich bei dem Programm um ein Kulturaustausch- und Bildungsprogramm handelt, ist das Aupair dazu verpflichtet, sich neben der Arbeit bei der Gastfamilie weiterzubilden. Dazu müssen im Laufe des Jahres sechs Credits an einer akademischen Bildungseinrichtung erworben werden. Die Gastfamilie kommt dabei für bis zu 500 USD an Kursgebühren auf. Weitere Kursgebühren gehen zu Lasten des Aupairs.

Von der Organisation

Die Organisationen sorgen sich um alles, was rund um das Programm anfällt, also beispielsweise um die notwendigen Formulare zur Beantragung eines Visums sowie um eine Krankenversicherung und den Flug in die USA.

Der Rückflug wird dem Aupair ebenfalls gebucht und bezahlt, allerdings nur, wenn das Programm nicht vorzeitig abgebrochen wurde. Beendet ein Aupair das Jahr vor Ablauf der zwölf Monate, so hat es sich selbst um einen Rückflug zu kümmern und die Kosten hierfür tragen.

Die Organisationen sind auch für die Vorbereitung des Aupairs auf den Aufenthalt zuständig. Dazu werden meist bereits in der Heimat Informationsveranstaltungen und Vorbereitungsseminare angeboten. Das Aupair-Jahr in den USA beginnt mit einem mehrtägigen Einführungsseminar in einer der größeren Städte, das Unterricht in Entwicklung von Kindern und Kleinkindern, Kindersicherheit und Erster Hilfe umfasst. Nebenbei werden während diesem Seminar oft auch Freizeitaktivitäten wie ein Theaterbesuch und eine Stadtbesichtigung angeboten.

Programmkosten

Die Vermittler verlangt von den Aupairs eine Gebühr, die je nach Agentur und Art und Dauer des Aufenthalts schwankt. Zu rechnen ist mit 650 €; Educare- und Sommer-Aupairs zahlen grundsätzlich etwas mehr, z.B. 650 € bzw. 1050 €. Schweizer Aupairs sollten mit Kosten von ca. 1000 Franken rechnen.

Hinzu kommen oft weitere Gebühren wie Kommunikationskosten oder Ähnliches. Teilweise fallen auch noch zusätzliche Kosten für besseren Versicherungsschutz oder eine Eigenbeteiligung zur Versicherung an. Zudem gibt es Gebühren beim Visumantrag (ca. 100-110 €, plus Anreise), dem polizeilichen Führungszeugnis (ca. 14 €), dem Gesundheitszeugnis (Preis variiert), ggf. der Beantragung des Reisepasses (ca. 60 €) und des internationalen Führerscheins (30 €) an.

Alle Agenturen berechnen dem Aupair eine Kaution (ca. 350 €), manchmal auch als Schulungsgebühr bezeichnet, die bei vorzeitigem Abbruch einbehalten wird.

Die Gastfamilie entrichtet etwa US-$ 5500 Vermittlungsgebühr. Insgesamt kostet ein Aupair eine Gastfamilie im Laufe eines Jahres ca. US-$ 14.000, nicht gerade wenig, jedoch bei einer Vollzeitarbeitskraft zur Kinderbetreuung wiederum ein günstiger Preis.

Voraussetzungen

Bei der Gastfamilie

Gastfamilien müssen:

- die Leistungen des Programms für ein Aupair wie ein eigenes Zimmer und den wöchentlichen Lohn erbringen können, ferner auch Bereitschaft zeigen, ein Aupair wie ein Familienmitglied bei sich aufnehmen zu wollen.

- amerikanische Staatsbürger sein oder eine unbegrenzte Aufenthaltsgenehmigung besitzen sowie fließend Englisch sprechen.

- an einem Auswahlgespräch teilnehmen und Bewerbungsunterlagen erstellen, wozu auch ein Nachweis über ein Arbeitsverhältnis sowie ein Nachweis über die nötigen finanziellen Mittel für das Taschengeld und die Programmgebühren zählen.

Gastfamilie und auch Aupair unterzeichnen eine gegenseitige Einverständniserklärung, die alle Aufgaben des Aupairs, u.a. auch die Regelung, dass nicht mehr als 45 Stunden Kinderbetreuungsarbeit für die Gastfamilie zu leisten sind, festgehalten sind.

Eine gute Aupairagentur überprüft jede potentielle Gastfamilie sorgfältig. Eine Agentur erklärt das Vorgehen: „Die Gastfamilien werden von den Agenturen vor Ort regelmäßig besucht. Es wird geprüft, ob die Motivation, ein Aupair aufzunehmen, die Richtige ist und nicht einfach nur eine "billige" Arbeitskraft gesucht wird. Sie sollten an kulturellem Austausch interessiert sein und nicht zuletzt auch die Räumlichkeiten und finanziellen Möglichkeiten haben, ein Aupair in ihr Heim aufzunehmen. Der Leumund wird überprüft, und die Familien müssen eine umfassende Bewerbung ausfüllen."

Auch der Partner von 1st Aupair Agentur sieht die Gastfamilien bei der Bewerbung aus: „Es gibt eine ganze Reihe von Anforderungen: das Einkommen, wie das Au Pair untergebracht wird, wie viele Kinder vorhanden sind und wie alt sie sind usw. Diese Anforderungen werden in den USA von Mitarbeitern vor Ort überprüft." Dr. Mona Lietz spricht außerdem noch von guten Referenzen z.B. vom Arbeitgeber, Pastor, ehemaligem Aupair etc., die die Gastfamilie einreichen muss und die dann von der Partnerorganisation überprüft werden.

Während des Programms haben Gastfamilie und Aupair mindestens einmal an einem von der Organisation veranstalteten Familienfreizeitprogramm teilzunehmen.

Varianten

Als Alternative zum „normalen" Aupairprogramm kommen noch die Möglichkeiten in Frage, als „Au Pair Professional" oder als „EduCare Companion" in die USA zu reisen.

Au Pair Professional

Als „Au Pair Professional" oder „Au Pair Plus" kann arbeiten, wer zwischen 19 und 26 ist und pädagogische Vorkenntnisse aufweist. Gute Chancen hat, wer beispielsweise seit zwei Jahren vollberuflich in der Kinderbetreuung arbeitet

oder eine entsprechende Ausbildung hat. Aber auch Erfahrung in den folgenden Berufen wird gerne gesehen: (ausgebildete) Erzieher, Grundschullehrer, Kinder- oder Familienpfleger, Gesundheits- oder Kinderkrankenpfleger, Sozialpädagogische Assistenten, Kinderkrankenschwestern oder -pfleger, Hebammen oder Diplomsozialpädagogen.
Wer in dieses Programm aufgenommen wird, erhält deutlich mehr Lohn als bei der regulären Aupairtätigkeit, derzeit ca. 250 US $ pro Woche.

- Alter 19-26 Jahre, weiblich
- abgeschlossene Ausbildung als Erzieherin, Kinderkrankenschwester oder Grundschullehrerin bzw. zwei Jahre Vollzeittätigkeit als Erzieherin oder Kindermädchen (Zeugnisnachweise erforderlich)
- 200 Stunden Erfahrung in der Betreuung von Kinder unter 2 Jahren sowie die Bereitschaft, Kinder unter 2 Jahren in der Gastfamilie zu betreuen

Kosten: 650,- Euro (alles inklusive)
Taschengeld: 250,00 US$
Studiengeld: 500,- US$

EduCare

Das „EduCare in America"-Programm beruht auf dem Prinzip Bildung plus Kinderbetreuung und gibt jungen Frauen und Männern zwischen 18 und 26 die Chance, die Aupairtätigkeit in geringerem Ausmaß auszuüben. Nur mit Abitur lässt sich daran teilnehmen, denn der Zweck des Programms liegt u.a. darin, den Teilnehmern den Besuch einer US-Hochschule zu ermöglichen.

Als EduCare Companion hilft man beispielsweise schulpflichtigen Gastkindern bei den Hausaufgaben und unterstützt sie bei allen Aktivitäten und Hobbys. Es gibt zwar weniger Lohn als beim normalen Aupairjob (nur 75%), dafür aber auch mehr Freizeit und Raum zur Weiterbildung. Man gewinnt beispielsweise als Gasthörer einen ersten Einblick ins College-Leben, und zwar in mindestens sechs Wochenstunden. Kenntnisse in bereits belegten Fächern können vertieft oder, im Rahmen eines „Schnupperstudiums" neue Wissensgebiete erschlossen werden. Die Gastfamilie übernimmt die Studiengebühren (bis zu 1.000 US $). Man sollte sich allerdings vergegenwärtigen, dass dieses Studiengeld kaum für die obligatorischen 12 "semester credits" ausreicht.
Zudem erhält man neben freier Kost und Logis ein wöchentliches Taschengeld von derzeit 146,81 US $. Im Gegenzug wird man zum „Companion" der Gastkinder.

Das Programm wurde vermutlich auch aus foldendem Grund ins Leben gerufen:

Viele Aupairs finden sich bei den anderen Programmen in einer neuen, schwierigen Lage, die sie überfordert, insbesondere beim normalen Aupairprogramm, während den Teilnehmer am „Au Pair Professional" wohl eher klar ist, wo die Probleme auftauchen könnten. Amerikanische Familien sind oft reichlich fordernd und erwarten für ihr Geld auch eine bestimmte Leistung, auf die Aupairs nicht wirklich vorbereitet sind. In der Tat hat die Familie ja eine ganze Stange bezahlt, fürs Aupair, aber viel mehr noch an die Agentur. Man schaue sich noch mal die Stundenpläne unter dem Abschnitte „Tagesablauf" an. Viele Aupairs finden sich nun auf einmal mehr oder weniger im Haus eingeschlossen, mit Kindern, die, wenn sie klein sind, zwar lustig sein mögen, aber intellektuell wenig fordernd. So gäbe die Situation sprachlich und landeskundlich also wenig her und wird immer unbefriedigender.

Kosten: EduCare: 1.050,- Euro (alles inklusive)
Taschengeld: 146,81 US$
Studiengeld: 1.000,- US$

Studium

An der Uni hat das Aupair den Status eines Gasthörers.

Das Studium umfasst mindestes 6 Wochenstunden, wobei man sowohl seine Kenntnisse in bereits belegten Fächern vertiefen als auch in ganz neue Wissensgebiete hereinschnuppern kann.

Wer sich für EduCare entscheidet, hat die Wahl zwischen 60 ausgewählten Universitäten und Colleges in 12 Regionen der USA.

Die meisten Hochschulen verlangen von ausländischen Studenten den Nachweis eines TOEFL Tests (*Test of English as a Foreign Language*), der mit mindestens 230 Punkten im Computertest bzw. 570 Punkten im schriftlichen Test bestanden werden muss. Sinnvollerweise legt man den am besten bereits zu Hause ab, denn ansonsten ist vor einer Einschreibung in bestimmte Wunschfächer an vielen Hochschulen erst ein Englischkurs zu belegen.

Studieren in den Staaten kann äußerst kostspielig sein, zumal Community Colleges oft nur dem Niveau einer gymnasialen Oberstufe entsprechen. Lehrmaterialien, Fahrten von und zur Uni, Gebühren für eventuelle Einstufungstests etc. werden von der Gastfamilie nicht getragen.

Familie

Um genügend Zeit zum Lernen zu lassen, ist die Arbeitszeit auf 30 Wochenstunden begrenzt, aber es können auch weniger sein. Ferner sind die Kinder der Gastfamilie in schulfähigem Alter, weshalb sie nur vor und nach der Schule zu betreuen sind, niemals aber mehr als zehn Stunden pro Tag.

Kost und Logis sind wie bei jedem Aupairaufenthalt frei.

In den zwölf Monaten stehen dem EduCare-Aupair zwei Wochen bezahlter Urlaub zu. Dieser Urlaub kann nach Absprache mit der Gastfamilie auch über das Jahr verteilt genommen werden.

Anforderungen:

- Alter 18-26 Jahre (Bewerbung ab 17 J.)
- Abitur oder Fachhochschulreife (spätestens bei Ausreise)
- Studentenstatus oder angestrebtes Studium im Anschluss an das Programm
- gültiger Führerschein und Fahrpraxis (mindestens 6 Monate zum Zeitpunkt der Bewerbung)
- mindestens 200 Stunden Erfahrung in der Kinderbetreuung aus den letzten drei Jahren, z.b. durch Babysitting, Kindergarten, Jugendcamps, davon mind. 150 außerhalb der eigenen Familie, nachzuweisen auf Referenzvordrucken, die man nach der Bewerbung erhält
- gute Englischkenntnisse (Schulenglisch ist in der Regel ausreichend)
- Keine Vorstrafen
- Bereitschaft, ein Jahr in den USA zu bleiben (auf Wunsch auch 13 Monate, wobei der letzte Monat frei genutzt werden kann, in der Regel also zum Reisen)

Details auf den Regierungsseiten:
http://j1visa.state.gov/participants/how-to-apply/sponsor-search/?program=Au%20Pair bzw.
http://j1visa.state.gov/, > Getting a J-1 Visa, > Choose a J-1 Visa program, > Au Pair, > Find an Au-Pair Sponsor.

Sommer Au Pair

Es ist auch möglich, lediglich als Sommeraupair zu arbeiten, d.h. drei Monate lang, meist von Mitte Mai bis Mitte September. Allerdings übersteigt das Interesse (noch) das Angebot der Plätze:
„Bei Aupairs kommt diese Variante ganz wunderbar an, bei Familien eher weniger. Es steht immer eine große Zahl an Aupairs einer relativ geringen Anzahl an Familien gegenüber.

Das Programm hat den Zweck, Familien in den langen Sommerferien zu entlasten. Die meisten Familien verbringen im Sommer mehrere Wochen auf dem Land oder am Meer, weshalb ein Besuch eines Sprachkurses u.U. nicht möglich ist.

Das Programm ist genau auf drei Monate ausgelegt; im Anschluss an dieses Vierteljahr haben Sommer-Aupairs aber wie alle anderen einen weiteren Monat zum Reisen zur Verfügung.

Es ist eine gewisse Anzahl an Collegekursen abzuleisten; drei Semesterwochenstunden sind im Vertrag vorgesehen. Die Familie beteiligt sich finanziell daran.

Die ersten Vermittlungen von Sommer Au-Pair Stellen erfolgen ab Mai. Viele Familien melden sich allerdings erst zu einem späteren Zeitpunkt.

- Alter zw. 19 und 26 Jahren
- Mittlere Reife oder Abitur
- Erfahrung im Bereich der Kinderbetreuung
- Grundkenntnisse in hauswirtschaftlichen Tätigkeiten
- Führerschein und ausreichend Fahrpraxis
- vorzugsweise Nichtraucherinnen.

Die meisten Gastfamilien bevorzugen Bewerberinnen, die bereits im Mai oder Juni anreisen können.

Die Tätigkeit erstreckt sich üblicherweise über drei bis vier Monate bei einer Wochenarbeitszeit von bis zu 45 Stunden; max. 10 Std / Tag. Mindestens 1½ Tage pro Woche hat das Aupair frei.

Nach dem Aupair-Aufenthalt darf man sich noch max. 30 Tagen in den Staaten aufhalten, um beispielsweise Urlaub zu machen und das Land zu entdecken.

Worauf besteht Anspruch?
- kostenloser Hin- und Rückflug sowie Transfer
- 195,75 US$ Taschengeld pro Woche
- Mitbenutzung des Autos (auch für private Zwecke)
- ein eigenes Zimmer und drei Mahlzeiten am Tag
- je nach Anbieter einige Tage bezahlten Urlaub

Geboten wird meist auch ein Vorbereitungsseminar in den USA sowie Unterstützung bei den Reiseplänen, ferner Betreuung und eine Hotline.

Aufgrund der kurzen Aufenthaltsdauer sind Umvermittlungen schwierig. Wer seinen Aufenthalt vorzeitig abbricht, hat ggf. die Flugkosten selbst zu übernehmen.

Bei der Bewerbung werden bei den meisten Veranstaltern folgende Unterlagen gefordert:

- eine Charakterbeurteilung von einer Person (Eltern und Verwandte ausgenommen), mit der man häufig Umgang hatte, z.B. einem Lehrer oder Arbeitgeber

- mindestens ein Zeugnis von einer Familie, deren Kinder von der Bewerberin betreut wurden. Diese Personen sollten telefonisch erreichbar sein.
- ein persönlicher Brief an die künftige Gastfamilie auf Englisch: „Dear family...", mit dem sich die Bewerberin mit ihren Hobbys und Interessen vorstellt und ihren Wunsch nach einer Aupairtätigkeit begründet.
- ärztliches Attest vom Hausarzt, höchstens drei Monate alt
- 4 Passfotos (mit freundlichem Gesichtsausdruck)
- 1-2 Fotos mit Familie und / oder mit Kindern

Angebote und Gesuche von Gasteltern bzw. Aupairs für Zeiträume bis zu drei Monaten, also reine Ferienjobs, werden auch im Gästebuch der Au-Pair-Box toleriert.

Kurzzeit-Aufenthalte

Eine Sonderform der Aupairtätigkeit wird derzeit von der österreichischen Organisation au-pair4you angeboten: Kurzzeit-Aufenthalte von 3 bis 12 Wochen, rund ums Jahr.

Ein paar Wochen als Kurzzeit-Aupair zu arbeiten, ist eine großartige „Generalprobe", um herauszubekommen, ob einem der Aupairjob liegt. Auch, wer danach keinen längeren Aupairaufenthalt plant, profitiert von den kürzeren Einsätzen und hat auch bei nur einigen Wochen Urlaub und mitten im Schuljahr die Chance, ein paar Wochen aus dem Alltagstrott „herauszubrechen", frischt Fremdsprachenkenntnisse auf und lernt neue Leute und eine neue Umgebung kennen.

Auch die Vorteile für die Gastfamilien liegen auf der Hand: schließlich wird häufig kurzfristig für eine bestimmte Zeit eine helfende Hand im Haushalt oder bei den Kindern benötigt, wenn beispielsweise die Oma krank ist, die Eltern beruflich verreisen müssen oder eine Lücke zwischen dem Einsatz zweier regulärer Aupairs klafft.

Bewerben können sich 18- bis 60-Jährige, die einige Wochen Zeit haben (3-4), flexibel sind und passable Englischkenntnisse aufweisen.

Die Grundform dieser Aupairart sieht 20 Wochenstunden und einen Abend Babysitting gegen freie Kost und Logis vor. Wahrscheinlicher ist jedoch, dass man – nach Absprache – mehr arbeitet und dafür ein Taschengeld erhält.

Die Vermittlungsgebühr beträgt 130 Euro; ab dem zweiten Mal fallen pro Vermittlung nur noch 100 Euro an.

Näheres sowie Anmeldeformulare auf www.au-pair4you.at.

ORGANISATIONEN

Aufgaben

Organisationen, die seit den Anfängen des Aupair USA-Programms tätig waren, weisen mittlerweile über 20 Jahre Erfahrung in der Durchführung des Programms auf und haben Tausenden von Gastfamilien und Aupairs die Teilnahme an einem Bildungs- und Kulturaustausch ermöglicht.

Bewerbungsverfahren
In erster Linie sind die Organisationen für die Vermittlung von Aupairs und Gastfamilien zuständig, also der Durchführung des Bewerbungsverfahrens für Gastfamilien in den USA und Aupairs im Ausland.

Organisation des Aufenthaltes und Richtlinien
Die Organisationen stellen aber auch sicher, dass die Rahmenbedingungen des Programms während des gesamten Aufenthalts eingehalten werden und der Aufenthalt somit rundum organisiert wird. Sie kümmern sich um Buchung des Hinfluges in die USA, die notwendigen Papiere zur Beantragung eines Visums und die Versicherungsangelegenheiten zu einer Basis-Krankenversicherung beim Aupair-Aufenthalt.

Informationspflicht
Gastfamilien und Aupairs müssen von der Organisation ausführlich über die Regeln und Bestimmungen des Programms unterrichtet werden. Dazu müssen Gastfamilien und Aupairs auch ein von der Organisation geschriebenes Handbuch bekommen. Vor der Abreise muss die Organisation dem Aupair ausführliche Informationen über die Gastfamilie – in der Regel sind das die Bewerbungsunterlagen der Familie – zukommen lassen. Die Organisation hat dem Aupair auch die Unterlagen über Bildungseinrichtungen (Volkshochschulen, Colleges) in der Gegend zukommen zu lassen. In der Regel erhält man diese nach Ankunft vom örtlichen Betreuer.

Betreuung in den USA
Organisationen haben in den Gebieten, in denen sie tätig sind, örtliche Betreuer, die als direkte Ansprechpartner für Aupairs und Gastfamilien fungieren und sich

um deren Angelegenheiten rund um Programmorganisation kümmern. Diese sind bei Problemen Ansprechpartner für Aupairs und Gastfamilien und dürfen nicht mehr als eine Autostunde von der Gastfamilie entfernt wohnen.

Der lokale Betreuer muss sich innerhalb 48 Stunden nach Ankunft des Aupairs in der Gastfamilie bei Aupair und Gastfamilie zu melden. Ebenfalls ist er oder sie verpflichtet, das Aupair und die Gastfamilie innerhalb von zwei Wochen im Haus der Gastfamilie zu besuchen, um ein Ankunftsgespräch durchzuführen und zu prüfen, ob die Integration in die neue Familie problemlos verläuft.

Darauf hat sich der lokale Betreuer mindestens einmal pro Monat (oder öfter, falls notwendig) bei Gastfamilie und Aupair zu melden, was im Rahmen eines Anrufes oder durch ein persönliches Treffen erfolgen kann. Dabei werden Probleme oder andere Angelegenheiten besprochen.

Einmal im Monat führt der örtliche Betreuer ein Treffen für die Aupairs durch.

Im Falle eines Familienwechsels muss sich der Betreuer während der ersten beiden Monate in der neuen Familie mindestens zweimal im Monat bei Aupair und Gastfamilie melden

Lokale Betreuer, die nicht hauptberuflich als solche tätig sind, dürfen nicht mehr als 15 Aupairs und Gastfamilien betreuen.

Durch den lokalen Betreuer bleiben Aupair, Gastfamilien und Organisation regelmäßig in Kontakt, so dass die Organisation einen erfolgreichen Aufenthalt sicherstellen kann.

Neben dem örtlichen steht auch ein regionaler Betreuer bereit, der mehrere örtliche Betreuer und dessen Aupairs und Gastfamilien betreut. Er steht ebenfalls bei Problemen zur Verfügung. Er ist vor allem dann Ansprechpartner, wenn Aupair oder Gastfamilie nicht mit dem direkten Ansprechpartner zufrieden sind und sich an eine andere Person wenden möchten. Er koordiniert oft Aktivitäten der Betreuer und ist zum Beispiel auch als Urlaubs- oder Krankheitsvertretung des örtlichen Betreuers zuständig.

Der Regionalbetreuer muss sich mindestens vierteljährlich bei Gastfamilie und Aupair melden (Anruf, persönliches Treffen oder Newsletter).

Bewerbungsverfahren

Zum Sammeln von Information und Zusammenstellen der Bewerbungsunterlagen sind mindestens vier Wochen Zeit einzuplanen. Arztbesuche, Papiere, Referenzen, Fotos und die Teilnahme am Auswahlgespräch nehmen einige Zeit in Anspruch.

Zeitpunkt der Anmeldung und Einreichen der Bewerbungsunterlagen

Idealerweise erfolgt die Anmeldung zum Programm rund sechs Monate vor geplanter Abreise. Je früher dann die Bewerbungsunterlagen in den USA sind, desto länger hat das Aupair Zeit, sich eine Gastfamilie auszusuchen. Man muss sich mindestens drei Monate vor Abreise bewerben; teilweise akzeptieren Organisationen Bewerbungen aber auch kurzfristig. Ein Einreichen der ausführlichen Bewerbungsunterlagen mehr als sechs Monate vor geplantem Ausreisetermin ist nicht empfehlenswert, da das polizeiliche Führungszeugnis sowie das Gesundheitszeugnis bei Ausreise in die USA nicht älter als sechs Monate sein dürfen. Überdies suchen amerikanische Gasteltern auf Grund der generell eher kurzfristigen Planungsweise der Amerikaner Aupairs in der Regel nicht so langfristig vor Arbeitsbeginn in der Familie.

Die Anmeldung zum Programm sollte erst erfolgen, wenn alle notwendigen Dokumente für die ausführlichen Bewerbungsunterlagen bereits vorhanden sind bzw. in absehbarer Zeit vorhanden sein werden. So macht eine Anmeldung zum Beispiel erst dann Sinn, wenn man bereits den Führerschein hat oder bereits in der Fahrschule aktiv am Führerschein gearbeitet wird. Wenn noch Referenzen über Kinderbetreuung fehlen und diese zum Beispiel in einem Praktikum im Kindergarten noch erlangt werden, so sollte bei der Anmeldung zum Programm bereits ein Praktikumsplatz vorhanden sein und der Zeitpunkt des Praktikums feststehen.

Bewerbungsunterlagen sind vollständig und mit allen notwendigen Unterlagen einzureichen, ansonsten können sie nicht in die USA zur Suche einer Gastfamilie übermittelt werden.

Aupairs mit Gastfamilie

Aupairs, die bereits eine Gastfamilie haben, können dennoch nicht ohne Organisation in die USA einreisen. Sie müssen sich ganz normal zu einem Programm anmelden und auch den gleichen Bewerbungsprozess wie ein Aupair ohne Gastfamilie durchlaufen. Die Gastfamilien erhalten in diesem Fall in der Regel einen Preisnachlass auf die Programmgebühren.

1. Informationssammlung

Über die Webseiten der Organisationen lassen sich alle nötigen Broschüren anfordern. Ebenfalls sind oft in Berufsinformationszentren Broschüren erhältlich. Wichtig ist es bei diesem Schritt, sich nicht einfach bei irgendeiner Organisation zu bewerben, sondern mehrere Broschüren anzufordern und zu vergleichen. Es gilt zu beachten, dass eine Broschüre ausführlich informieren und das Aupair-

Jahr möglichst realistisch darstellen soll. Eine bunte Hochglanzbroschüre mit Versprechungen über Urlaub und Abenteuer entspricht nicht der Realität des Aupair-Alltags.

2. Anmeldung

Über ein Anmeldeformular in der Broschüre oder auch über ein Anmeldeformular auf den Webseiten der Organisationen kann man sich zum Programm anmelden.
Die Anmeldung ist notwendig, um die ausführlichen Bewerbungsunterlagen der Organisation zu bekommen. Dies dient dazu, zu prüfen, ob jemand geeignet ist, bevor die ausführlichen Bewerbungsunterlagen zusammengestellt werden.

3. Bewerbung erstellen

Die ausführlichen Bewerbungsunterlagen für die Gastfamilie werden erstellt. Dazu muss eine Reihe an Unterlagen erstellt werden, was mit Sorgfalt geschehen solle, denn oft werden den Gastfamilien mehrere Bewerbungen gleichzeitig vorgelegt. So sollte eine Aupair-Bewerbung möglichst überzeugen und unter den anderen hervorstechen.

Bewerbungsbögen

Die Vordrucke umfassen mehrere Seiten Bewerbungsformulare mit Fragen zu persönlichen Daten, Motivation, Fahrpraxis, Hobbys und Interessen.
Sie müssen unbedingt sauber ausgefüllt sein, entweder mit schwarzem Stift oder mit der Schreibmaschine. Durchstreichen und Tintenkleckse erwecken keinen guten Eindruck. Es empfiehlt sich, die Antworten auf die Fragen zu überlegen und sie auf ein getrenntes Blatt zu schreiben. Danach sollte erst einmal eine Kopie der Bewerbungsunterlagen probehalber ausgefüllt werden. Bei zufriedenstellendem Ergebnis übertrage man sie dann auf die Originalbögen. Die Fragen sollten so ausführlich wie möglich und in ganzen Sätzen beantwortet werden. Je mehr Informationen in den Bewerbungsunterlagen enthalten sind, desto besser kann sich die Gastfamilie ein Bild von dem künftigen Familienmitglied machen und desto interessanter wird die Bewerbung für die Gastfamilie. Besonders Fragen zur Motivation und zur Kinderbetreuung sollten ausführlich beantwortet werden.
Da in den USA meist ausreichend Gastfamilien vorhanden sind, ist eine erfolgreiche Vermittlung wahrscheinlich, und es wird dringend empfohlen, in den Bewerbungsunterlagen nur aufrichtige Angaben zu machen. Die Bewerbung sollte die Stärken des Bewerbers hervorheben und positiv geschrieben sein. Keinesfalls sollten Angaben gemacht werden, die nur dazu dienen, einen positiven Ein-

druck zu erwecken und so seine Vermittlungschancen zu steigern. Schließlich macht sich die Gastfamilie durch das, was in der Bewerbung steht, ein Bild von der Persönlichkeit des Bewerbers und baut daraufhin auch gewisse Erwartungen auf. Enttäuschung und Probleme mit der Gastfamilie sind vorprogrammiert, wenn herauskommt, dass die Bewerbung nicht ehrlich war und Angaben nicht der Wirklichkeit entsprechen. Es sollten zum Beispiel keine Angaben über Kochen und Backen gemacht werden, wenn das Aupair es nicht wirklich gerne tut. Es hinterlässt keinen guten Eindruck, wenn das Aupair sich dann von der Küche der Gastfamilie am liebsten fernhält. Wer verkündet, unbedingt eine Familie haben zu wollen, die sich sehr um ihn kümmert, braucht sich nicht zu wundern, wenn die Familie stets wissen möchte, wo er sich aufhält, und enttäuscht deren Erwartungen, wenn er die Feiertage doch lieber auswärts mit Freunden feiert.

Alle Angaben sollten gut überlegt sein. Besonders gründlich sollte man die Antworten auf folgende Fragen bedenken:

Wie viele Kinder möchtest du betreuen? Sind vier Kinder nicht vielleicht doch zu viel? Möchtest du bei einer Familie mit einem behinderten Kind leben? Möchtest du in einer Gastfamilie mit nur einem Elternteil leben?

Viele Bewerber beantworten solche Fragen einfach mit ja, ohne die Folgen zu überlegen, und lehnen dann ab, wenn sich solch eine Familie bei dem Aupair meldet. Das verzögert die Vermittlung nur unnötig! Ein Aupair sollte auch zu seinen Angaben stehen können.

Vordrucke zu Referenzen über Kinderbetreuung

Ein wichtiger Teil der Bewerbung sind die Erfahrungen des Aupairs mit Kindern. Mindestens zwei Referenzen sind beizulegen, die von den Referenzgebern sorgfältig auszufüllen sind.

Die Referenzen über Kinderbetreuung können von den Eltern der Kinder, die man betreut hat, oder Arbeitgebern auf Deutsch verfasst werden, wenn sie dann von dem Aupair oder einer anderen Person (z.B. Englischlehrer) ins Englische übersetzt werden. Es macht bei den Gastfamilien einen besonders guten Eindruck, wenn neben dem Formular, das sie ausfüllen müssen, noch ein Brief beiliegt. Dieser Brief sollte dabei weniger ein formelles Zeugnis mit vielen Standardfloskeln sein als ein persönlicher Brief, der das Aupair nett beschreibt und lobt. In dem Brief sollte stehen, welche Tätigkeiten das Aupair in der Familie ausgeübt hat, was besonders positiv aufgefallen ist, warum man meine, dass es sich gut als Aupair eigne, was den Kindern besonders an dem Aupair gefallen und nicht zuletzt, was das Aupair wohl bei dieser Arbeit gelernt habe.

Charakterreferenz

Dieses Formular kann von einer beliebigen, nicht-verwandten Person ausgefüllt werden, also in der Regel einem Lehrer oder Vorgesetzten. Es ist wenig glaubhaft, wenn diese Referenz von guten Freunden ausgefüllt wird.

Nachweis über Schulbesuch
Dies kann über eine Schulbescheinigung erfolgen, aber auch über ein Zeugnis.

Passbilder
Die Passbilder bilden die Grundlage für den ersten Eindruck, den eine Gastfamilie von einem Aupair gewinnt. Sie sollten daher gute Qualität haben und ein freundliches Bild abgeben.
Ist bereits durch ein nicht sehr ansprechendes Passbild ein schlechter Eindruck entstanden, so hat die Bewerbung keine gute Chance bei der Gastfamilie. Ein Lächeln ist unverzichtbar! Weiter sind abstehende Haarsträhnen, Dreitagebart bei männlichen Aupair-Bewerbern, „Schlafzimmerblick", schmutzige oder schmuddelige Kleidung, gewagte Accessoires und zu bunte Haarfarben (knallrote Tönung, grüne oder blaue Strähnchen) ein Minus bei besorgten Eltern, die zuverlässige Betreuung für ihre Kinder suchen.

„Dear Hostfamily"-Letter
Ein Teil der Bewerbung, mit dem man sich von den anderen Bewerbern abheben kann. Den Bewerbungsunterlagen liegt oft ein einseitiges Formular bei, auf dem dieser Brief verfasst wird. Er sollte möglichst mit dem Computer oder der Schreibmaschine geschrieben sein. Die Länge des Briefes richtet sich nach den Angaben der Organisationen. Einige wollen nicht mehr als ein bis zwei Seiten. Ansonsten können zwei bis vier Seiten als Richtwert angenommen werden.
Er sollte nicht zu langatmig sein, da Gasteltern wenig Zeit haben und man bei langen Briefen auch dazu neigt, zu sehr auszuschweifen, anstatt wichtige Informationen kurz und bündig darzustellen. Ein langer Brief ist nicht unbedingt aussagekräftiger.
Der Brief sollte in gutem, verständlichem Englisch abgefasst sein – aber keine Angst, keiner erwartet perfektes Englisch. Schließlich ist die Verbesserung der Sprache ja häufig einer der Gründe für ein Auslandsjahr. Inhaltlich ist der Brief eine Art Autobiografie. Es wird erwartet, dass sich das Aupair kurz vorstellt. Dazu gehört was es bisher gemacht hat, die Familie, die aktuelle Tätigkeit (Schule, Ausbildung), Hobbys und Interessen, was das Aupair gerne mit der Familie unternimmt und was die Familienmitglieder machen. Dazu sollte ausführlich die Motivation zu einer Aupairtätigkeit dargestellt werden sowie eine Begründung, warum gerade die USA als Gastland gewählt wurde. Hinzugefügt werden können auch Erwartungen an die künftige Gastfamilie.

Ein wichtiger Abschnitt des Briefes sind natürlich die bisherigen Erfahrungen des Aupairs bei der Kinderbetreuung Dazu zählen auch Aussagen darüber, warum der Bewerber Kinder mag, was er an Kindern toll findet, was ihm an der Kinderbetreuung Freude bereitet, warum er dies ein Jahr lang machen möchte und eventuell ergänzend, was man bei der Betreuung von Kindern wichtig findet.

Jede Referenz / Erfahrung in der Kinderbetreuung kann hier näher beschrieben werden. Anhaltspunkte dafür sind:

- Was hat der Bewerber bei dieser Arbeit genau gemacht?
- Was hat genau bei dieser Erfahrung besonders Spaß gemacht?
- Was hat er dabei über Kinder und Kinderbetreuung gelernt?

In diesem Brief kann auch auf Erfahrungen eingegangen werden, die nicht als Referenz zählen, z.B. Erfahrungen mit jüngeren Geschwistern oder Babysitting für Kinder von verwandten Personen.

Im Folgenden ein Beispiel eines Host Letters, freundlicherweise zur Verfügung gestellt von einem ehemaligen Aupair:

Dear Host Family,

Hello! My name is Franziska but everyone calls me "Franzi". I live with my family in the eastern part of Germany. My hometown Zwickau is the fourth largest town of Saxony. My mother Katrin works as an office assistant and my father Frank as a metal worker for "Volkswagen". My parents mean a lot to me and they have heplped me a lot when I decided to come to the United States as an au pair and stay with your family for one year.

Unfortunately, I have no brothers and sisters. That is why I have always loved spending time with children. This is also one of the reasons why I decided to take part in the au pair program. I have been babysitting since I was 14, when I cared for my neighbors' children Neil (7) and Quinn (4). We always had a lot of fun playing in the garden or sandpit. Sometimes we went to the swimming pool or to McDonalds, or bowling on their birthdays. Sadly, their family migrated to the USA, which is why I could not see them for a long time. However, they came back to visit me this year and I stayed with them for one weekend. I really enjoyed the time together, laughing. Moreover, I babysit my neighbors' children Alexandra (6) and Robert (4). Our families get along very well, which is why we sometimes go out for dinner. I picked them up from kindergarten several times and we visited the public swimming pool. Our neighbors' child Marvin (4) also likes to come over to play games or paint.

Since I completed three internships in a day care centre, I do not only have babysitting experience. During my first internship I cared for children at the age of 0 to 3 years. I really enjoyed caring for these babies, because they were so lovely. I helped bottle and spoon feeding, changing diapers, and putting the children to bed. During vacation I cared for the school kids. We did many activities and played lots of sports. The trips were a lot of fun and I still see some of the kids.

Additionally, one of my favourite hobbies is sport. I was a member of several sport clubs since I was in elementary school. At that time I did gymnastics and swimming. Since two years I have been playing tennis with a friend of mine for two years now. I like music a lot and I sang in the school choir since I was 8. Last but not least I love spending time with my friends. We meet regulary after school and spend the afternoons together.

I am very interested in travelling. I like visiting different countries, getting to know their culture and history, and I love meeting people. That is why I can't wait to travel to the USA, to take part in the life, culture and traditions of this country.

Another reason I am excited about coming to the U.S. is to improve my English. I like the English language a lot. Therefore it is one of my advanced courses I am taking at school. I am looking forward to speaking English with you and your family. My skills will also be important for my studies and my future career as a manager in an international company.

In summary, let me say that I am convinced that this program will help me improve personally and academically. As I said, it will help to improve my ability to speak English, which will be very helpful for my future career. Additionally, I expect to become more independent and it will be the experience of a life time. I am looking forward to living as an au pair with a new family and learning their culture. I believe the program is a great chance to get to know the United States, its culture and traditions. Furthermore it will be very interesting studying at an American college. I hope to find a loving host family and to become a true family member. I expect to spend a fantastic year in the USA!

I am already dreaming of coming to the United States and staying with your family for one year. I know it will be the experience of a lifetime. I am looking forward to being an au pair for your children, caring for and about them, and sharing many adventures with them!

I hope to hear from you soon!

Best regards,

Franziska

Wichtig ist es auch, die besondere Beziehung zu Kindern herauszustellen, vielleicht noch ein paar Beispiele zu geben, wie man sich normalerweise mit ihnen beschäftigt, wie *Mariska*, die in ihrem Brief über ihren Babysitterjob u.a. schrieb:

We did a lot of different things. Tom loved to play with his doll house, his play kitchen or with his supermarket. I "bought" our dinner in his little market very often. In the summer we stayed at the playground or played soccer.

On rainy days we built caves and played board games in them. When it was time to go to bed, we sang a Goodnight Song together.

Fotocollage

Diese besteht in der Regel aus ca. sechs Fotos, die den Bewerber oder die Bewerberin mit Familie, Freunden oder bei typischen Aktivitäten und mit Kindern zeigen.

Die Fotos sollten das Aupair bei typischen Aktivitäten (z.b. bei Ausübung von Hobbys, im Sport), mit Freunden und mit der Familie (z.b. Urlaubsfotos, Fotos von Familienfeiern) zeigen. Ganz wichtig sind Fotos, die das Aupair mit den Kindern zeigen, die es betreut hat. Am besten mindestens zwei Fotos mit Kindern beifügen. Die Fotos sind die einzigen Bilder, die die Gastfamilie von dem Aupair zu sehen bekommt, bevor sie sich für oder gegen das Aupair entscheidet. Die Bilder sollten daher einen kleinen Einblick in das Leben des Aupairs geben.

Bei diesen Fotos sind Zigaretten (auch in den Händen von Familienmitgliedern, Freunden oder Personen im Hintergrund), Aschenbecher und Gläser oder Flaschen mit Alkohol in den Händen von Personen oder z.b. auf dem Tisch absolut fehl am Platz. In Amerika gelten Rauchen und Trinken als schlechte Eigenschaften.

Nicht alle Aupair-Bewerber haben passende Bilder für eine Fotocollage. Es ist nichts dagegen einzuwenden, wenn das Aupair den Fotoapparat eine Woche mit sich herumträgt und Freunde, Trainer, Gruppenleiter, Eltern für die man Kinder betreut usw. bittet, einen beim Arbeiten, Sport, Hobby zu fotografieren, um die notwendigen Bilder vorweisen zu können.

Gesundheitszeugnis

Dieses Formular liegt den Bewerbungsunterlagen bei und ist vom Hausarzt auszufüllen. Die Kosten hierfür trägt die Krankenkasse oft nicht.

Sonstige Dokumente

Dies können Nachweise über Praktika, Zusatzkurse wie Babysitting-Kurse oder Erste Hilfe-Kurse sein, die für Gasteltern bei der Auswahl eines Aupairs von Belang sein könnten.

Polizeiliches Führungszeugnis

Muss unbedingt rechtzeitig beantragt werden. Je nach Gemeinde kann es mehrere Wochen dauern, bis es endlich eintrifft.

4. Auswahlgespräch

Ein Aupair muss an einem Auswahlgespräch (*interview*) teilnehmen. Dieses findet in der Regel als persönliches Beratungsgespräch bei einem Repräsentanten der Organisation statt, der in der Nähe des Wohnortes des Aupair-Bewerbers wohnt. Alternativ kann es auch in Form einer Informationsveranstaltung stattfinden, bei der mehrere Bewerber anwesend sind.

Das Gespräch wird größtenteils auf Englisch geführt. Zu dem Auswahlgespräch gehört auch ein sogenannter „Psychometrischer Test". Das klingt jetzt schlimmer, als es tatsächlich ist – in der Regel ist dies ein *Multiple Choice*-Test mit Fragen wie: *Fühlst Du Dich verfolgt? Was würdest Du in einer bestimmten Situation tun? Würdest Du ein Kind schlagen? Würdest du die dir anvertrauten Kinder alleine lassen, um Freunde zu besuchen?* – Fragen also, die sich mit dem gesunden Menschenverstand eigentlich schon alleine beantworten.

5. Vermittlung

Die ausführlichen Bewerbungsunterlagen werden in die USA geschickt und Gastfamilien zur Verfügung gestellt.

Bei Interesse kontaktieren die Gastfamilien das Aupair, so dass sich vor der endgültigen Entscheidung ein persönlicher Kontakt zwischen beiden Parteien bilden kann. An der endgültigen Entscheidung für- oder gegeneinander sind beide Parteien gleichermaßen beteiligt.

Die Vermittlungschancen von Aupairs waren in der Vergangenheit immer gut. In der Regel konnten ca. 90% der Aupairs aus dem deutschsprachigen Raum platziert werden. Die Vermittlungschancen sind vor allem abhängig von Erfahrungen mit Kindern, Englischkenntnissen und der Qualität der Bewerbungsunterlagen.

Regionswünsche bei der Vermittlung in eine Gastfamilie werden, sofern möglich, von Organisationen berücksichtigt. In keinem Fall kann jedoch eine Garantie dafür gegeben werden, dass eine Vermittlung in die gewünschte Region erfolgt, da Gastfamilien und Aupairs sich gegenseitig aussuchen. Ebenfalls sind bei der Vermittlung eher Kriterien entscheidend, die dafür sprechen, dass das Aupair gut in die Familie passt, zum Beispiel Hobbys oder Erfahrungen in der Kinderbetreuung. Die Organisationen erwarten vom Aupair Flexibilität hinsichtlich der Regionswünsche.

Die Zeit, in der ein Aupair und eine Gastfamilie per Telefon und E-Mail vor der endgültigen Entscheidung in Kontakt stehen, dient hauptsächlich dem Zweck, herauszufinden, ob sie ein Jahr miteinander verbringen möchten. Beide Seiten sollten sich deshalb gegenseitig genau zuhören. Sich Notizen zu machen, kann hilfreich sein.

Wichtig ist es, nicht gleich beim Erstkontakt eine Entscheidung zu treffen. Neben dem Schreiben von E-Mails sollten mindestens zwei Telefongespräche erfolgen. Zwischen beiden Gesprächen sollte mindestens eine Nacht liegen. Bei der Entscheidung für oder gegen eine Familie sollten materielle Dinge wie Auto, Wunschregion oder andere Zusatzleistungen der Familie nicht ausschlaggebende Kriterien sein. Bereits einige Aupairs haben bereut, nach nur einem kurzen Gespräch auf Grund der Wunschregion zugesagt zu haben. Hätten sie der Familie etwas genauer zugehört, hätte bereits vor der Abreise in die USA festgestellt werden können, dass die Erwartungen aneinander sich nicht entsprachen. So wäre beiden Seiten eine nervenaufreibende Zeit erspart geblieben. Eine Agentur hat die Erfahrung gemacht, dass die meisten Aupairs gerne in die "big cities" wollen, während die Platzierung häufig eher in ländlicheren Gegenden erfolgt. Aber: „So lange die Familie stimmt und die Großstadt nicht allzu weit entfernt ist, kommen viele Aupairs damit bestens zurecht!"

6. Flug, Versicherung, Visum

Nachdem sich die passende Gastfamilie gefunden hat, kümmert sich die Organisation um Versicherungen, Flug und die notwendigen Papiere zur Beantragung eines Visums. Außerdem erhält das Aupair auch die Bewerbungsunterlagen der Gastfamilie sowie Informationen – meist in Form eines Handbuches – über die Programmregeln der Organisation. Der Flugschein sowie die Versicherungsunterlagen werden in der Regel wenige Tage vor Abflug zugestellt. Übrigens: In einigen Fällen reichte die Basis-Krankenversicherung nicht aus, und das bedauernswerte Aupair blieb auf hohen Arztkosten sitzen, da eine „Vorerkrankung" nicht ausgeschlossen wurde (z.B. bei Nieren-, Rücken- oder Magenschmerzen, die evtl. auch durch Klima- und Essensumstellungen hervorgerufen werden können). Eine Zusatzversicherung mit besseren Leistungen ist also definitiv eine Überlegung wert. Eine Agentur bestätigt, dass ihre Aupairs zunächst mal mit einem Grundpaket über die Familien versichert werden: „Diese Grundpakete können aufgestockt werden, nach Auskunft eines Versicherers reicht diese Grundversicherung aber überhaupt nicht aus. Wir empfehlen also immer eine Aupair-Versicherung zusätzlich. Sollten Vorerkrankungen vorliegen (Allergien z.B.), sollen unsere Bewerber sich immer bei den Versicherern bestätigen lassen, dass dies auch mit übernommen wird."
Die Inhaberin einer Agentur rät in jedem Fall zu einem ausführlichen Gespräch mit der Agentur diesbezüglich: „Es gibt spezielle Anbieter, die sich auf Reiseversicherungen für so genannte Langzeitreisende spezialisiert haben (z.B. Hanse Merkur). Darüber hinaus bieten auch andere Anbieter solche Leistungen zusätzlich an. Für die EU gelten auch in Deutschland abgeschlossene Verträge, bei den USA ist meist eine Versicherung mit enthalten. Bereits bestehende Verträge

können häufig aufgestockt werden; einfach mal beim Versicherer anfragen."
Aupairs sollten auch unbedingt haftpflichtversichert sein.

7. Visumsantrag

Zu den Papieren, die das Aupair von der Organisation erhält, gehört das DS-2019 Formular. Die Angaben darin sind unbedingt sorgfältig zu prüfen und erst dann zu unterzeichnen.

Neu ist das Antragsformular DS-160 (Nonimmigrant Visa Electronic Application), das die vorherigen Formulare DS-156, DS-157 und DS-159 ersetzt. Das Onlineformular ist auf https://ceac.state.gov/genniv/ oder der Website der Botschaft bzw. des zuständigen Konsulats zu finden.

Das Formular ist online auf Englisch auszufüllen. Findet während der Eingabe zwanzig Minuten keine Aktivität statt, so wird automatisch abgebrochen und alle bisher eingegebenen Daten sind verloren. Es empfiehlt sich daher, in regelmäßigen Abständen zwischenzuspeichern, über das "Save"-Feld am unteren mittleren Rand des Antrags.

Um den Antrag dagegen permanent zu speichern, wählt man das „Save Application to File"-Feld, klickt dann auf das „Save"-Feld im „File Download"-Fenster und speichert den Antrag dann in einen Zielordner im Computer.

Auf http://travel.state.gov/, > Sucheingabe „photo", dann „Passport Photo Requirements" findet sich eine Anleitung zu einem den Vorschriften entsprechenden Foto.

Es ist nicht nötig, zum Interviewtermin den kompletten Antrag mitzubringen, es genügt die Bestätigungsseite.

Jedes Aupair muss persönlich auf einem der Konsulate der USA in seinem Heimatland erscheinen und dort vorsprechen. Die Beantragung des Visums auf dem Postweg ist nicht mehr möglich. In der Regel müssen sich die Bewerber in Deutschland also an das Konsulat in Frankfurt, München oder in Berlin wenden. Den genauen Ort entnimmt man den Unterlagen seiner Organisation.

Nach Berlin reisen müssen in der Regel Bewerber und Bewerberinnen aus Berlin, Brandenburg, Bremen, Hamburg, Mecklenburg-Vorpommern, Niedersachsen, Sachsen-Anhalt, Sachsen, Schleswig-Holstein oder Thüringen. Nach Frankfurt alle aus Hessen, Rheinland-Pfalz, Saarland oder Nordrhein-Westfalen, nach München diejenigen aus Bayern und Baden-Württemberg.

Termin vereinbaren

Alle Konsulate sind montags bis freitags von 7 bis 20 Uhr unter derselben Hotline erreichbar: 0900 1850055 (1,86 € pro Minute). Diese Nummer wähle, wer einen Termin zwecks Vorsprache auf dem Konsulat vereinbaren möchte. Reisepass und Informationen der Au-pair-Agentur bereithalten; man wird nach persönlichen Daten wie Adresse, Geburtsdatum, aber auch Passnummer gefragt. Wer sich nicht in Deutschland befindet oder 0900-Nummern nicht anrufen kann, wählt (zu den gleichen Zeiten) die Nummer 0049 9131 7722270. Dieser Anruf kostet pauschal 15 €; die Zahlung erfolgt per Kreditkarte (Visa und MasterCard). Der Termin wird gemeinsam vereinbart. Von der Hotline wird dem Anrufer der nächstmögliche Termin genannt. Bei Verhinderung wird ein weiterer Termin genannt. Je nachdem, wie flexibel man planen kann, findet der Termin kurzfristig oder zu einem späteren Zeitpunkt statt.

Seit Neuestem ist die Terminvereinbarung auch über die Website möglich, www.usvisa-germany.com/germany.index.jsp. Dazu erwirbt man zunächst über die Kreditkarte (Visa oder Master) für 10 $ einen PIN, mit dem man dann auf den Informationsservice zugreifen und eben auch einen Termin vereinbaren kann.

Gebühr überweisen

Nach der telefonischen Terminvereinbarung ist eine Gebühr von rund 120 € zu überweisen, was nachgewiesen werden muss (aktueller Betrag auf der Homepage der diplomatischen Vertretung einsehbar).

Passfotos

Zur Beantragung des Visums sind zwei Passfotos erforderlich. Wichtiger Punkt ist dabei das Format der Fotos, das unbedingt den Forderungen entsprechen muss, da ansonsten das Visum verweigert wird. Es muss 5 x 5 cm messen, wobei der Kopf des Abgebildeten 2,5-3,5 cm groß sein muss.

Die genauen Angaben aus den Visumsunterlagen sollten unbedingt zum Fotografen mitgenommen werden.

Das Foto muss entweder auf das vorgesehene Formular aufgeklebt oder angeheftet werden.

Briefumschlag vorbereiten

Für das Konsulat wird ein an die Postadresse des Aupairs adressierter und ausreichend als Großbrief frankierter Briefumschlag benötigt. Er muss so groß sein, dass der Reisepass gut darin Platz findet.

Formloses Schreiben erstellen

Teilweise wird auf dem Konsulat ein Nachweis verlangt, dass das Aupair nach dem Aupair-Jahr die USA wieder verlassen wird. Dazu wird empfohlen, ein Schreiben zu verfassen und auf das Konsulat mitzunehmen, das darlegt, warum das Aupair nach Hause zurückkehren will. Als Begründung können Studium, Job, Lehre, Familie, Freunde angeführt werden.

Auf dem Konsulat

Auf das Konsulat dürfen grundsätzlich nur die Personen, die einen Termin zur Beantragung eines Visums haben. Partner, Eltern oder Freunde können daher das Aupair zum Termin im Konsulat nicht begleiten.

Die Amtssprache auf dem Konsulat ist Englisch, dennoch wird die meiste Zeit Deutsch gesprochen. Bereits bei der Konsulats-Hotline wird gefragt, ob das Gespräch auf Deutsch oder Englisch geführt werden soll. Fast alle Beamte auf dem Konsulat sprechen Deutsch. Zwischendurch wird zwar Englisch gesprochen, es wird jedoch alles noch einmal auf Deutsch wiederholt.

Lediglich während des Auswahlgesprächs ist teils Englisch zu reden.

Regeln zum Mitführen von Gegenständen

In das Konsulat dürfen keine elektrischen oder batteriebetriebenen Geräte (Handy, Kamera, USB-Sticks, iPods o.Ä.) mitgenommen werden. Taschen sind allgemein nicht erlaubt, Unterlagen müssen offen in der Hand getragen oder in einer durchsichtigen Folie verwahrt sein. Auch Regenschirme dürfen nicht mit ins Gebäude, werden aber vom Sicherheitspersonal aufbewahrt.

Taschen und andere Dinge können zum Beispiel am Bahnhof oder in einer U-Bahn-Station in ein Schließfach eingeschlossen werden.

Wartezeiten

Vor dem Konsulat ist mit Wartezeiten und Anstehen zu rechnen. Es dürfen jeweils nur vier Personen gleichzeitig das Konsulat betreten. Im Konsulat werden zuerst Jacken- und Hosentaschen durchsucht, anschließend muss man sich an einem Schalter anstellen. Auch hier ist wiederum mit Wartezeiten zu rechnen.

Am Schalter muss der beschriebene Zahlungsbeleg vorgezeigt und der besprochene Termin von der Hotline genannt werden. Darauf werden die mitgebrachten Unterlagen überprüft und der mitgebrachte Briefumschlag wird abgestempelt.

Interview

Anschließend folgt nach weiterer Wartezeit das Gespräch auf dem Konsulat. Dabei werden erneut alle Unterlagen geprüft und biometrische Daten wie Fingerabdrücke genommen.

Beim Gespräch werden oft Fragen zur Gastfamilie gestellt. Je nachdem, ob der US-Beamte Deutsch oder Englisch spricht, hat man sich darauf einzustellen, dass das Gespräch in der einen oder anderen Sprache geführt wird.

Die Länge des Gespräches ist sehr unterschiedlich. Eine Vorbereitung ist jedoch nicht notwendig.

Insgesamt ist alles weniger schlimm, als befürchtet, wie *Rebecca* seit ihrem Konsulatsbesuch weiß:
„Im Internet hatte ich einige Horrorgeschichten über diese Prozedur gelesen; so zum Beispiel auch, dass man kein Visum bekam, wenn man die Fragen der Mitarbeiter nicht beantworten konnte.
Nachdem ich bei der Botschaft angerufen und einen Termin erhalten hatte, fuhren meine Mutter und ich zum Amerikanischen Generalkonsulat nach Frankfurt. Ich hatte wirklich etwas Bammel wegen der Geschichten im Internet.

Meine Mutter durfte nicht mit rein, also ließ ich mein Handy und all meine Wertgegenstände im Auto. Ein Glück, kann ich nur sagen, denn eine Dame, die vor mir ins Konsulat kam, durfte nicht passieren, weil sie eine große Tasche dabei hatte. Diese musste sie erst einmal zu einem Schließfach bringen, das ca. einen Kilometer von der Botschaft entfernt war.

Ich selbst durfte, nachdem ich meinen Reisepass und Personalausweis und meine Nummer (die ich am Telefon bekommen hatte) gezeigt hatte, endlich in den Vorraum des Konsulats. Dort standen vier riesige Männer, die ziemlich einschüchternd wirkten. Ich musste meine Hosentaschen leeren und meine Schuhe und Gürtel ausziehen. Danach ging es durch den Metalldetektor – ich kam mir vor wie am Flughafen! Bei mir war alles okay und ich durfte samt meiner Papiere endlich ins Konsulat. Es war so riesig! Ein gigantischer Raum, voll mit Überwachungskameras. Ich bekam eine Nummer zugeteilt und setzte mich hin und wartete. Als ich so durch die Reihen schaute, sah ich ebenfalls Mädels in meinem Alter, die genauso gespannt waren wie ich. Ich stand auf, ging zu einem der Mädels hin und fragte sie, ob sie auch Aupair sei. Das war sie, und so hatte ich meine erste Verbündete gefunden ... Wir warteten zusammen etwa eine Stunde. Sie erzählte, dass sie als Aupair nach Hawaii käme und dass sie furchtbar aufgeregt sei. Nach ca. 90 Minuten war es dann soweit: Meine Nummer wurde aufgerufen und ich ging zum Schalter. Gott sei Dank war dort eine richtig nette Dame, die mich freundlich begrüßte. Und dann begann das Interview.
Sie nahm meine Papiere und ordnete sie richtig. Nebenbei fragte sie mich, wo es hin gehen würde, was ich da machte und wie alt mein Gastkind sei. Und das alles auf Englisch. Ich entschuldigte mich bei ihr, dass mein Englisch nicht so gut sei und plapperte drauflos. Und das war es dann auch. Sie war fertig mit den Papieren und ich konnte gehen. Das war alles so aufregend."

Nach diesem Gespräch ist der Konsulatstermin beendet. Für den Termin ist aufgrund der Wartezeiten ein ganzer Tag zu veranschlagen.

Der Reisepass mit Visum wird ungefähr binnen ein bis zwei Wochen per Post zugestellt.
In den Reisepass ist an das Visum das DS-2019-Formular geklammert, das nicht aus dem Reisepass entfernt werden sollte.

8. Pre Departure Project

Vor der Abreise gilt es, Informationen über die Heimat, die Vorstellungen über die künftige Heimat in den USA, die Gastfamilie und vor allem über Kinder der Gastfamilie und Entwicklung von Kindern in diesem Alter zusammenstellen. Dies dient der persönlichen Vorbereitung des Aupairs auf das Austauschprogramm und soll zum Nachdenken über das Leben als Aupair, den Erwartungen an das Programm, den Erwartungen der Gastfamilie und der Arbeit mit Kindern anspornen. Bei den meisten Organisationen ist ein solches Projekt daher Pflicht; es ist Teil des von der US-Regierung vorgeschriebenen Aupair-Trainings.

Der Aufsatz sollte einige Seiten umfassen, und es sollten wenigstens acht Stunden dazu aufgewandt werden. Es liegt im Ermessen eines jeden Aupairs, wie wichtig ihm die persönliche Vorbereitung auf das Programm und somit auch der eigene Beitrag zum Gelingen des Austausches ist. So liegt es in der eigenen Verantwortung der Verfasser, wie ausführlich das Projekt wird.

Es wird in der Regel während dem Einführungsseminar in den USA von den Mitarbeitern der Organisation eingesammelt. Meist zeigen Gastfamilien ebenfalls Interesse an dem Projekt, was jedoch nicht unbedingt der Fall sein muss. Ziel des Projekts ist die persönliche Vorbereitung des Aupairs, so dass das Aupair diesen Aufsatz auch hauptsächlich für sich selbst verfasst.

Inhalt des Aufsatzes sind unterschiedliche, vorgeschriebene Kapitel. Die Themen erstrecken sich dabei auf die USA, die Vorstellung der Gastkinder, die Vorstellung der eigenen Heimatregion und Kinderbetreuung.
Beim Kapitel zur Kinderbetreuung müssen oft Vorschläge zur altersgerechten Beschäftigung von den Gastkindern in den folgenden Bereichen gemacht werden:xax

- Singspiele
- Bastelvorschläge
- Märchen und Geschichten
- Grobmotorische Fähigkeiten
- Feinmotorische Fähigkeiten
- Imitationsspiele
- Spiele zur Sprachentwicklung

Um diese Aufgabe zu erleichtern, kann ein Aupair die Gasteltern anrufen und fragen, was die einzelnen Gastkinder z.B. gerade gerne spielen.

Bei der Vorstellung der Gastkinder können ebenfalls die Gasteltern mit Beschreibung des Charakters des Kindes, Lieblingsspielzeuge, Sportarten und Aktivitäten nach der Schule weiterhelfen.

Hilfreich bei der Erstellung dieses Projektes sind vor allem Webseiten im Internet. Man findet viele Spezialseiten, die neben Sing- und Gruppenspielen auch Bastelanleitungen und Erziehungsfragen auf Englisch beinhalten.

Bei den geografischen Teilen helfen Reiseführer, die ebenfalls online betrachtet oder aus der Bibliothek entliehen werden können.

Prospekte über den Heimatort des Aupairs oder der Gasteltern findet man meist kostenlos bei einer örtlichen Touristeninformation oder dem Fremdenverkehrsamt. Meist kann man sich diese zuschicken lassen.

Um den Aufsatz etwas ansprechender zu gestalten, können zum Beispiel Postkarten oder aus Prospekten ausgeschnittene Bilder verwendet werden.

Aupair ohne Organisation

Die nötigen Papiere für ein Visum für einen Aupair-Aufenthalt sind nur über eine Organisation erhältlich. Die Einreise in die USA als Aupair ohne dieses ist illegal! Wer von den Einwanderungsbehörden am Flughafen gestellt wird, hat mit Geldstrafen und Einreiseverbot zu rechnen. Auch wegen Versicherung, Betreuung und Familienwechsels sollte man keinesfalls auf eigene Faust als Aupair in die USA reisen!

Die Leiterin einer Agentur warnt entschieden davor, da gerade bei nicht überprüften Gastfamilien immer wieder Fälle von Ausnutzung, Misshandlung oder sexueller Belästigung bekannt werden.

Eine Kollegin empfielt, in jedem Fall körperliche Distanz zur Gastfamilie zu wahren, damit es garnicht erst dazu kommt: „So sollten die Aupairs sich nicht vor der Gastfamilie umziehen oder sich den Kindern nackt zeigen, z.B. beim gemeinsamen Duschen. Es könnte eben doch mal alles falsch ausgelegt werden ..."

Erfahrungsgemäß suchen sich Gastfamilien oft auf privatem Wege ein Aupair, wenn sie zu wenig Geld für ein Aupair-Programm haben oder sich nicht an die Richtlinien des Programms halten können oder wollen, so dass illegale Aupairs oft unter schlechteren Bedingungen arbeiten. Sie erhalten z.B. weniger Taschengeld, kein eigenes Zimmer, arbeiten oft bis zu 60 Stunden pro Woche, müssen auch Hausarbeit erledigen, bekommen Flugtickets in die USA und / oder zurück nicht bezahlt usw. Letztlich kann bei Verhaltensmängeln hoher Druck ausgeübt werden.

Vermehrt wird inzwischen auch von Betrügern berichtet, die Aupairs mit besonders verlockenden Angeboten dazu verleiten möchten, Geld „für Visumangelegenheiten" oder dergleichen zu schicken. Das Geld soll meist per Western Union überwiesen werden und fließt häufig auf ein Konto in Nigeria, weswegen derlei Machenschaften häufig der so genannten „Nigeria Connection" zugeschrieben werden.

Typische Stellenanzeigen versprechen dem Aupair das Blaue vom Himmel herunter, wenn es erst das Geld überwiesen hat, z.B.:

You will have access to the internet, television, video and access to cable channels in the room. You will have your own double room with separate bath and shower facilities. I would expect you to work for 35-40 hrs per week Mon-Fri with weekends off. Let me know if $3,000 will be okay per month as your salary.

Nachdem der Köder in Form eines schwindelerregend hohen Lohnes auf diese Art ausgelegt wurde, wird in der Folgemail dann zur Kasse gebeten:

I have a travel agent who is reliable and fast in doing papers [...] right now he is not in the state, he is in Africa, Nigeria [...] anyway that is not a barrier, that does not stop him from preparing your paper, he could do that any part of the world he is a very reputable agent. I am going to be the one to pay your flight ticket and all you do is to contact my agency for the processing of your papers and documents to come to my family here. And when you have contacted him he will tell you how much it will cost you and how you can send the money to him. It will get to him and he will start working on your document and papers immediately.

Und damit man nicht etwa auf irgendwelche Deals kommt, um eine Überweisund zu umgehen:

And please kindly understand that I can't deduct any money from your salary to do all this for you. To be on the fair side and also to earn your trust, I want you to be honest with me and let me know much you have out of the processing fee the travel agency will charge you, and I will pay the rest as soon as you receive mail from the agency. Please understand I cant pay all the money for your traveling initially, but as soon as you arrive in person to the United States, I will be glad to refund all expenses made to you. Its not I can't bear the expenses but am only taking some cautious and precaution as I have lost some money while trying to help a nanny but she happened to be a fake and ran away with it.

Die Anzeigen lassen sich längst nicht mehr an ihrem fehlerhaften Englisch erkennen; inzwischen wurde wohl in einen Übersetzer investiert. Darum Augen auf, besonders bei Signalwörtern wie „Western Union", Nigeria, Vor-Kosten und Details der Marke „zu gut um wahr zu sein" wie überhöhtes Taschengeld etc. Außerdem werden private E-Mail-Adressen häufig gewieft getarnt, z.B. durch „aupairvisaservice" im vorderen Teil o.Ä.

Aus all diesen Gründen – geht nur über offizielle Agenturen in die USA! Übrigens: Die Organisationen helfen auch gerne weiter, wenn man schon eine Gastfamilie gefunden hat.

REISEVORBEREITUNG

Die letzten Wochen und Monate vor Abflug sind meist vollgepackt mit Erledigungen, letzten Treffen und Ähnlichem. Was sollte man auf jeden Fall noch im Heimatland erledigen?

Die Inhaberin einer Agentur empfiehlt: „Am besten bereitet man sich vor, indem man so viele Informationen wie möglich von dem Land und den Gewohnheiten seiner Bewohner sammelt und hier alles erledigt, was vor der Abreise nötig ist. Intensiver Kontakt zu der zukünftigen Gastfamilie bis zur Abreise ist außerdem besonders wichtig, da man sich dann schon "kennt" und nicht das Gefühl hat, zu Femden zu kommen."

Silke Rixen von GermanAuPair rät zur Reflexion: „Man sollte sich gut überlegen, was man von dem Aufenthalt erwartet und was schlimmstenfalls auf einen zukommen kann. Wenn man damit leben kann, ist man bereit für den Aufenthalt. Viel mehr kann man von hier aus nicht machen, außer das Gespräch mit erfahrenen Agenturen suchen und sich gegebenenfalls auch mal mit ehemaligen Aupairs austauschen. Wichtig ist und bleibt, sich an eine Agentur zu wenden! Diese haben häufig jahrelange Erfahrungen und wissen auf jede Frage einen Antwort."

Eine andere Aupairvermittlerin erinnert neben dem Allgemeinen („viel über die USA lesen, sich in Foren informieren, sich frühzeitig bewerben") auch an die formellen Voraussetzungen: „Möglichst gute Kinderbetreuungsreferenzen (Kindergarten Krippe, Hort etc) erarbeiten und 200 Stunden Kinderbertreuungserfahrung bei Kindern unter 2 Jahren erwerben."

Kofferpacken

Gewicht und Anzahl der Gepäckstücke

Die Zeiten, als noch zwei Gepäckstücke à 32 kg mitgenommen werden durften, sind passé. Es darf nun lediglich ein Gepäckstück von bis zu 23 kgm, häufig nur 21 kg, mitgenommen werden. Außer auf das Gewicht ist auch noch auf die Maße zu achten; je nach Fluggesellschaft sind diese unterschiedlich, sollten jedoch bei Zusammenrechnung von Länge, Höhe und Breite 158 cm nicht überschreiten.

Es kann ein weiteres Handgepäckstück mit an Bord genommen werden, das je nach Fluglinie höchstens 5 oder 8 kg wiegen sollte. In der Regel sollten die Maße 55 x 40 x 20 cm nicht überschritten werden. Neben dem Handgepäck dürfen die folgenden Utensilien mit an Bord: eine Hand- oder Umhängetasche,

Mantel, Jacke oder Reisedecke, eine kleine Kamera oder ein Fernglas, Reiselektüre.
Es empfiehlt sich der Kauf eines TSA-Kofferschlosses, das mit einem Generalschlüssel auch (und nur!) vom amerikanischen Ministerium für Transportsicherheit (*Transportation Security Administration TSA*) geöffnet werden kann. So vermeidet man u.U., dass im Verdachtsfall das Kofferschloss gewaltsam aufgebrochen und beschädigt wird. Um Fehlinterpretationen der Sicherheitskontrollen generell zu vermeiden, sollte man Nahrungsmittel nicht ins Gepäck stecken, da diese als Sprengstoff gedeutet werden können. Bücher sollten aus dem gleichen Grund nur aufgeschlagen im Gepäck transportiert werden und Geschenke grundsätzlich uneingepackt bleiben.

Damit alles am richtigen Ort ankommt, sollten alle Gepäckstücke mit einem Adressanhänger (Zieladresse, also Adresse der Gastfamilie) beschriftet sein. Zusätzlich sollte man in jedes Gepäckstück obenauf ein Blatt mit Name, Flugroute, Zielflughafen und Adresse der Gastfamilie legen.

In den Koffer

In den Koffer gehören neben Kleidung und Kosmetikutensilien
alle notwendigen Dokumente (Reisepass, Führerschein, Impfpass, alle Unterlagen, die man von der Organisation bekommen hat)
Medikamente, Brillen und Kontaktlinsen, Beschreibung der Medikamente auf Englisch

Kleidung, Elektrogeräte und kosmetische Produkte sind in den USA recht günstig. Man braucht deshalb nur das Notwendigste mitzunehmen. Bei elektronischen Geräten ist zudem darauf zu achten, ob sie auf 110 Volt umstellbar sind, denn andernfalls sind entsprechende Adapter und Konverter zu kaufen. Kameras mit digitalen Speicherkarten sollten im Handgepäck mitgenommen werden, da sie bei der Durchleuchtung des Koffers beschädigt werden können.
    Toilettenartikel füllt man am besten in kleine Plastikflaschen um, allerdings nicht ganz bis zum Anschlag, da sich der Flascheninhalt durch den Luftdruck beim Fliegen ausdehnt. Die Fläschchen sollte man in einem (verschließbaren) Plastikbeutel transportieren, damit bei einer Beschädigung nicht der gesamte Kofferinhalt in Duschgel o.Ä. schwimmt.
    Zur Überbrückung der ersten Tage, während des Einführungsseminars und bis zur Auszahlung des ersten wöchentlichen Taschengelds muss man etwas Geld von zu Hause mitnehmen. Viele Aupairs und Organisationen empfehlen, ca. 500 $ mitzunehmen. Davon etwa 200 in bar und den Rest in Reiseschecks (VISA oder American Express). Man sollte keine größeren Scheine als 20 $ mitnehmen, da diese vielerorts nicht angenommen werden. Für Trinkgelder und kleinere Ausgaben sollte man auch einige kleinere 1- und 5-Dollar-Scheine dabeihaben.

Wer größere Gegenstände wie Gitarre oder Ski mitnehmen möchte, hat zu beachten, dass diese als Gepäckstück zählen. Notfalls lassen sich solche Gegenstände auch vorab per Schiff (Frachtpost) verschicken.

Kopien von Dokumenten – zur Sicherheit sollte man alle Dokumente wie Reisepass, Visum, Führerschein, Flugticket, Versicherungsunterlagen etc. kopieren und an einem gesonderten Ort im Gepäck verstauen bzw in der Clourd speicher, z.B. bei der Dropbox. Im Falle, dass Dokumente verloren gehen, ist Ersatzbeschaffung so leichter.xax

Handgepäck

Unbedingt darauf achten, dass sich im Handgepäck keine spitzen Gegenstände befinden. Alles, was als Waffe benutzt werden kann, ist unzulässig und wird bei den Kontrollen am Flughafen eingezogen. Dazu gehören sämtliche scharfen Gegenstände, auch Kosmetikartikel, Nagelscheren, Nagelfeilen und Rasierklingen. Diese Artikel dürfen nur im Gepäckstück, das am Flughafen aufgegeben wird, mitgeführt werden, keinesfalls jedoch im Handgepäck.

Das Verbot der Mitführung von Flüssigkeiten oder Gels im Handgepäck aufbewahrt werden.

Dazu zählen:

Getränke, Shampoos, Sonnenmilch, Cremes, Zahnpasta, Haargel, Flüssigkeiten ähnlicher Konsistenz

Eine Ausnahme gilt lediglich für Babynahrung, -milch oder –säfte, wenn das Baby oder Kleinkind mitreist, sowie für dringend notwendige Medikamente, sofern der Name auf dem Medikament oder dem Rezept mit dem auf dem Ticket übereinstimmt.

Erlaubt sind lediglich übliche Reise-Toilettenartikel in kleinen Größen, wenn sie in einem verschließbaren durchsichtigen Plastikbeutel transportiert werden, der an der Sicherheitskontrolle gesondert durchleuchtet wird.

Die Toilettenartikel dürfen bis zu 85 Gramm pro Stück wiegen, und der oben verschließbare Klarsichtbeutel sollte ca. 0,9 Liter Volumen umfassen und etwa 20 x 19 cm messen. Es sind so viele Behältnisse zugelassen, wie locker in den Beutel passen.

Als Plastikbeutel eignet sich beispielsweise eine Gefriertüte. Geeignete Plastikbeutel können aber auch in allen Presse- und Buchgeschäften am Flughafen gekauft werden.

Es ist ratsam, sich vor Abflug bei der Fluggesellschaft zu vergewissern, ob es in letzter Zeit Änderungen dieser Bestimmungen gab.

Gastgeschenke

Für die Kinder

Kleidung ist im Vergleich zu Deutschland günstiger. Es lohnt sich nicht, diese hier zu kaufen – es sei denn, man hat ein Souvenir-T-Shirt mit dem Bild der Heimatstadt oder von der WM o.Ä. Kinder freuen sich meist mehr über etwas, mit dem sie spielen können. Eigentlich immer willkommen sind Spiel- und Malsachen, z.b. Lego, Playmobil und Wasserfarben, Bastelsets oder Gesellschaftsspiele. Von Ravensburger gibt es nette, einfache und günstige Gesellschaftsspiele in kleinen Boxen. Beliebt sind auch die klassischen, hier bekannten Spiele wie „Mensch Ärgere Dich nicht" oder „Mühle". Dies kann zum Beispiel günstig in einer schönen Spielesammlung gekauft werden, was in den USA weniger verbreitet ist. Man muss darauf achten, keine Wortspiele oder ähnliches zu kaufen, für die Deutschkenntnisse erforderlich sind. Für Babys eignen sich Stofftiere, Rasseln, Mobiles und anderes Babyspielzeug, für Kleinkinder Sets mit großen Lego-Steinen (Duplos), Bausteine und Puzzles., Kuscheltiere, Malbücher, Seifenblasen, Knete, Fensterfarben etc.

UNO-Karten sind in den USA weniger verbreitet als in Deutschland, können aber gerade für größere Kinder und große Aupairs ein Riesenspaß sein.

Viele Kinderbuchklassiker sind hierzulande auch auf Englisch erhältlich und eignen sich beispielsweise zum abendlichen Vorlesen, etwa Ronja Räubertochter, Emil und die Detektive oder Grimms Märchen.

Süßigkeiten sind natürlich auch gerne gesehene Mitbringsel. Gut geeignet ist etwa eine Zusammenstellung verschiedener Fruchtgummisorten (nicht die klassischen Bärchen, die es auch dort zu kaufen gibt) oder ein paar Tafeln Schokolade, die in den USA eher nach zuckrigem Wachs schmeckt. Viele Produkte, die hier zum Alltag gehören, sind in den USA nicht erhältlich oder sehr teuer, z.B. Schokoladensorten wie Milka und Ferrero. Aber Vorsicht: Überraschungseier dürfen nicht in die USA eingeführt werden!

Für die Gasteltern

Klassische Geschenke sind ein Reiseführer oder Bildband des Heimatlandes oder der Heimatregion auf Englisch oder typische Speisen und Produkte aus der Region, wie eine Kuckucksuhr, Räuchermännchen oder andere typische Holzprodukte. Kommt man aus einem Weinanbaugebiet oder einem Ort mit eigener Brauerei, kann man auch eine gute Flasche Wein oder Bier mitbringen. Aber Achtung: Alkohol können nur diejenigen Aupairs mitnehmen, die schon 21 Jahre alt sind!

Aupairs, die Lust haben, der Gastfamilie ab und zu einmal etwas Deutsches zu kochen, können der Gastfamilie ein Kochbuch mit Rezepten aus der Heimat auf Englisch mitbringen, zum Beispiel Dr. Oetkers German Cooking Today, The Best of Swabian Food, The Best of Baden Food, Cuisines of the Alps oder Austrian Specialities.

Eine sehr persönliche Geschenkidee: statt einen Bildband zu kaufen, diesen in der Bibliothek ausleihen, vom Fremdenverkehrsamt Prospekt besorgen und zerschneiden, Postkarten kaufen oder Fotos schießen und aus diesem Material einen Kalender basteln. In diesem können jeden Monat eine typische Sehenswürdigkeit aus der Region, typische Sportmöglichkeiten wie Wandern und Skifahren oder ähnliches, Feste und Gebräuche wie zum Beispiel Karneval, Museen, Trachten, heimische Küche und vieles mehr mit Bild und kurzem Text vorgestellt werden. Der Kalender kann entweder dem Kalenderjahr folgen und vom nächsten Jahresanfang an mit Januar beginnen und bis Dezember dauern, oder begleitend zum Aupairjahr mit dem Monat des Eintreffens in der Gastfamilie beginnen und die Zeit bis zum Ende des Aupairaufenthalts abdecken.

Wie viel man für die Geschenke ausgeben möchte und was man selbst als angemessen betrachtet, liegt im Ermessen eines jeden. Man sollte pro Kind ein Geschenk mitbringen sowie mindestens ein Geschenk für die Gasteltern.

Bestätigung des Fluges

Sofern von der Organisation kein E-Ticket gebucht wurde, sollte der Flug in die USA unbedingt etwa einen bis zwei Tage vor dem Abflug telefonisch bei der Airline bestätigt werden.

Putzteufel, Po und Pfaffen
Warum die Angst vor Dreck Reichtum erzeugt und
der Busen auch der Popo ist
E-Book, ISBN 978-3-86040-220-7

Au-Pair-Box.com
Familien, Aupair, Agenturen,
Kostenloser Eintrag

Ein erfolgreiches Aupair-Jahr
Um den Aufenthalt zu einer gelungenen Sache zu machen, rät eine Agentur: „*Take it day by day, step by step.* Man sollte sich kleine Ziele setzen, nicht den kompletten Aufenthalt als Ganzes betrachten. Das kann einen gerade am Anfang schon mal erschlagen. Man sollte positiv an das Ganze rangehen, auch mit Tiefpunkten rechnen. Das gehört dazu, genauso wie die vielen Höhepunkte. Kommunikation ist das A & O."
Eine andere empfiehlt, Kontakt zu ehemaligen Aupairs aufzunehmen und mit ihnen zu reden, meint aber auch: „Man kann gar nicht so viel beraten, dass keine Fehler gemacht werden!" Im Grunde, so eine Vermittlerin, ist das Wichtigste: „Offen allem Neuen gegenüber sein und sich an die wichtigsten Regeln in den USA halten."

Einige Regeln

Aktiv sein!

Um Spaß an der Arbeit als Kindermädchen zu haben, ist es wichtig, sich den Tag so angenehm wie möglich zu gestalten. Ohne eigenes Zutun jedoch kann es einem mit Kindern fix langweilig werden. Dann ist Frust bei der Arbeit als Kindermädchen vorprogrammiert.

Die meisten Aupairs haben aber einfach nicht die nötige Energie oder Motivation, sich etwas auszudenken, um den Alltagstrott zu vermeiden. Man ist natürlich nicht immer gleich gut drauf, sollte aber trotzdem nicht gleich frustriert sein und sich langweilen.

Dazu kann man versuchen, immer wieder Dinge zu finden, die Freude bereiten und Abwechslung bringen: Mit den Kindern kochen, backen, basteln, Ausflüge zum Zoo, Spielnachmittage mit anderen Aupairs und deren Kindern und vieles mehr. Der Fantasie sind keine Grenzen gesetzt. Ist man nicht sehr einfallsreich, helfen Bücher über Kinderbeschäftigung und entsprechende Webseiten weiter. Vielleicht wissen auch andere Aupairs Rat.

Eine positive Einstellung gegenüber dem Alltag ist von Vorteil. Dann können die Aufgaben eines Kindermädchens durchaus ein ganzes Jahr lang Freude bereiten.

Kommunikation

Ist man mit Aufgaben, Kindern, Gasteltern oder den Umständen nicht zufrieden, hilft es, ein Gespräch zu suchen. Viele Probleme zwischen Aupairs und Gastfamilien wären schnell erledigt, wenn beide Seiten offen miteinander sprächen. Nur durch Gespräche lässt sich etwas gegen Probleme bewirken.

Oft wird auch erwartet, dass die Gegenseite die Probleme des anderen von allein erkennt. Doch Gastfamilien wissen in der Regel nicht, wenn dem Aupair gewisse Dinge nicht gefallen. Schon, damit Probleme und Missstimmungen gar nicht erst aufkommen, ist eine gute Kommunikation zwischen Aupair und Gasteltern wichtig, wie auch *Andrea* findet: „Es ist sehr wichtig, sich mit seinen Gasteltern zu verstehen, um sich wohl zu fühlen. Daher sollte man sich einfach viel mit ihnen unterhalten. Dadurch lernt man sich gegenseitig schon mal besser kennen und fühlt sich willkommen und in die Familie integriert. Eine gute Idee ist es, miteinander zu Abend zu essen und auch hin und wieder etwas mit der Familie zu unternehmen. Dabei verbessern sich natürlich auch die Englischkenntnisse sehr. So war mein Englisch nach dem Jahr schon viel besser, obwohl ich mit befreundeten deutschen Aupairs auch viel Deutsch gesprochen hatte."

Freizeit genießen

Die Freizeit sollten Aupairs unbedingt dazu nutzen, Abstand von ihrem Alltag zu gewinnen. Es ist wirklich unerlässlich, in der Freizeit aus dem Haus zu kommen, schließlich wohnt und arbeitet man am selben Ort. Andernfalls fühlt man sich schnell unwohl und mit dem Alltag überfordert.

Wochenenden nutzen

Die Wochenenden sind nicht immer arbeitsfrei, doch ansonsten sind sie ideal zum Kennenlernen von Land und Leuten. Man sollte versuchen, mindestens einmal im Monat ein Wochenende verreisen, um etwas vom Land zu sehen und Abwechslung zu spüren. Reiseführer über die nähere Umgebung sind in der Bibliothek erhältlich. Anregungen finden sich auch im Internet zuhauf.

Zimmer einrichten

Von der Gastfamilie bekommt ein Aupair ein eigenes Zimmer zur Verfügung gestellt.
  Da jeder Mensch seinen eigenen Stil hat, sind das Haus der Gastfamilie und auch das Zimmer des Aupairs nicht immer nach dem eigenen Geschmack eingerichtet. Außerdem werden die schönsten Zimmer meist als Wohn- und Kinderzimmer verwendet. Die Erwartungen an das Zimmer eines Aupairs dürfen deshalb nicht zu hoch sein.

Dennoch kann man mit ein wenig Fantasie und Geschick fast jedem Zimmer eine persönliche Note verleihen. Persönliche Gegenstände wie Bilder, Fotos und Poster oder auch das Umstellen von Möbeln wirken manchmal Wunder, was *Andrea* bestätigen kann: „Das eigene Zimmer ist für ein Aupair ein Rückzugsort, wenn man ein bisschen Zeit für sich braucht und eben auch Ruhe und Abstand von den Kindern. Deshalb ist es sehr wichtig, das Zimmer nach dem eigenen Geschmack zu dekorieren. Ich hatte ganz viele Fotos von Familie und Freunden an den Wänden und auch viele Postkarten, die ich im Laufe der Zeit erhalten habe. Oft habe ich die Bilder nur angeschaut und an zu Hause gedacht."

Heimweh

Heimweh gehört zum Leben im Ausland mit dazu. Manch einer denkt nur selten sehnsüchtig an die Heimat, ein anderer verzehrt sich wochenlang nach daheim und würde am liebsten die Koffer packen und nach Hause fahren. Ein Patentrezept gegen Heimweh existiert nicht.
Dennoch gibt es Möglichkeiten, wie man besser mit den Gefühlen umgehen kann. Wichtig ist es, darüber zu sprechen. Aupairs können mit Freunden, den Gasteltern oder auch der Familie zu Hause sprechen. Keine Lösung für Heimweh ist Selbstmitleid, was Ersteres meist nur verschlimmert.

Andrea meint dazu:

„Heimweh erlebt glaube ich jedes Aupair, das eine mehr, das andere weniger. Bei mir war das mit dem Heimweh nicht allzu schlimm – es war auf jeden Fall nicht so, dass ich nur noch meine Koffer packen und nach Hause wollte, weil ich alle so sehr vermisste. Ich habe mich eher darauf gefreut, alle nach einem ganzen Jahr wieder zu sehen. Früher nach Hause zu fliegen war kein Thema, das hätte ich nur bereut.

In den ersten paar Wochen hatte ich auch nicht wirklich Heimweh, da alles noch so neu war und ich noch immer total aufgeregt war und es kaum glauben konnte, dass ich in den USA war. Erst nach ein paar Monaten, in denen ich mich schon eingelebt hatte, dachte ich mir manchmal, dass ich meine Familie gerne wieder mal sehen würde. Aber durch das Internet, sprich Skype oder E-Mails, ist das Ganze dann nur halb so schlimm, da man ja echt ständigen Kontakt mit Freunden und Familie hat.
Eine gute Idee ist es, sich eine Freizeitbeschäftigung zu suchen, da man dann nicht so oft über die Heimat nachdenkt und einfach sein neues Leben genießt. Ich habe mich z.B. oft mit meinen Freunden getroffen oder war im Fitnessstudio."

Die meisten Aupairs haben irgendwann im Laufe ihres Jahres mit einem Kulturschock zu kämpfen – oder auch nur mit der Tatsache, dass doch manches anders ist als gedacht:

„Die ersten drei Wochen sind wohl immer die schwierigsten. Viele Aupairs verzweifeln, da sie in den ersten Wochen schon stark an Gewicht zulegen. Dass man nicht zu Fuß geht (außer vielleicht in New York) und selbst die kleinste Strecke mit dem Auto fährt, ist oft unbegreiflich. Die Arbeitszeiten (bis zu 45 Stunden in der Woche, bis zu 10 Stunden pro Tag) werden auch als sehr einengend und belastend beschrieben. Die strengen Rauchverbote führen immer wieder zu Konflikten, und dass man mit 21 Jahren erst volljährig wird, wissen die deutschen Aupairs zwar, aber was es wirklich bedeutet, wird ihnen erst in den USA klar. Ein weiterer Kulturschock: Fernsehen zu jeder Zeit und überall – die Kinder werden dort sehr häufig geparkt, und unsere Bewerber mit guten Ansätzen, die gerne mit den Kindern spielen möchten, können nur eines tun ... – fernsehen."

Eine Erklärung für das Heimweh liefert auch Silke Rixen von GermanAuPair:

„Die größte Schwierigkeit besteht, denke ich, darin, dass die meisten Aupairs direkt nach der Schule von zu Hause ausziehen und in die USA gehen. Bisher waren sie gewöhnt, das Kind zu sein, die Wäsche gewaschen und das Essen gekocht zu bekommen. Jetzt auf einmal haben sie selbst die Verantwortung für andere, werden nicht mehr täglich gefragt, wie der Tag war und was sie zu essen möchten. Bei dieser Erkenntnis setzt häufig das Heimweh ein. Haben sich die Aupairs in der neuen Rolle aber zurechtgefunden und eingelebt, so schwindet auch das Heimweh wie von selbst."

Die ersten Tage

Einreise

Die Sicherheitsmaßnahmen für USA-Reisende sind äußerst streng, vor allem seit den Anschlägen vom 11. September 2001. Vor der Abgabe am Check-in Schalter werden die Koffer durchleuchtet, und man muss einige Angaben zu seinem Gepäck machen. Das sind Fragen wie *„Haben Sie die Gepäckstücke selbst gepackt?"*, *„Waren die Gepäckstücke, seitdem sie von Ihnen gepackt wurden, immer unter Ihrer Aufsicht, oder hätte hier im Flughafen jemand die Gelegenheit gehabt, Ihnen etwas zuzustecken?"*, *„Warum fliegen Sie in die USA? Geschäftlich oder in Ferien?"*.

Wichtig für den amerikanischen Beamten ist, dass die Gepäckstücke selbst gepackt wurden und seither stets unter der Fuchtel der reisenden Person standen.

Nach dem Check-in folgen weitere Kontrollen, bei denen das Handgepäck ausgepackt werden muss. Nicht außergewöhnlich ist es, dass man bei diesen Kontrollen aufgefordert wird, die Schuhe auszuziehen, damit diese durchleuchtet werden können.

Im Flugzeug erhalten alle Reisenden ca. zwei Stunden vor der Landung ein Formular des *Immigration and Naturalization Service* zum Ausfüllen. Dafür werden die eigene Reisepassnummer sowie die Adresse der Gasteltern in den USA benötigt. Außerdem sind teils ungemein hirnrissige Fragen zu beantworten wie z.B.: *„Waren oder sind Sie in Spionage- oder terroristische Aktivitäten verwickelt?"* *„Waren Sie am Völkermord oder in der Zeit zwischen 1933 und 1945 in irgendeiner Weise an den Verfolgungen des nationalsozialistischen Regimes Deutschlands oder seiner Verbündeten beteiligt?"* Diese Fragen sind alle wahrheitsgemäß zu beantworten, und das Formular ist gemeinsam mit dem Reisepass nach der Landung bei Kontrollen bereitzuhalten.

Bei der Ankunft in New York müssen sich alle Passagiere der ankommenden Auslandsflüge in Reihen bei der *Immigration* (Zoll) anstellen. Aupairs gehören zu den *Non-Residents* (Ausländer) und müssen sich an den entsprechenden Schaltern anstellen. Am Schalter überprüft ein *Immigration Officer* (Zollbeamter) das Formular, das Visum des Aupairs sowie den Pass. Er stellt in der Regel auch ein paar Fragen nach dem Reisegrund und der Anschrift in den USA. Daher einen Zettel mit Anschrift und Telefonnummer der Gastfamilie im Geldbeutel bereithalten. Der untere Teil des Formulars wird in den Pass geheftet. Nach diesen Kontrollen ist man offiziell in den USA.

Einführungsseminar in den USA

Einige Inhalte des Seminars sind zwingend vorgeschrieben. Dazu zählen die Sicherheit von Kindern, insbesondere die von Säuglingen, sowie die Entwicklungsphasen von Kindern.

Meist werden auch Reiseveranstalter zu diesen Einführungsseminaren eingeladen, um Vorschläge für den 13. Monat und für Urlaubsreisen während des Jahres zu unterbreiten.

Der Unterricht erstreckt sich in der Regel über den ganzen Tag. Viele Themen im Seminar werden einem Aupair, das bereits Erfahrung in der Betreuung von kleinen Kindern hat, bekannt vorkommen. Dennoch lernt jedes Aupair Neues dazu, und wenn es nur ein Bekanntschaftschließen mit anderen Aupairs ist. Viele Themen sind jedoch interessant oder wichtig für die Arbeit mit den Kindern, wie beispielsweise ein Erste-Hilfe-Kurs speziell zu Kleinkindern. An einem Abend findet meist eine Sightseeing-Tour durch die nächstgrößere Stadt statt, und vielleicht bleibt sogar Zeit für einen Musical- oder Theaterbesuch.

Insgesamt ist das Vorbereitungsseminar eine tolle Gelegenheit, viele Aupairs aus allen möglichen Ländern kennenzulernen. Alle haben mehrere Dinge gemeinsam: Riesenvorfreude, ein bisschen Angst vor dem, was kommt und vielleicht sogar schon der erste kleine Anflug von Heimweh.

Der letzte Tag des Einführungsseminars ist meist geprägt vom Abschiednehmen von diesen neu gewonnenen Freunden. Einige werden von der Gastfamilie abgeholt, andere müssen weiterfliegen, und wieder andere fahren mit dem Zug oder Bus zu ihrer neuen Familie.

Kommunikation auf Englisch

Viele Aupairs haben unnötige Angst vor der Kommunikation auf Englisch. Europäer vor allem aus dem deutschsprachigen Raum haben verglichen mit Aupairs aus anderen Ländern ohnehin oft ein sehr gutes Englisch, das sich in den USA tagtäglich bessert. Schon bald denkt und träumt man auf Englisch!
Es dauert allerdings ein paar Tage, bis man sich daran gewöhnt hat, dass alle um einen herum nur Englisch sprechen. Manches Aupair kommt sich doch ein wenig verloren vor, vor allem durch die Befürchtung, sich nicht angemessen verständigen zu können oder Fehler zu machen. Aber keine Angst: Die Amerikaner sind sehr freundlich und sprechen deutlich und langsam, wenn man sie darum bittet. Man stellt schnell fest, dass die Kommunikation auf Englisch keine unüberwindbare Hürde darstellt.

Sicheinleben – Gastfamilie

Emotionen

Endlich bei der Gastfamilie angekommen, trifft man auf die Menschen, mit denen man ein Jahr leben wird.

Zwischen Begeisterung ...
Während der ersten Tage in der Familie sind viele Aupairs ganz aus dem Häuschen. All dieses Neue: die neue Familie, der große Kühlschrank, die neuen Nachbarn etc. ist höchst faszinierend.

... Unsicherheit ...
In den ersten Tagen fühlen sich die meisten Aupairs ein wenig unwohl. Man hat mit der Familie monatelang gemailt, Fotos gesehen und das Gefühl gehabt, schon viel über die Familie zu wissen. Nun ist man bei ihnen. Zwar kennt man sich schon, aber ist sich doch fremd. Man muss sich an die Stimmen gewöhnen, man versteht viele Wörter noch nicht, weiß manchmal nicht so richtig, wie man sich verhalten oder was man im Moment tun soll. Das Haus der Familie ist noch neu, man weiß nicht, was wo ist und was wem gehört. Man hat einfach das Gefühl, nicht zur Familie zu zählen. Das ist normal! Es dauert ein paar Tage, bis das Eis gebrochen ist und man seinen Platz gefunden hat.

... Ankunftsschock

Die Ankunft in der Familie ist für einige Aupairs ein richtiger Schock: Erst jetzt wird vielen klar, dass sie ein ganzes Jahr fern der Heimat und allem Vertrautem sind. Man hat sich zwar sehr auf das Jahr gefreut, aber so richtig bewusst wird einem erst jetzt, dass man zum ersten Mal ganz alleine dasteht und alles Vertraute zurückgelassen hat. Man konnte es sich nie vorstellen, aber plötzlich stellt sich Heimweh ein. Selbst wenn man sich wieder ein bisschen gefasst hat, lassen sich im nächsten Moment die Tränen nicht mehr zurückhalten.

Da hilft nur eines: Augen zu und durch! Auch wenn man sich schrecklich fühlt und es Wochen dauern kann, bis der Ankunftsschock verdaut ist, so darf man auf keinen Fall aufgeben! Man hat sich so auf dieses Jahr gefreut und viel dafür getan! Alle Aupairs, die sich während dieser Wochen durchgebissen haben, können bestätigen: Es lohnt sich!

Angst, Fehler zu begehen ...

Anfangs ist man natürlich unsicher, mit den Kindern etwas falsch zu machen, etwas zu vergessen oder missverstanden zu werden.

... und kleinen Missgeschicken

Selbst wenn etwas schief läuft, heißt das nicht, dass man versagt hätte. Wenn einem ein Fehler unterlaufen ist, klärt man das am besten mit der Gastfamilie. In der Regel ist die Sache mit einer Erklärung, wie es dazu kam und warum man so reagiert hat, wieder in Ordnung.

Übergang

Viele Gastfamilien organisieren einen Aupair-Wechsel so, dass das alte und das neue Aupair noch eine Zeit lang – meist ein bis zwei Wochen – gemeinsam in der Familie sind.
Das hat viele Vorteile für das neue Aupair, denn der Vorgänger kann den Alltag und die kleinen Tricks beim Umgang mit den Kindern der Familie am besten erklären. Außerdem weiß er bestimmt, wo man in der Freizeit andere Aupairs und junge Leute treffen oder etwas Interessantes unternehmen kann.

Arbeitsbeginn

Die ersten drei Tage in der Familie muss entweder das vorherige Aupair oder ein Elternteil – auf alle Fälle aber eine erwachsene Person – zur Kinderbetreuung bei dem Aupair bleiben. Man darf in den ersten drei Tagen in der Familie nicht alleine für die Betreuung der Kinder verantwortlich sein. Wichtig für das Aupair ist

es, in dieser Zeit möglichst viel mit den Gasteltern oder dem Vorgänger-Aupair über die Gewohnheiten und Eigenheiten der Kinder zu sprechen, um eine Grundlage für die ersten Arbeitstage ohne Begleitung zu schaffen.
Normal ist es auch, dass in den ersten Tagen alleine mit den Kindern nicht alles reibungslos funktioniert. Kleine Missgeschicke, wie z.b. ein Sichverfahren, die gewaschenen Sachen der Kids in die falschen Schränke einzuräumen, das Lieblingsessen nicht genauso zu kochen, wie gewünscht, können vorkommen und sind nicht weiter schlimm. Dies gehört zur Einarbeitung in die neue Aufgabe mit dazu. Wichtig ist nur, dass den Kindern in der Obhut des Aupair nichts zustößt. In der Regel sind Gasteltern in der Einarbeitungszeit verständnisvoll gegenüber kleinen Missgeschicken.
Vor dem ersten Arbeitstag kann man sich mit den Gasteltern zu einem Gespräch zusammensetzen und noch einmal alles Wichtige rund um Aufgaben, Kinder und Alltag in der Familie besprechen.
Folgende Dinge muss ein Aupair vor dem ersten Arbeitstag alleine mit den Kindern wissen:

- Wo ist die Hausapotheke?
- Wo stehen die Notrufnummern? Wo ist der Feuerlöscher?
- Telefonnummern der Gasteltern, unter denen sie im Notfall zu erreichen sind (Handynummern, Nummern bei der Arbeit)
- Nummern der Großeltern oder von Freunden in der näheren Umgebung)

Aupair und Familienmitgliedschaft

Eingewöhnung

Jede Gastfamilie hat ihre Eigenarten – so wie jedes Aupair eine individuelle Person mit Stärken und Schwächen ist.
Bei den meisten Gastfamilien sind beide Elternteile berufstätig. Es gibt aber auch welche mit nur einem Elternteil und sehr selten gleichgeschlechtliche Paare.
Die Familien haben in der Regel zwei bis drei Kinder. Der größte Teil hat Kinder im Schulalter.
Egal, wie die Gastfamilie zusammengesetzt ist, ein gutes Verhältnis zur Gastfamilie ist zu Anfang des Aupair-Jahres erstmal aufzubauen. Zunächst treffen zwei verschiedene Welten aufeinander, die sich integrieren müssen. In der Anfangszeit ist es deshalb möglich, dass sich das Aupair als Fremdkörper in der Familie fühlt.

Das Verhältnis zwischen Aupair und Familie schwankt von einem sehr engen familiären Verhältnis bis zum lockeren Zusammenleben unter einem Dach. Manche wollen kein zu enges Verhältnis, sind in ihrer Freizeit lieber für sich und interessieren sich auch nicht für das Freizeitleben der anderen. Solche Aupairs sind froh, wenn sie in ihrer Freizeit Abstand von Familie und Kindern bekommen und ihr eigenes, unabhängiges Leben führen können.

Andere Aupairs und Gastfamilien legen hohen Wert auf gemeinsame Aktivitäten auch außerhalb der Arbeitszeit. Das Aupair ist wie eine Tochter / ein Sohn der Familie, und sie genießen gemeinsames Essen, gemeinsamen Urlaub und die Möglichkeit, über alles reden zu können.

Zusammenleben

Unter diesem Begriff verstehen nur wenige Menschen dasselbe, deshalb ist es einer der Punkte, die ganz zu Beginn zwischen Aupair und Gastfamilie geklärt werden sollten. Es hilft dabei, miteinander über die Vorstellung von einem gemeinsamen Zusammenleben und die Erwartungen an den jeweils anderen zu sprechen. Themen können zum Beispiel sein:

- Mahlzeiten
- Einkaufen
- Feiertage
- Ausflüge
- Wochenendunternehmungen
- Feiertage

Mariska beispielsweise hatte sich besonders auf Weihnachten mit ihrer amerikanischen Gastfamilie gefreut und fiel als allen Wolken, als sie von deren Plänen hörte:

„Ich freute mich auf ein Jahr mit gemeinsamen Reisen, darauf, das Land und meine Familie besser kennenlernen. Als ich Thanksgiving beim großen Familientreffen war, lernte ich die Schwägerin meiner Gastmutter kennen, eine Deutsche, die vor Jahren wegen ihrem Mann nach Amerika ausgewandert war. Wir unterhielten uns über meine ersten Tage und ich erzählte von meinen Mitbringseln (ich hatte mir für Dezember eine ganze Menge kleiner Überraschungen einfallen lassen zwecks Advent, Nikolaus und Weihnachten). Die Schwägerin erzählte mir daraufhin, dass meine Familie jüdisch sei und Weihnachten nicht feiere, ob ich das denn nicht wüsste?

Tatsächlich hatte ich bis dato wirklich keine Ahnung gehabt. Normalerweise erkennt man so etwas beim Essen oder wöchentlichem Shabbat, aber nicht bei meiner Familie, denn so religiös sind sie nicht. Hannukah dagegen nehmen sie

sehr ernst, was ich nicht wusste. Als wir wieder in Seattle waren, erfuhr ich dann, dass sie über Hannukah nach Mexico fliegen und dort 10 Tage Urlaub machen wollten.
Ich war davon ausgegangen, dass wir Aupairs immer mitgenommen werden, wenn die Familien einen Urlaub planen. Da Mexico aber nicht zu den USA gehört, habe ich die Familie schließlich direkt gefragt, ob ich mit dabei war, damit ich den Stempel für mein Visa rechtzeitig einholen konnte. Und dann kam der Schock: mir wurde gesagt, dass ich nicht mitfliegen, sondern das Haus hüten sollte. Für mich brach eine Welt zusammen: Weihnachten ohne meine Familie aus Deutschland zu verbringen war schon hart genug, aber dann auch noch alleine in einem Land, das ich gerade mal vier Wochen kannte, das war echt schwer."

Haushalt

In Europa ist ein junger Erwachsener mit 18 volljährig und wird in den meisten Fällen auch so behandelt. Das heißt, er ist ein Erwachsener mit allen Rechten und Pflichten.

So lange man noch zu Hause wohnt, werden einem allerdings die Pflichten nur wenig bewusst. In Europa gehen viele Mütter gar nicht oder nur halbtags zum Arbeiten und kümmern sich die restliche Zeit um die Kinder und den Haushalt. Sie kochen, räumen auf und putzen.

Das ist in den USA und vor allem in Aupair-Familien anders. Beide Eltern sind meist voll berufstätig, und die Mütter haben nach einem langen Arbeitstag bestimmt Besseres zu tun, als alleine das Haus aufzuräumen, Essen zu kochen und den Tisch zu decken. In amerikanischen Familien helfen alle mit, wenn es um Essen und Haushalt geht. So wird es auch oft als selbstverständlich angesehen, dass ein Aupair im gleichen Umfang wie die Gasteltern mithilft. Dies ist nicht „Hausarbeit für die Familie", sondern das normale Pensum, das ein Familienmitglied zur Familie beiträgt.

Will ein Aupair fester Bestandteil der Gastfamilie sein, dann sollte es sich entsprechend verhalten.
Wenn ein Aupair ein weniger enges Verhältnis zur Gastfamilie vorzieht, ist es trotzdem höflich, wenigstens anzubieten, beim Hausputz zu helfen oder einkaufen zu gehen. Immerhin wohnt das Aupair in dem Haus, isst dort und verursacht einen Teil des ganz normalen Alltagsstaubs und Schmutzes, der während der Woche in Küche, Bad und Flur anfällt.

Zeit mit der Familie

Natürlich geht keine Familie davon aus, dass ein Aupair alles mit ihnen unternimmt und sich nie mit Freunden trifft.
Manche Gastfamilien erwarten allerdings, dass es wenigstens während der Woche am Abendessen teilnimmt und das Haus nicht sofort fluchtartig verlässt, so-

bald die Arbeitszeit vorüber ist. Grundsätzlich gilt aber, dass ein Aupair frei über seine Freizeit verfügen kann.

Urlaub

In manchen Familien ist es selbstverständlich, dass das Aupair in den Urlaub mitfährt, auch wenn es dort nicht arbeiten muss. Andere Familien nehmen das Aupair mit, um auch im Urlaub immer einen Babysitter zu haben, und wieder andere Familien möchten einmal Zeit für sich alleine haben und fahren ohne das Aupair.

Kinder am Anfang

Man sollte stets bedenken: für die Kinder ist ein Aupair am Anfang eine fremde Person. Sie kennen das Aupair noch nicht und brauchen in der Regel Zeit, sich an die neue Betreuung zu gewöhnen. In den meisten Familien ist die Vorgängerin oder der Vorgänger noch da, und die Kinder wissen, dass sie oder er bald geht. Darüber sind sie natürlich traurig.

Kinder klammern sich deshalb oft an das alte Aupair und ignorieren das neue. In der Regel verfliegt diese Antipathie gegen das neue Aupair nach ein paar Tagen oder Wochen.

Am Anfang „testen" die Kinder ihre Grenzen. Sie erzählen dem Aupair, dass sie sehr wohl eine bestimmte Sendung im TV anschauen dürfen, im Auto immer vorne sitzen und es weder der Mama noch dem Vorgänger-Aupair etwas ausgemacht hat, wenn sie anstelle vom Mittagessen nur Süßigkeiten in sich hineinstopfen. Die Testphase dauert ca. vier Wochen. Dann merken die Kinder in der Regel, wie weit sie gehen können.

Manche Kinder sind sehr schüchtern. Sie beäugen das neue Aupair vorsichtig, trauen sich aber weder nah zu ihm hin, noch mit ihm zu reden. In diesem Fall ist viel Einfühlungsvermögen gefordert.

Viel schlimmer sind jene Kinder, die das Aupair strikt ablehnen und jedes Mal schreien, wenn es den Raum betritt oder sich mit ihnen beschäftigen will. Sie hängen am „alten" Aupair, an den Eltern oder anderen Personen, die sie schon länger kennen. *Mariskas* Gastkind etwa erfreute sie mit Aussagen wie *Ich brauch dich hier nicht, du kannst zurück nach Deutschland gehen.*

„Zudem spielte er mich gegen seine Eltern aus. Mir sagte er etwas, den Eltern etwas ganz anderes und ließ mich so schlecht dastehen. Und immer, wenn sie wegschauten, warf er mir einen bösen Blick zu – getreu dem Motto: "Dich kriege ich noch"."

Aber auch in diesem Fall kann ein Aupair beruhigt sein. Das ist nur am Anfang so und legt sich mit der Zeit, wie Mariska bestätigen kann:

„Man kann eigentlich schon sagen, dass der Übergang vom "nicht mögen" zu "ich hab dich total lieb" fast von selbst ging. Einige andere Aupairs teilten mir dies auch so mit. Eigentlich konnte ich mir am Anfang nicht vorstellen, dass es so einfach gehen sollte.

Ich habe versucht, mit ihm Dinge zu machen, die er mag. Da ich für die Familie Abendessen gemacht habe, bereitete ich des Öfteren auch Sachen nur für ihn zu, oder wir machten zusammen Schokoladenpudding. Mit seinen 5 Jahren konnte er mir dabei gut helfen, und es machte dem Kleinen total viel Spaß. Genauso beim morgendlichem Frühstück – wenn er Eier haben wollte, half er mir immer voller Begeisterung mit. Man sollte eben auf das Kind eingehen und gerade am Anfang verstärkt zeigen: Ich bin da wegen Dir, und ich versuche, vieles für Dich zu machen.

Gleichzeitig darf man nicht vergessen, seine Grenzen zu setzen, denn sonst fängt das Kind an, einem auf dem Kopf herum zu tanzen. Die Sache mit dem Abendessen nahm z.B. verstärkt zu, und es fand dann einmal ein Gespräch mit den Eltern statt, in dem wir beschlossen, dass es nur noch ein Abendessen für alle gibt, das dann auch der Kleine isst. Wir beschlossen das auch im Gedanken an später, da wir ja alle nicht möchten, dass er mal ein verwöhntes Kind wird. Und da seine Eltern mich darin unterstützten, konnten wir diesen Plan gut umsetzen. Das A + O ist wirklich, dass die Eltern hinter einem stehen. Gerade zu Anfang stellte mich der Kleine oft in Frage ... – seine Eltern sagten ihm dann aber immer, dass er ab sofort auf sie zu hören habe plus auf das Au Pair. Und das verstand er dann auch relativ schnell."

Auch *Madlen* berichtet von Startschwierigkeiten mit „ihren" Mädels:

„Die Chemie schien zu stimmen, mit den Eltern klappte es auf Anhieb. Dafür musste das Eis bei der Vierjährigen dann erst noch gebrochen werden, sie hing noch sehr an meiner Vorgängerin. Mh, wie löst man diesen Fall? Cookies selber machen, Disneyfilme schauen ... – nichts schien zu wirken. Irgendwann zog ich mich dann in ihr Zimmer zurück und versuchte Ordnung zu schaffen. Sofort fielen mir die unzähligen Barbies ins Auge, alle ohne Kleidung. Also griff ich mir eine nach der anderen und zog sie hübsch an, reihte sie im Regal auf ... – und fand ein verschmitzt strahlendes Mädchen an meiner Seite stehend. Der Beginn einer Freundschaft!"

Örtliche Betreuung

Innerhalb der ersten beiden Tage nach der Ankunft ruft der amerikanische Betreuer von der Organisation an, um sich vorzustellen und um einen Termin für ein persönliches Treffen zu vereinbaren, bei dem wichtige Dinge mit der Gastfamilie besprochen werden.

Der Betreuer steht das ganze Jahr bei Problemen bereit und gibt Tipps, was man unternehmen kann. Worüber er oder sie auf alle Fälle informieren muss, sind Colleges in der Region für die vorgeschriebenen College-Kurse.

Es gibt engagierte und weniger engagierte Betreuer. Manche interessieren sich sehr für ihre Aupairs und Gastfamilien und kümmern sich um sie. Andere sind eher genervt, wenn man sich meldet und eine Frage oder ein Problem hat.

Generell gilt, dass kein Betreuer ein Animateur ist, der sagt, wie ein Aupair sein Jahr zu leben und was es zu tun habe. Der Betreuer wird einem Aupair nicht hinterherlaufen, sondern ist ein Ansprechpartner bei Problemen. Das Aupair ist also gefordert, selbst auf den Betreuer zuzugehen, falls es Hilfe benötigt.

Wenn allerdings ein Problem auftritt und sich der Betreuer auch nach mehrmaligen Bitten nicht darum kümmert, hat das Aupair die Möglichkeit, sich unmittelbar an die Organisation zu wenden.

Kulturschock und Heimweh

Der Kulturschock kommt in der Übergangsphase zwischen den Hochgefühlen am Anfang und dem Zeitpunkt, zu dem man sich richtig an das Aupair-Leben gewöhnt hat, nämlich genau dann, wenn das Leben in den USA nicht mehr so neu und aufregend ist, sondern allmählich Alltag wird. Ein erstes Zeichen, dass diese Phase erreicht ist, bemerkt man, wenn man morgens nicht mehr begeistert mit dem freudigen Gefühl, endlich in Amerika zu sein, aus dem Bett hüpft, sondern jeder Tag wie der vorgehende und der noch abzuleistende Teil des Jahres unendlich lang zu sein scheint. Auch die riesigen Kühlschränke und die leckeren Cookies, Bagels und Donuts sind keine Besonderheit mehr. Der Alltag kehrt ein.

In dieser Zeit sieht man nicht mehr alles durch die rosarote Brille. Man beginnt, deutlicher zu spüren, was man im Vergleich mit Zuhause weniger schön findet. Plötzlich stellen sich Gedanken ein wie: "Diese blöden Amerikaner mit ihrem...". Die eine oder andere Eigenschaft der Gastmutter oder des Gastvaters ärgert einen, und man beginnt, sich darüber aufzuregen. Auch das Babysitten ist weniger interessant als anfangs. Man hat plötzlich keine Lust mehr, schon wieder die Wäsche der Kinder zu waschen, Playmobil zu spielen oder Teletubbies zu schauen. Bei manchen Aupairs geht das sogar soweit, dass sie alles nur noch schlecht finden – die USA sind doof, die Amis spinnen, die Gasteltern sind die reinsten Ausbeuter und die Kinder verwöhnte, aufmüpfige Satansbraten.

Bei Aupairs, die im nördlichen Teil des Landes wohnen und ihr Jahr im Sommer beginnen, werden diese Gefühle dadurch verschlimmert, dass sich der Sommer neigt. Die Schwimmbäder schließen, das Wetter wird kühler und trüber. Die Folgen sind häufig Frust, Depressionen und Heimweh.

Und genau darüber hat man sich vor dem Abflug kaum Gedanken gemacht. Genau darauf ist niemand gefasst, denn vor dem Abflug denkt man meist nur an die aufregenden Dinge, die einen erwarten.

All das erleben die meisten Aupairs zwei bis drei Monate nach ihrer Ankunft. Manche Aupairs freilich bemerken den Kulturschock kaum. Sie sind lediglich ein bisschen weniger fröhlich und gut gelaunt als sonst.

Auch Agenturen bestätigen, dass der Kulturtschock i.d.R. eintritt, wenn die erste aufregende Zeit vorbei ist und der Alltag einsetzt, sehr zeitgleich mit dem Heimweh. „Gerne wird dann der Satz *"Bei uns machen wir das aber anders"* gebraucht. Plötzlich besinnen sich alle auf die guten gewohnten Werte, wo sie noch vor ein paar Wochen dringend von dort weg wollten, um die große weite Welt kennen zu lernen. Das legt sich aber meist schnell und tritt erst wieder auf, wenn die Aupairs zurück nach Deutschland kommen, dann andersherum. Dann heißt es plötzlich: *"Wieso hat die Bank denn schon zu? Also, in den USA sind die Öffnungszeiten sehr viel kundenorientierter."* o.Ä."

Der Kulturschock dauert in der Regel zwei bis vier Wochen. Danach hat man sich endgültig eingewöhnt. Man hat gelernt, dass das Aupair-Leben einen Alltag kennt und trotzdem Freude bereiten kann. Danach beginnt man langsam, selbst ein wenig amerikanischer zu werden. Man identifiziert sich allmählich mit Amerika und fühlt sich dort zu Hause.

Eines eint in dieser Zeit aber fast alle Aupairs. Heimweh. Jetzt, da alles als normal empfunden wird und keinen Nervenkitzel mehr hervorruft, fehlen plötzlich die vertrauten Freunde, mit denen man über Alltagszipperlein plaudern konnte. Man sehnt sich nach gewohnten Dingen, die man im Glanz des Neuen vorher überhaupt nicht vermisst hat.

Sprechen hilft! Den Frust bei anderen Aupairs abzuladen, hilft allerdings nicht immer. Oft fängt man dann gemeinsam an zu lästern und sich gegenseitig runterzuziehen. Das Schlimmste, was man bei Heimweh und Frust machen kann, ist, zu Hause zu sitzen und auf „besseres Wetter" zu warten!

Dagegen hilft nur eins: aktiv werden – also ausgehen, sich mit Freunden verabreden. Oft hilft auch schon ein netter Kinoabend, ein Besuch im Fitnessstudio, ein wenig Plaudern ... Vielleicht macht ein kleines Extra, wie ein Musical- oder Theaterbesuch oder ein paar neue Klamotten, Spaß und verscheucht trübe Gedanken. Viele Aupairs machen Sport, melden sich im Fitnessstudio an oder gehen regelmäßig joggen. Eins ist auf alle Fälle klar: je bunter das Programm, desto besser fühlt sich das Aupair. Gerade beim Kulturschock ist es wichtig, sich wieder ein paar Lichtblicke im Alltag zu verschaffen.

Auch den Tag mit den Kindern sollte man sich in solchen Zeiten besonders schön gestalten. Kinder basteln in der Regel gerne. Auch ein Kinobesuch ist immer etwas Besonderes.

Manche Aupairs rufen auch ihre Familie und Freunde zu Hause an. Dies sollte man aber nur tun, wenn es wirklich hilft. Bei Heimweh hat ein Anruf zu Hause oft die gegenteilige Wirkung – manchmal macht er das Heimweh nur noch schlimmer!

Betreuung der Kinder

Als Aupair lebt man mit der Gastfamilie und betreut deren Kinder. Das heißt, dass man auch Teil des Alltags der Familie wird. Es ist also mit Aufgabe des Aupairs, dafür zu sorgen, dass dieser in der Familie möglichst problemlos verläuft. Nicht immer leicht, denn Kinder setzen andere Prioritäten als einen geordneten Tagesablauf. Wie Kinder funktionieren, ist mit viel Humor auf „Mitwohnen.org", > Kinderbetreuung, dargestellt.
Kinder sind auch höchst unterschiedlich, so dass ein Aupair sich auf ihre Persönlichkeit und Bedürfnisse einzustellen hat.

Aufgaben

Nicht nur die Arbeitszeiten, auch die Aufgaben eines Aupairs schwanken je nach Alter der Kinder. Bei ganz kleinen Kindern gehören neben dem Spielen hauptsächlich Windelwechseln, Sprechen und "Potty Training" (das Auf-die-Toilette-Gehen üben) zu den Aufgaben.
Aupairs mit ganz kleinen Kindern arbeiten meist neun bis zehn Stunden am Stück ohne Pause, weil die Kleinen weder in die Preschool noch in die Schule gehen.

Doris kam in eine Familie mit kleinen Zwillingen nach North Carolina:

„Die beiden waren gerade einmal 7 Wochen alt, als ich in die Familie kam. Die ersten Wochen war meine Gastmutter noch zu Hause; so konnte sie mir alles in Ruhe zeigen und die Babys konnten sich langsam an mich gewöhnen.
   Es wäre ohnehin nicht erlaubt gewesen, die Babys mit mir alleine zu lassen, denn solange sie unter drei Monaten sind, ist das gesetzlich nicht erlaubt.
   Etwa einen Monat nach meiner Ankunft nahm meine Gastmutter wieder ihre Arbeit auf, und ich war alleine mit zwei Babys. Mein Gastvater arbeitet aber von zu Hause aus – so hatte ich immer im Hinterkopf, dass, falls etwas passierte, noch jemand da war, der mir im Notfall beistehen konnte.
   Trotzdem waren die ersten Wochen alleine ziemlich nervenaufreibend, da ich plötzlich die ganze Verantwortung trug und niemanden mehr fragen konnte, wenn ich unsicher war oder etwas nicht wusste.
   Es kam häufig vor, dass beide Babys gleichzeitig weinten; ich aber immer nur einen betreuen konnte. Das hat mich anfangs sehr gestresst und nervös ge-

macht, doch nach einigen Wochen hatte ich mich daran gewöhnt. Ich habe mir immer wieder vor Augen gehalten, dass ich eben nur zwei Hände hätte und lieber alles in Ruhe machen würde, bevor etwas passiert.

Ein weiteres Problem mit den Babys war, dass ich oft nicht wusste, warum sie schrien. Als meine Gasteltern zum ersten Mal abends weg gegangen waren, hat der Kleine mich auf eine harte Pr1obe gestellt: Er hat über 30 Minuten gebrüllt, wollte sein Fläschchen nicht, hatte eine frische Windel, und einschlafen konnte er auch nicht.

Ich war am Rande der Verzweiflung, wusste nicht, ob vielleicht irgendetwas nicht stimmte mit ihm. Außerdem hatte ich ja auch noch sein Schwesterchen, das zu füttern war. Natürlich hätte ich meine Gasteltern anrufen können, doch ich wollte ihnen nicht ihren ersten gemeinsamen Abend seit Monaten verderben. Im Endeffekt hörte er dann irgendwann zu brüllen auf und schlief ein. Ich war aber den restlichen Abend besorgt und schaute alle paar Minuten in sein Bettchen, um sich zu vergewissern, dass alles in Ordnung war.

Das waren Probleme, die in den ersten Monaten auftauchten, doch mit der Zeit lernt man seine Schützlinge immer besser kennen und weiß bald, wie zu helfen ist.

Die nächsten Herausforderungen traten auf, als die Babys zu krabbeln anfingen. Plötzlich waren sie überall und spielten mit Sachen, mit denen sie sich eventuell verletzen konnten. So musste ich ständig hinter ihnen her sein und durfte sie keine Sekunde aus den Augen lassen. Mit der Zeit haben wir immer mehr Gegenstände verstaut und bald war unser Haus, oder besser gesagt einige Zimmer, kindersicher.

Seit einigen Tagen kann mein Mädchen nun laufen, und jetzt ist es so gut wie unmöglich, sie vor kleineren Verletzungen zu schützen, da man ja nicht den ganzen Tag hinter ihr sein kann, um sie im aufzufangen, falls sie hinfällt. So stößt sie sich des Öfteren den Kopf und ich habe deswegen immer ein schlechtes Gewissen. Ich weiss zwar, dass es nicht möglich ist, jede Sekunde hinter ihr zu sein, aber ich fühle mich trotzdem schuldig, vor allem wenn abends ihre Mutter nach Hause kommt und die neue Beule sieht.

Sich um Babys zu kümmern hatte aber auch Vorteile. Zum Beispiel hatte ich in meinem Jahr ständig Abwechslung, weil sich Babys so schnell entwickeln und verändern. Am Anfang hatte ich zwei Neugeborene, die die meiste Zeit geschlafen haben, doch mittlerweile können sie ein paar Wörter sagen und krabbeln bzw laufen.

Ein weiterer Vorteil war, dass sie mich schnell annahmen und ohne Kompromisse akzeptierten.

Das ist bei älteren Kindern ja nicht immer der Fall, oder es dauert zumindest eine längere Zeit. Diese Akzeptanz der Kinder kann aber leider auch zur Eifersucht der Mutter führen. Meine Babys waren 5 Tage die Woche, den ganzen Tag über mit mir zusammen – sie hängen natürlich an mir. Das merkt ihre Mutter auch, und ich glaube, sie findet es auf der einen Seite schön, zu wissen, dass ich mich gut um die Kinder kümmere und sie sich wohl bei mir fühlen. Aber ab und zu habe ich schon das Gefühl, dass sie das etwas nervt. Zum Beispiel wenn sie sich um die Babys kümmert und ich komme in den Raum. Sie wollen dann oft zu mir und fangen zu weinen an, wenn ich sie nicht hochnehme.

Außerdem habe ich viele wichtige Schritte im Leben der Babys als Erste gesehen, zum Beispiel, als sich der Kleine zum ersten Mal alleine umgedreht hatte. Als ich es der Mutter erzählt habe, hat sie sich zwar nichts anmerken lassen, ich glaube aber schon, dass es schwer für sie war.

Ich persönlich habe dieses Jahr mit meinen Babys sehr genossen und sie sind mir irrsinig ans Herz gewachsen. Der Abschied wird mir bestimmt sehr schwer fallen, noch dazu, weil ich weiß, dass die zwei sich nie an mich werden erinnern können ..."

Das Zusammensein mit den Kleinen gestaltet sich völlig anders als mit schulpflichtigen Kindern. Einen Zweijährigen kann man auf keinen Fall fünf Minuten aus den Augen und alleine im Zimmer spielen lassen.

Kleine Kinder schreien mal länger oder haben ein sogenanntes *Temper Tantrum* (Wutanfall, den zwei- bis dreijährige Kinder öfter bekommen, wenn sie ihren Willen nicht durchsetzen können) mit lautem Gebrüll. Manche weinen viel und können auch noch nicht sagen, was ihnen fehlt.

Bei schulpflichtigen Kindern braucht man nicht mehr jede Sekunde anwesend zu sein, so dass die Kinder auch einmal – je nach Alter –eine gewisse Zeit alleine in einem Zimmer spielen können. Bei ihnen gehören eher Hilfe bei den Hausaufgaben, Fahrdienst zur Schule oder zu Aktivitäten, Spielplatz, Fußball spielen oder Besuch von Freunden zu den Aufgaben eines Aupairs.

Entwicklungsstufen

Je nach Altersstufe durchläuft ein Kind bestimmte Entwicklungsstufen. Die Entwicklung eines Kindes ist zwar in den Erbanlagen festgelegt, aber seine Persönlichkeit und bisherigen Erfahrungen führen zu individuellen Unterschieden.

Da ein Aupair sehr viel Zeit mit den Kindern verbringt – in einigen Familien viel mehr als die Eltern selbst –, hat es Einfluss darauf, wie sich ein Kind während des Aupair-Jahres entwickelt.

Die Erziehung der Eltern darf allerdings keinesfalls in Frage gestellt werden, denn es liegt nicht in der Hand des Aupairs zu bestimmen, ob diese richtig oder falsch ist. Ein Kind braucht auf jeden Fall verlässliche, liebevolle und verständnisvolle Zuwendung ebenso wie Anregungen und Zeit zum freien Gestalten wie zum Beispiel Spielen. Erziehung bedeutet vor allem Respekt, Behutsamkeit und Wissen um die Entwicklung des Kindes.

⭑ 0-3 Monate

Motorik

Bewusste Reaktionen gibt es bei einem so kleinen Baby noch nicht. Es strampelt mehr zufällig und reagiert hauptsächlich mit Reflexen, zum Beispiel, indem es zugreift, wenn man den Finger auf die Fingerflächen drückt.

Wahrnehmung

Ein Neugeborenes nimmt seine Umwelt noch nicht bewusst wahr. Das heißt, es weiß noch nicht, was um es herum passiert. Das Baby fühlt sich entweder gut, zum Beispiel wenn es satt ist oder Stimmen hört, oder schlecht, wenn es zum Beispiel Hunger hat.

Sprache

Schreien und schmatzend-glucksende Laute beim Trinken.

Emotionen

Ein kleines Baby kennt noch keine Gefühle wie Angst oder Freude.

Verhalten

Das Kind schreit, wenn es Hunger hat oder ihm sonst etwas fehlt. Ein Säugling bemerkt noch nicht, dass sich Menschen um ihm kümmern, deshalb schreit er auch nicht, nur um Aufmerksamkeit zu bekommen.

Spielen

Hauptsächlich Streicheln, Wiegen und mit beruhigender Stimme mit dem Kind sprechen.

⭑ 3-6 Monate

Motorik

Langsam fängt das Baby an, nicht mehr nur wild zu strampeln, sondern auch seinen Körper zu entdecken. Es wird Hände und Füße anschauen und befühlen. Mit der Zeit beginnt es auch, mit den Fingern zu spielen. Das Baby begreift, dass diese Dinge Teile seiner selbst sind.

Es fängt auch an, nach Gegenständen zu greifen und diese festzuhalten. Dies bedeutet, dass es auch nach Brillen, Halsketten und Haaren greift, wenn man es auf dem Arm hält.

Da ein Säugling seine Kraft noch nicht wirklich kontrollieren und einschätzen kann, sollte Babyspielzeug am Bett oder solches, das man unter das Baby legen kann, stabil genug sein.

Mit der Zeit wird das Baby nach Dingen greifen, die in der Nähe auf dem Boden liegen – und sie dann stets zum Mund führen. Spielzeug muss deshalb so groß sein, dass es nicht verschluckt werden kann.

Während dieser Zeit lernt das Baby auch, sich umzudrehen und den Kopf hochzuheben. Wenn es auf dem Bauch liegt, fängt es an, Arme und Beine wegzustrecken. Hält man es an den Händen, so setzt es sich auf, kippt aber in der Regel ohne Stütze um.

Wahrnehmung

Ab drei Monaten fängt ein Säugling an, die Welt um sich herum wahrzunehmen und die Menschen um sich kennenzulernen. Das Kind beginnt Augenkontakt zu halten und lernt zu lachen. Es lernt auch Gesichtsausdrücke anderer Menschen kennen, kann anfangs aber einzelne Menschen noch nicht wirklich unterscheiden. Im fünften Monat lernt das Baby jedoch, wer die Bezugspersonen sind.

Sprache

Das Baby beginnt, Formen zu begreifen und zu erkennen, dass Sprache ein Muster hat. Es erkennt Stimmern und streckt den Kopf in die Richtung, aus der die Stimme kommt.

Das Baby selbst fängt auch an, die verschiedensten Laute von sich zu geben und zum Beispiel mit Spielzeug zu reden.

Und es beginnt zu begreifen, wenn man bestimmte Laue wie „ma" oder „dahttp://www.cyh.com/HealthTopics/HealthTopicDetails.aspx?p=114&np=122&id=1928 - top" formt, und versucht diese nachzuahmen.

Emotionen

In diesem Alter sind die meisten Babys glücklich und zufrieden. Ein Baby freut sich, wenn man es anlächelt, und lächelt zurück. Es lernt, laut zu lachen und dabei freudig zu glucksen. Es zeigt gerne, dass es die Welt genießt, und strampelt viel mit Armen und Beinen.

Verhalten

Das Baby fängt an, sich mit sich selbst oder mit anderen Menschen in der Babysprache zu „unterhalten". Vor fremden Menschen haben Babys in diesem Alter noch keine Angst und reagieren meist freudig, wenn sich jemand mit ihnen beschäftigt.

Das Interesse an dem, was um es herum passiert, wächst.

Spielen
Lachen, sehr viel Unterhalten mit Baby-Gebrabbel, Grimassen ziehen, vorsingen, Rasseln, greifen, Gegenstände untersuchen und daran kauen, durch die Luft schwingen, baden.

⁕ 6-9 Monate

Motorik
In dieser Phase beginnt das Kind auch Brei oder pürierte Nahrungsmittel zu essen und am Ende sogar an einem Stück Toast zu kauen.
Im Laufe der Zeit lernt das Kleine, sich auf den Bauch und auch wieder zurückzudrehen und kurzzeitig alleine zu sitzen. Mit den Händen kann es nun gezielt und nicht mehr unbeholfen nach Dingen greifen – zum Beispiel nach Spielzeug. Es kann das Spielzeug von einer Hand in die andere geben. Auch Krabbelnlernen ist nun an der Reihe. Anfangs wird sich das Kleine in der Bauchlage mit den Händen vom Boden abstützen; danach lernt es sich fortzubewegen, indem es die Beine hinter sich her zieht, gefolgt vom Krabbeln auf allen Vieren.

Wahrnehmung
Nichts ist vor dem Babymund sicher – alles, was es in die Hände bekommt, wandert geradewegs dorthin – auch Finger, die man dem Baby zum Greifen in die Hand gibt, oder seine eigenen Füße. Es erkundet damit die Beschaffenheit von Dingen. Das ist seine orale Phase, in der es auch nicht ohne Schnuller auskäme.

Sprache
Langsam ähnelt das Baby-Gebrabbel immer mehr definierten Lauten und Wörtern. Es kommen schon erste kleine Wortfetzchen wie „mu" oder „ba". Das Kleine ist weiter mit großem Spaß und Vergnügen dabei, Laute hervorzubringen.
Diese bekommen nun auch schon eine gefühlsmäßige Betonung – Freude, Frust, Vergnügen kann ein Baby in seiner Sprache ausdrücken.
Wenn ein Erwachsener zu ihm spricht, hört es mit großen Augen und großem Interesse zu. Allerdings fehlt noch jedes Verständnis für die Bedeutung von Worten wie zum Beispiel Mama.

Emotionen
Das Baby lernt, zwischen dem eigenen Körper und der Umwelt zu unterscheiden. Es merkt auch, dass es Gefühle hat, und lernt, diese zu differenzieren. Es fängt an, bestimmte Dinge zu wollen – zum Beispiel auf den Arm genommen

werden. Man merkt nun auch deutlich am Weinen des Babys, was mit ihm los ist.

Verhalten

Im Verhalten eines Babys ändert sich vieles in diesen Monaten. Das Baby lernt, sich fortzubewegen und damit selbst aktiv am Geschehen teilzunehmen. Ferner lernt es nun, zwischen vertrauten und fremden Menschen zu unterscheiden. Dadurch wird das Baby in dieser Zeit aber ängstlich, wenn keine Bezugspersonen in der Nähe sind, und beginnt zu weinen. Zu Ende dieser Phase fangen Kinder an, zu "fremdeln".

Spielen

Alles, was Krach macht, ist in dieser Zeit besonders interessant. Sind es nun die Geräusche, die man für das Baby macht, oder Spielzeug, das Töne von sich gibt. Sich zu unterhalten und alles Greifbare anzufassen, bereitet einem Baby in dieser Phase mächtigen Spaß. Aber auch Spielchen wie Spielsachen vom Tisch zu werfen und sie wieder aufgehoben zu bekommen gehören zu den Favoriten.

♀ 9-12 Monate

Motorik

Das Sitzen klappt nun problemlos und auch für längere Zeit.

Beim Essen kann das Baby nun nach und nach selbst den Löffel zum Mund führen, wenn auch vieles nicht an oder in seinem Ziel landet. Ferner haben viele Säuglinge auch den Drang, das Essen nicht nur zu schmecken, sondern auch mit den Händen anzufassen und zu untersuchen. Auch dadurch lernt das Kind. Allgemein verbessert sich sein Geschick zunehmend. Es kann nun gezielter nach Dingen greifen, sie in die Hand nehmen, anstatt eher hilflos in die Richtung des gewünschten Objektes zu patschen. Das Kind lernt auch, mit dem Finger auf Dinge zu zeigen.

Nun beginnt die Zeit, in der nichts mehr vor dem kleinen Wicht sicher ist! In dieser Phase fängt das Kind an, die Welt auf den eigenen Vieren zu erkunden. Es krabbelt, rollt und bewegt sich auf alle möglichen Arten vorwärts und lernt auch, sich an Händen oder Möbeln hochzuziehen. Einige Babys lernen in diesen Monaten bereits laufen, die meisten brauchen dazu jedoch noch ein Weile. Die meisten Knirpse lieben es, an den Händen eines Erwachsenen ein paar Schritte zu gehen.

Auf Grund der neuen Unabhängigkeit des kleinen Welterkunders wird nun das Thema Sicherheit zu Hause sehr wichtig. Schränke und Steckdosen müssen mit entsprechenden Sicherheitsverschlüssen versehen werden und alle Dinge, die dem Kind gefährlich werden könnten, außer Reichweite geschafft werden.

Wahrnehmung

Das Baby kennt nun ganz genau seine Bezugspersonen, Freunde und Verwandte. Es lernt auch, dass man durchaus noch in der Nähe ist, selbst wenn man sich nicht mehr im Sichtfeld befindet. Im Spiegel fängt es an, sich wiederzuerkennen.

Sprache

Lachen, brabbeln und sich mit anderen Leuten in Babysprache zu unterhalten, machen dem Kleinen weiterhin sehr viel Spaß. Es lernt nun auch die Bedeutung von „nein" zu verstehen.

Emotionen

Das Baby beginnt zu begreifen, was es mag und was es nicht mag. Dazu können Windelwechseln und Mittagsschlaf gehören, so dass das Baby anfängt zu strampeln und zu schreien, wenn es damit konfrontiert wird.

Verhalten

Das Baby fremdelt weiter und schreit und brüllt bei Abwesenheit einer Bezugsperson.

Spielen

Ein ganz großer Favorit in dieser Zeit ist "guck-guck", bei dem man sein Gesicht hinter etwas versteckt und wieder hervorkommt. Stundenlang auf dem Boden zu sitzen und mit Dingen zu spielen und Krach mit ihnen zu machen, ist eine beliebte Beschäftigung. Kleinkinder lieben es zum Beispiel, in der Küche Schränke mit Plastikdosen immer wieder auszuräumen und damit zu spielen.

⸸ Im zweiten Lebensjahr

Motorik

Im zweiten Lebensjahr lernt ein Kind nun endgültig, sicher zu krabbeln und sich an Dingen hochzuziehen, später Laufen und Klettern. Nun kommt die Zeit, in der wirklich nichts mehr vor dem Kleinen sicher ist und man es keinen Moment aus den Augen lassen kann. Dazu gehören nicht mehr nur die Dinge in Höhe des Kindes, sondern alles, was sich erklettern und irgendwie erreichen lässt.
Das Kind will allein die Leiter zur Rutsche hinaufklettern und sich selbst auf seinen Stuhl setzen. Es tanzt im Kreis und lernt Farben, Formen und Körperteile zu zeigen. Beim Malen entstehen erste Formen – Kringel, die Kreise sein sollen und zum Beispiel Mama zeigen. Beim Essen geht es zwar noch nicht ohne ein Lätzchen und einen Waschlappen für Mund und Hände, aber die Zeit des Fütterns ist vorbei: Es lernt, alleine mit dem Löffel oder einer Kindergabel zu essen

und mit beiden Händen aus einem Glas, bzw. besser aus einem Plastikbecher zu trinken.

Wahrnehmung

Alles, was auf dem Boden liegt, sich im Sandkasten ausbuddeln lässt, ist hochinteressant – und nach wie vor ist nichts davor sicher, im Mund des Kleinen zu verschwinden. Im Sandkasten zu matschen und in jede Wasserpfütze zu springen, ist das Höchste der Gefühle. Der Wassersprinkler im Garten ist der größte Spaß: weniger um die Blumen zu bewässern, als sich im Wasserregen nassspritzen zu lassen. Das Kind lernt kleine Lieder, Melodien und Kinderreime wie „Backe, backe Kuchen ..."

Sprache

Im zweiten Lebensjahr werden aus einzelnen Wörtern schon kleine Zweiwortsätzchen, und allmählich verstehen nicht mehr nur Eltern und Aupair, was gemeint ist. Verstehen kann das Kind eigentlich alles und weiß genau, was man von ihm will – vorausgesetzt, es hat selber Lust dazu. Es lernt auch, erste Wünsche, sowie danke und bitte selbst zu sagen. Auch lernt es die ersten Adjektive wie „heiß" oder „lieb" zu benutzen. Das Kind lernt Leute mit Namen anzusprechen, wenn auch mancher Name noch eine große Herausforderung darstellt – wodurch schon der eine oder andere Kosename entstanden ist.

Emotionen

Kinder in diesem Alter lernen, dass sie eine eigene Persönlichkeit haben – aber auch die Eltern. Sie lernen mit Wörtern wie „meines" umzugehen.
Oft sind Kinde diesen Alters plötzlich sehr anhänglich und schreien, wenn die Eltern aus dem Haus gehen, da sie noch nicht verstehen können, dass eine Person, die fortgeht, auch wiederkehren kann. Kinder mit einem Babysitter oder Aupair, das es noch nicht gut kennt, allein zu lassen, kann unter Umständen nicht einfach werden und zu längerem Weinen führen.
Die Zeit der Wutanfälle beginnt: wenn etwas nicht klappt, wie die Kleinen es möchten, dann reagieren sie mit Schreikrämpfen. Manche werfen sich hin und hauen mit dem Kopf auf den Boden.

Verhalten: Mr. Zorn und Mr. Nein

Vor allem Kinder mit älteren Geschwistern beginnen, den Geschwistern oder anderen Kindern alles nachzuahmen. Auch fängt das Kind an, mit anderen Kindern zu spielen.

Spielen

Interessant ist alles, was mit Musik zu tun hat: einfache Lieder, Singspiele, zu Musik herumhopsen oder auch alles, was man fühlen und in die Finger nehmen kann: Sand, Matsch, im Wasser planschen. Außerdem auch hochbeliebt: alles was Bewegung bringt – Toben, Fangenspielen, Ballspielen, Versteckenspielen, auf dem Spielplatz spielen, Bobbycar fahren.

♀ Im dritten Lebensjahr

Motorik

Das Laufen ist nun kein Problem mehr – das Kleine steht sicher und lernt langsam auch Rennen und Weglaufen. Dazu gesellt sich später auch Hochspringen oder z.B. das Springen von einer Treppenstufe. Das Kleine liebt es, vor dem Spiegel oder mit anderen Leuten Grimassen zu ziehen. Die einstigen gemalten, abstrakten Kringel verwandeln sich im Laufe der Zeit in erkennbare Menschen, Himmel, Gras, Sonne und vielleicht sogar schon ein erstes Haus. Im Bilderbuch lernt es, grobe Flächen mit Farbe auszumalen. Es lernt, Dinge selber aufzumachen, und bemüht sich mit der Zeit, Kleidungsstücke selbst anzuziehen.

Wahrnehmung

Es kennt eine ganze Reihe Lieder und Singspiele und kann sich den Text dazu auch merken. Spielt alleine, erkennt Singspiele wieder und macht die Gesten dazu, singt schon kleine Melodien. Die Welt wird nun zum großen Rätsel, und die Erwachsenen dürfen viel erklären. Das Kind beginnt auch gezielt, manche Leute anderen vorzuziehen.

Sprache

Jetzt lernt das Kind schon ganze Sätze mit Verben aus dem Alltag wie „essen", „trinken", „spielen", mit Artikel wie „der", „die", „das", „ein" und persönlichen Fürwörtern wie „mein", „dein" und „ich". Es kommen auch langsam die ersten einfachen Fragen wie „Wie heißt Du?" Das Kind lernt seinen Vornamen und Nachnamen. Auch schwierige Wörter können ausgesprochen werden. Das Kind lernt, Sätze von anderen wiederzugeben, und die ersten ganz kleinen Diskussionen können geführt werden. Außerdem spricht es mit seinen Spielsachen wie Stofftieren und Puppen.

Die Kleinen lernen auch, was das Wort „nein" bedeutet, und üben sich eine Weile in der Anwendung: zu allem wird erst einmal „nein" gesagt.

Verhalten

Mit anderen Kindern spielen macht Spaß – aber es entstehen auch schon erste Streitigkeiten. Das Kleine beginnt, anderen Spielsachen wegzunehmen. Man kann mit dem Kind erste ganz einfache Spiele spielen. Achtung – kleine Kinder sind schlechte Verlierer und können in Tränen der Enttäuschung ausbrechen, wenn sie nicht gewinnen. Auch zu tricksen, um zu gewinnen, lernen sie sehr schnell.

Spielen

Weiter hoch im Trend stehen Musik und der Spielplatz. Vom Bobbycar wird umgestiegen auf Pedale: das Dreirad ist auf einmal viel attraktiver. Neu auf der Liste sind einfache Gesellschaftsspiele für Kinder, z.b. Schneckenrennen, mit einem Farbwürfel.

♦ Im vierten Lebensjahr

Motorik

Langsam „kann" der Kleine alles alleine: auf die Rutsche, auf die Schaukel, auf dem Fahrrad. „Ich bin doch schon groß" – die gut gemeinte Hilfe wird abgelehnt. In diesem Alter lernen viele auch schon schwimmen. Das Anziehen klappt nun weitgehend alleine – Unterwäsche, Strümpfe, Pullover und Hose sind kein Problem. Ab und zu wird Hilfe bei schwierigen Verschlüssen oder beim Schuhebinden benötigt. Beim Malen werden nun schon richtige Landschaften gezaubert mit Menschen, Häusern, Bäumen … Kinderpuzzles können allein zusammengesetzt werden.

Wahrnehmung

Bilderbücher sind sehr beliebt, genauso Fotoalben. Dazu vorgelesene Geschichten. Das Kind imitiert gerne Lesen und Schreiben und kann an einer Bilderbuchseite den Text nacherzählen.

Sprache

Sprechen und Singen sind nun kein Problem mehr. Auch schwierige Laute wie das „r" können nun ausgesprochen werden. Ab und zu werden aus einfachen Sätzen auch schon Sätze mit Haupt- und Nebensatz. Und langsam kommen auch die Zeiten ins Spiel; das Kind fängt an, die Vergangenheitsform zu benutzen. Es kann sich sogar schon erste Wörter oder kleine Sätze wie „Hallo, wie geht's?" in einer anderen Sprache merken. Der Fantasie sind keine Grenzen gesetzt: Es liebt Lieder mit Wörtern ohne Sinn, erfindet lustige Wörter und lacht sich dabei schief.

Emotionen

In diesem Jahr beginnt das Kind, sich langsam auch für andere Kinder zu interessieren und mit ihnen zu spielen. Besonders lernt es auch mit anderen Kindern umzugehen, mit ihnen zu teilen und nett zu ihnen zu sein. Das klappt jedoch nicht immer; ggf. braucht es Zuwendung von einem Erwachsenen, bis es sich wieder gut fühlt und mit anderen Kindern spielen kann.
Das Kind lernt auch, seine Gefühle besser zu kontrollieren. Die Wutanfälle und das Neinsagen sind nicht mehr so schlimm, kommen aber trotzdem gelegentlich noch vor.

Verhalten

Allmählich lernt das Kind, anderen nichts wegzunehmen und bei einem Spiel auch mal zu verlieren. Die ersten dicken Freund- und Feindschaften mit anderen Kindern werden geschlossen. Im Kindergarten hat das Kind keine Probleme mehr, sich in die Gruppe einzufinden und einen geregelten Tagesablauf zu befolgen. Es fängt auch schon an, lieb zu anderen zu sein und Babys zu streicheln oder anderen Kindern zu helfen.
Es lernt, Erklärungen von Erwachsenen zu verstehen.

Spielen

Kinder- und Volkslieder stehen hoch im Kurs, mit Gesellschaftsspielen wie Memory versetzt manches Kind die Erwachsenen in Staunen. Fernsehen wird immer interessanter.

⸸ Im fünften Lebensjahr

Motorik

Das Kind ist jetzt so weit entwickelt, dass es normale Treppen wie ein Erwachsener laufen kann, ohne sich am Geländer festzuhalten und mit beiden Füßen abwechselnd.

Wahrnehmung

Vierjährige können Erwachsene manchmal in den Wahnsinn treiben mit ihrem „Warum?", das teilweise auch an peinliche oder nicht so einfach zu beantwortende Fragen gekoppelt ist – z.B., wo denn ein Baby herkomme und warum Mami oder die Tante ein Baby bekomme.
  Sie begreifen allmählich, dass Menschen unterschiedlich sind und zum Beispiel Menschen mit blauen Haaren in der Stadt auf der Bank schlafen: „Sandy, warum macht der Mann das?"

Die Kleinen beginnen nun auch, kompliziertere Zusammenhänge zu verstehen und mehrere Anweisungen auszuführen. Sie lernen, Mengen und Zahlen nicht nur aufzuzählen, sondern auch die Bedeutung dahinter zu verstehen. Sie lernen abzuschätzen und wissen ganz genau, wie viel drei Stück Schokolade nun sind.

Auch Größenverhältnisse wie „größer" und „kleiner" werden nach und nach begriffen, aber auch „der größte", „der kleinste", „der längste" und „der kürzeste". Die drei Stück Schokolade können also nach der Größe geordnet werden und das Kind versteht ganz genau, wer das größte Stück Schokolade bekommt. Genauso mit Gewichten – die Kinder lernen zu unterscheiden, ob zum Beispiel eine Tasse Milch schwerer oder leichter als eine andere ist.

Sie verstehen auch langsam, dass nicht die Oma mit den meisten Geldscheinen die beste Geburtstagsoma ist, sondern dass der Wert auf den Geldscheinen auch etwa zu sagen hat.

In der Wahrnehmung beginnt ein Kind nun auch langsam, Zeiten zu begreifen. Es lernt den Unterschied zwischen abends und morgens kennen, aber auch zwischen jetzt, später und früher. Zwischen Zeiträumen wie morgen oder nächste Woche können sie jedoch meist noch nicht unterscheiden.xax

Sprache

Das Kind lernt nun, Sätze mit Haupt- und Nebensätzen zu bilden und Grammatik richtig anzuwenden. Beim Basteln kann es selbstständig Formen ausschneiden und aufkleben. Das Ausmalen auch kleinerer Formen im Bilderbuch ist möglich.

Emotionen

Vierjährige lernen, andere Menschen und deren Gefühle zu verstehen. So kann ein Kind ein anderes trösten, Dinge mit ihm teilen wollen und beim Spielen warten, bis es an der Reihe ist – zumindest meist.

Kinder lernen in dieser Zeit auch, eifersüchtig zu sein, zum Beispiel drängen sie sich dazwischen, wenn Eltern sich umarmen, und wollen auch ihre Portion an Liebe und Aufmerksamkeit.xax

Verhalten

Beim Spielen mit anderen Kindern gibt es nicht mehr so häufig Streit wegen der Wegnahme von Dingen. Spielregeln bei Gesellschaftsspielen werden befolgt. Langsam kann man dem Kleinen auch zumuten, etwas Verantwortung zu übernehmen, zum Beispiel sich in zehn Minuten anzuziehen und nach unten zu kommen. Auch kleinere Aufgaben im Haushalt wie Blumengießen kann das Kind schon ausführen.

Das Kind wird sich nun zunehmend bewusst, ob es ein Junge oder ein Mädchen ist, und fängt an, sich mit dieser Rolle zu identifizieren.

Spielen
Mit Lego kann das Kind eigene Sachen bauen.

Bastelideen für Drei- bis Sechsjährige

Selbst gemachtes Memoryspiel

Kinder sind wahre Meister im Memoryspiel. Warum nicht einmal so ein Spiel selber machen? Dazu wird feste Pappe benötigt, eine Schere, Klebstoff und jeweils zwei gleiche Zeitungen (vielleicht hat eine befreundete Familie die gleiche Fernsehzeitung oder der Nachbar die gleiche Tageszeitung). Gemeinsam mit den Kindern werden nun die Motive ausgewählt und ausgeschnitten. Diese müssen jetzt nur noch auf die gleichgroßen Pappkarten geklebt werden, und das Spiel kann beginnen.xax

Luftikuss

Diese Idee ist billig und macht Riesenspaß, nicht nur während des Bastelns sondern auch danach.xax

Materialeinsatz:

- Luftballon
- wasserfeste Stifte
- Pappkarton

Um die Füße des Luftikuss naturgetreu hinzubekommen, stellt man am besten zwei Kinderschuhe – nicht zu klein – auf den Pappkarton und zeichnet drum herum. Diese beiden Schuhe werden dann an einem Stück ausgeschnitten. Vorsicht: Hinten muss ein Stück zwischen die beiden Schuhe geschnitten werden, damit der Ballon später auch hält.
Nun werden die Schuhe und der aufgeblasene Luftballon bemalt. Am Ende wird der Luftballon in den Schlitz hinten zwischen den beiden Schuhen gesteckt.

Bastelanleitung für Valentinsherzen

Dies ist eine schnelle und sehr einfache Idee, jemand anderem eine Freude zu bereiten.

Materialeinsatz:

- rotes Tonpapier
- rotes oder rosa Krepppapier
- flüssigen Klebstoff
- *Hershey Kisses* oder andere Bonbons

Aus dem Tonpapier wird ein großes Herz ausgeschnitten. Das Krepppapier wird in kleinen Stücken abgerissen und zusammengeknüllt. Damit wird der Rand des Herzens beklebt. Auf das Herz kann man dann den entsprechenden Valentinsgruß schreiben und z.B. *Hershey Kisses* drauf kleben.

Schneeglöckchen

Materialeinsatz:

- Joghurtbecher (am besten grün)
- Steckmasse (auch Knetmasse)
- grünen Blumendraht
- grünen Filz
- Korken
- Klebstoff
- grüne Abtönfarbe
- weißes Papier

Zuerst werden der Korken und eventuell der Joghurtbecher grün angemalt. Ein schmales Stück vom Filz für das Blatt wird abgeschnitten. Vom Draht ca. 20 cm für den Stängel abzwicken.

Auf das weiße Papier werden vier Ovale gezeichnet und ausgeschnitten. Nun die passend zurechtgeschnittene Steckmasse in den Joghurtbecher stecken. In den Boden des Bechers ein Loch pieksen und den Draht durchstecken. Durch die Steckmasse hält er.

Den Filz um den Draht wickeln und festkleben, die Blütenblätter an den Korken kleben, alles am Draht festmachen und nach unten biegen.

Salzteigfiguren

Materialeinsatz:

- 2 Tassen Mehl
- 1 Tasse Salz
- Wasserfarben
- Pinsel
- Garn
- Stoff- oder Lederreste
- Alleskleber

Mehl und Salz werden unter Zugabe von wenig Wasser zu einer festen, formbaren Masse geknetet. Wem die oben angegebene Menge nicht ausreicht, der kann mit zwei Teilen Mehl und einem Teil Salz mehr Teig herstellen.
Jetzt kann nach Lust und Laune gebastelt werden. Ob für Weihnachten, den Valentinstag, Muttertag oder einfach so, der Fantasie sind keine Grenzen gesetzt.

Hier eine Idee:
Den Salzteig zu einer Kugel formen, diese platt drücken, auf ein Stück Backpapier legen, nun einen Hand- oder auch Fußabdruck in die Form drücken. Dies kann auch bei Babys schon gemacht werden und ist eine tolle Überraschung für die Eltern.
Mit einem Bleistift ein Loch zu späteren Aufhängen des Abdrucks in die Form stechen. Das ist bei allen Salzteigfiguren wichtig, die später aufgehängt werden sollen.
Am Ende noch den Namen und das Datum mit einem Zahnstocher Loch an Loch einstechen.
Alle Figuren bei etwa 300°F in den Backofen legen. Es dauert ca. 45 Minuten, bis der Abdruck fest ist. Nach dem Abkühlen können die Kunstwerke mit Wasserfarben bemalt werden. Am Ende kann alles noch mit Klarlack besprüht werden, um den Figuren einen besonderen Glanz zu verleihen.
Salzteig eignet sich besonders für kleine Kinder, weil es nichts ausmacht, wenn sie mal Teile ihrer Figuren essen. Nur schmecken wird es ihnen wohl nicht.

Kartoffelstempel
Einfach herzustellen und immer wieder lustig.

Materialeinsatz:

- große feste Kartoffeln
- spitzes Messer
- evtl. Plätzchenformen
- Küchenrolle
- Wasserfarbe
- normales oder Tonpapier

Die Kartoffeln werden in der Mitte auseinandergeschnitten.

Jetzt kann man entweder selbst mit dem Messer ein Muster herausschneiden, oder eine Plätzchenform in die Kartoffel drücken. In diesem Fall muss man hinterher mit dem Messer die Form des Abdrucks ausschneiden.
Ist der Stempel fertig, muss er abgetrocknet werden.
Jetzt kann gestempelt werden. Mit dem Pinsel wird die Farbe aufgetragen, und schon geht es los.
Soll eine andere Farbe verwendet werden, muss der Stempel wieder abgetrocknet werden, und schon kann das Vergnügen wieder von vorne beginnen.
Tipp: Mit den hellen Farben beginnen, damit ein schönes Ergebnis entsteht.

Drei- bis Sechsjährige

Im Auto

Autofahren mit Kindern kann ganz schön in Stress ausarten. Da in den USA wesentlich mehr Zeit im Auto verbracht wird, z.b. auf dem Weg in den Kindergarten oder zur Schule, sind hier ein paar Ideen, wie man die Fahrt für alle angenehmer gestalten kann.

Farben raten

Alle, die im Auto sitzen müssen raten, welche Farbe das Fahrzeug haben wird, das als nächstes hinter dem eigenen fährt.

Streckenabschnitt

Ältere Kinder können schätzen, wann eine bestimmte Strecke (z.b. zwei Meilen) zurückgelegt worden ist. Am Tacho kann man die genaue Strecke abmessen.

Immer mit der Ruhe

Oft sitzt man als Aupair mit den Kindern im Stau. Hier kann man gemeinsam mit den Kindern überlegen, welche Geräusche es zu hören gibt.

An der Ampel

Das Kind zählt, wie lange es rot ist. Am Ende kann man überlegen, welche Ampel einen am längsten aufgehalten hat.

In meinem Auto

Eine Alternative zu "Ich packe in meinen Koffer..." ist „Ich habe in meinem Auto...". Jedes Mal kommt ein Gegenstand hinzu, den man im Auto haben kann, oder eine Person, die man gerne dabei hätte.

Einkaufen im Supermarkt

Weil Einkaufen für Kleinkinder nicht immer spannend ist, muss man sie mit einbeziehen. Dort, wo die Frühstücksflocken stehen, kann das Kind z.B. diejenigen suchen, die es zu Hause auch immer sieht. Wo liegt das Brot? Befindet sich die Milch? Welche Margarine steht immer auf dem Tisch? Kinder, die schon Buchstaben kennen, suchen Artikel, die mit einem "A" beginnen, ...

Schnappgeschichte

Das Aupair sucht sich eine Geschichte aus und sammelt aus der Geschichte möglichst viele Gegenstände (Playmobil, Puppensachen, ...). Vor Beginn der Geschichte werden alle Gegenstände auf den Tisch gelegt. Kommt einer der Gegenstände, die auf dem Tisch liegen, in der Geschichte vor, müssen die Kinder danach greifen. Gewonnen hat, wer nach den meisten Dingen gegriffen und sie auch bekommen hat.

Tanzen

Beinahe alle Kinder tanzen und singen gerne. Bei diesem Spiel bewegen sich die Kinder zu Musik. Das Aupair stoppt unvorbereitet den CD-Player. Die Kinder müssen nun in der Position verharren, in der sie sich gerade befinden. Wer sich bewegt, scheidet aus. Dies geht so lange, bis nur noch ein Kind übrig ist.

Pantomime

Das Aupair bastelt Karten, auf denen Tiere aufgezeichnet sind. Jedes Kind zieht eine Karte. Der Reihe nach muss jedes Kind sein Tier pantomimisch darstellen und die anderen raten, was es sein soll.

Selbstgemachtes ABC

Um die Buchstaben zu lernen, gibt es eine einfach Methode.

Materialeinsatz:

- 26 Blätter weißes Papier
- Farben (je nach Belieben des Kindes)

Jeder Buchstabe wird auf eines der Blätter geschrieben. Dazu malt das Kind ein passendes Bild. Für A z.B. apple, B für bear ...

Vorsicht Diebe!

Dieses Spiel kann schon mit zwei Kindern gespielt werden. Dabei sitzt ein Kind auf dem Boden und hat einen "Schatz" vor sich liegen. Das kann alles Mögliche sein. Das Kind schließt die Augen, während das andere sich auf Zehenspitzen anschleicht und versucht, den Schatz zu klauen. Plötzlich öffnet das erste Kind die Augen. Der "Dieb" muss ruhig stehen bleiben, wo er sich gerade befindet. Bewegt er sich, heißt es zurück in die Ausgangsposition. Wenn der Dieb es geschafft hat, den Schatz zu klauen, ist das Spiel beendet.

Tausendfüßler

Alle Kinder sitzen mit gespreizten Beinen im Kreis und versuchen gleichzeitig aufzustehen.
Das ist ein Riesenspaß, sowohl für die Kinder als auch für die Zuschauer.

Stille Post

Die Kinder sitzen nah beieinander im Kreis. Ein Kind flüstert seinem Nachbarn ein Wort oder einen ganzen Satz ins Ohr. Dieses Kind wiederum flüstert das gehörte Wort ins Ohr seines Nachbarn usw. Das Wort/ der Satz darf nicht laut wiederholt werden, aber auch nicht zweimal demselben ins Ohr geflüstert werden.

Der letzte, dem das Wort/ der Satz gesagt wurde, sagt es laut. Es ist sehr lustig, was dabei rauskommt.

Modellwettbewerb

Models müssen aufrecht gehen, und das übt man am besten mit einem Buch auf dem Kopf. Wie lange können die Kinder mit einem Buch auf dem Kopf durch den Raum laufen?xax

Riechen und Raten

Mit den sogenannten „Kim-Spielen" (nach einer Romanfigur des Schriftstellers Rudyard Kypling) wird die Sinneswahrnehmung trainiert.

Auf dem Tisch liegen verschiedene Gegenstände wie z.b. Knete, ein Apfelstück, eine Blume, ein Wachsmalstift, etwas Erde, ein Stück Banane.

Der Reihe nach werden den anwesenden Kindern die Augen verbunden. Man hält ihnen etwas unter die Nase, und sie müssen raten, was es ist.

Auch das Tasten kann so geübt werden. Die Kinder dürfen in einen Sack fassen und müssen raten, welcher Gegenstand sich darin befindet.

Eine andere Variante führt man mit Essen durch. Dazu werden verschiedene Essenssachen in Schälchen getan: Milch, Zucker, Honig, Zitronensaft, Marmelade, Bananenbrei etc. Mit einem Löffel wird nun das Kind gefüttert, das die Augenbinde trägt.

Wasser - Sonne - Luft

Auf einer größeren Fläche werden drei Ecken markiert, z.B. mit einem Spielzeugschiff, einer Sonne aus Pappe und einer Luftpumpe.

Die Kinder bewegen sich innerhalb der Markierung im Kreis – alle Kinder laufen dabei in dieselbe Richtung.

Das Aupair schlägt rhythmisch zwei Holzlöffel aufeinander. Plötzlich hört es auf und ruft laut und deutlich "water". Alle Kinder rennen nun in die Ecke mit dem Schiff. Das letztankommende Kind scheidet aus. Das wird so lange mit den drei Elementen gemacht, bis nur noch ein Kind übrig ist.xax

Farbenspiel

Die Kinder sitzen im Kreis und jedes hat verschiedenfarbige Murmeln vor sich liegen. Ein Kind beginnt und fragt einen Mitspieler: "What color is my marble?"

Dabei hält es eine Murmel gut sichtbar in die Höhe. Wenn das gefragte Kind die richtige Antwort geben kann, bekommt es die Murmel vom fragenden Kind und darf als nächstes fragen. Weiß es die Antwort nicht, muss es dem Kind eine Murmel geben. Das Kind, das links neben ihm sitzt, darf als nächstes fragen. Das Spiel kann z.B. so lange weitergeführt werden, bis ein Kind 20 Murmeln gesammelt hat oder bis ein Kind keine Murmel mehr hat.

Bello, pass auf!

Bei diesem Spiel sitzen alle Kinder auf dem Boden und bilden einen Kreis. Ein Kind setzt sich in die Mitte und beugt sich so weit vor, dass es die anderen Kinder nicht mehr sehen kann. Ihm wird ein Bonbon auf den Rücken gelegt. Ein Kind aus der Gruppe nimmt das Bonbon in seine Hände und versteckt es hinter dem Rücken. Auch die anderen Kinder verbergen ihre Hände hinter dem Rücken. Sie rufen dem Kind, das in der Mitte hockt, zu: "Be careful, doggy, your bone is gone." Das Kind schaut auf und bellt drei verschiedene Kinder an. Ist das Kind dabei, das das Bonbon hat, bekommt es das Bonbon, und das andere Kind setzt sich in die Mitte. War das Kind mit dem Bonbon nicht dabei, geht das Spiel so lange weiter, bis es den "Knochen" doch noch bekommt.

Schlangenzüchten

Jedes Kind erhält eine Zeitungsseite. Bei "los" versuchen alle, ihre Seite so zu reißen, dass eine möglichst lange "Schlange" entsteht. Nach einer Minute werden die Schlangen abgemessen. Das längste Stück zählt.

Schmetterling flieg

Aus einer Zeitungsseite wird ein möglichst großer Schmetterling ausgeschnitten. Dieser wird durch Klopfen auf dem Boden oder Wedeln mit einem Heft von einer Startlinie aus bis zu einer Wand getrieben. Der Schmetterling, der zuerst an der Wand ankommt, gewinnt.

(Schummel-)Slalom

Auf einer Strecke werden mehrere Flaschen in kürzeren Abständen verteilt. Ein Kind, dem die Augen verbunden wurden, muss versuchen, zwischen den Flaschen durch zu gehen, ohne eine zu berühren oder umzuwerfen. Zuvor darf es die Strecke aber einmal zur Übung ohne verbundene Augen abgehen. Erst dann werden ihm die Augen verbunden. Inzwischen haben aber die anderen die Flaschen ganz leise auf die Seite gestellt. Das Kind mit den verbundenen Augen steigt also bei seinem „Slalom" über nichts hinüber.

Wickelautorennen

Das Innere einer Streichholzschachtel wird etwas herausgezogen. Vorne wird ein Bindfaden mit einer Nadel durchgestochen. In die Schachtel wird ein Bonbon gelegt. Das andere Ende des Fadens wird in der Mitte eines Buntstiftes befestigt. Für jeden Mitspieler wird eine solche Streichholzschachtel gebaut. Die Fäden müssen genau gleichlang sein. Jeder Spieler stellt sein "Auto" im gleichen Abstand zur Kante auf einen Tisch. Auf Kommando wickeln alle mit dem Stift ihre Autos zu sich heran.
Noch lustiger wird's, wenn einer Sportreporter spielt und während des Rennens spannende Kommentare abgibt.

Drehwurm

Ein Besenstiel wird in den Boden gesteckt. Jedes Kind muss mit der Stirn gegen den Stiel gepresst (Kissen dazwischen) und einem Tennisball in der Hand diesen zehn mal so schnell wie möglich umrunden, während die anderen mitzählen. Nach der zehnten Runde muss der Tennisball so rasch wie möglich zu einem Eimer gebracht werden, der etwas entfernt ist. Die Zeit wird gestoppt. Wer es am schnellsten schafft, gewinnt.

Merk-Spiel

Die Kinder sitzen um einen Tisch. Zehn verschiedene Memorykarten werden gemischt und aufgedeckt in der Mitte in einer Reihe ausgelegt. Jeder darf die Kartenreihe etwa eine Minute betrachten. Dann werden die Karten wieder umgedreht. Der Erste muss versuchen, die Karten der Reihe nach richtig zu benennen. Wenn er meint, dass es eine bestimmte Karte ist, dreht er sie um. Ist das nicht richtig, kommt der Nächste an die Reihe. Sind alle Karten erraten, beginnt das Spiel von vorne.

Feder-Lauf

Die Mitspieler stellen sich in eine Reihe. Jeder von ihnen hat eine Feder oder einen kleinen Wattebausch auf einer Hand, der nicht festgehalten werden darf. Auf Kommando müssen alle so schnell wie möglich ein bestimmtes Ziel erreichen. Wenn die Feder bzw. der Wattebausch herunterfällt, muss derjenige sie schnell wieder aufsammeln und zwei Schritte zurückgehen bis er weiterlaufen darf.

Prominentenparty

Jeder Mitspieler sagt dem Aupair den Namen eines Prominenten. Weiß sie alle „Nicknames" der Kinder, treffen sich alle in einem Raum. Das Aupair liest die Namen der Prominenten in beliebiger Reihenfolge zweimal vor. Dann muss jedes Kind versuchen, Prominente auf seine Party einzuladen. Das heißt, jeder spricht den anderen mit einem Prominentennamen an, von dem er glaubt, dass der andere ihn sich ausgesucht hat. Errät ein Kind den Namen eines anderen, muss dieser sich hinter ihn stellen und ist somit auf seiner Party. Gewonnen hat der, dessen Party am größten ist.

Parlament

Jeder Zweite bekommt vom Aupair einen Papierhut. Das ergibt eine Hut- und eine Nicht-Hut Partei. Auf der anderen Seite werden alle Namen der Mitspieler auf kleine Zettelchen geschrieben und verteilt. Jeder bekommt so eine neue Identität. Vier (bzw. bei größeren Gruppen sechs) Stühle im Kreis bilden das Parlament, wobei ein Stuhl freibleibt. Jetzt versucht jede der beiden Parteien alle Stühle im Parlament zu besetzen. Das Spiel beginnt, indem derjenige, der links neben dem freien Stuhl sitzt, sich jemanden an seine Seite wünscht. Dabei werden die Namen der neuen Identität verwendet. Nächster ist der, dessen rechte Seite jetzt frei ist und so weiter.

Gesichter machen

Alle Kinder sitzen im Kreis. Ein Kind schneidet seinem Nachbarn eine Grimasse, die dieses weitergeben muss, ohne zu lachen. Wer lacht, während er die Grimasse schneiden soll, bekommt einen Punkt ins Gesicht gemalt, oder gibt ein Pfand ab.

Montagsmaler

Zwei Gruppen werden gebildet. Jede sollte aus mind. fünf Kindern bestehen. Für ein 20 Min. langes Spiel werden je nach Schwierigkeitsgrad ca. 30 Begriffe benötigt. Einer aus einer Gruppe malt Begriffe, die die anderen aus der Gruppe erraten müssen. Die Gruppe, die am Ende mehr Begriffe erraten hat, gewinnt.

Becher-Memory

Dazu braucht man:

0,2 Liter Einwegbecher in der Zahl der Kleinigkeiten
viele Kleinigkeiten in doppelter (bei kleineren Kindern vierfacher) Ausführung, die unter die umgedrehten Becher passen.

Gespielt wird im wesentlichen Memory mit den Dingen unter den Bechern. Gut geeignet sind Gummibärchen, Kaubonbon, Mini-Schokoküsse, Nüsse, kleine Legosteine, Radiergummis, Spitzer.

Holzstäbchen

Dazu braucht man gleich große Holzstäbchen. Man kann allerdings auch Teelöffel verwenden. Eines weniger als Mitspieler da sind werden Stäbchen auf den

Boden gelegt. Die Kinder müssen auf Musik um die Stäbchen herumtanzen. Sobald die Musik aus ist, greift jedes Kind nach einem Stäbchen. Das Kind, das kein Stäbchen ergattern konnte, scheidet aus.

Sechstes bis neuntes Lebensjahr

Motorik

Kinder in diesem Alter beginnen sich nun auch für die eigene Entwicklung ihres Körpers zu interessieren. Sie fangen zum Beispiel an, Handstand zu machen oder Rad schlagen, Basketball zu spielen und Rad zu fahren, und sind auch stolz auf ihre Fortschritte. Oft sind Kinder, die gewisse Dinge bereits können, die Anführer von Gruppen und werden von den anderen Kindern dafür bewundert. Lob von Erwachsenen über eine neu erlernte Fähigkeit oder über eine gute Leistung im Sport wird von den Kindern gut aufgenommen.

Wahrnehmung

Das Kind beschäftigt sich immer mehr mit der Umwelt und dem Geschehen außerhalb von Zuhause. Auch der Wunsch nach Akzeptanz in Gruppen und der Wunsch nach dem Gefühl, dazu zu gehören, steigt. Die Akzeptanz in der Gruppe ist sehr wichtig für das Selbstvertrauen des Kindes. Dazu gehören auch der Wunsch nach Markenkleidung, bestimmten Artikeln, die bei der Altersgruppe gerade „in" sind sowie das Interesse an bestimmten Aktivitäten. Einige der Wünsche des Kindes werden dabei nicht den Vorstellungen von Eltern oder Aupair entsprechen.

In diesem Alter spielen die Kinder in der Regel auch oft nur mit Kindern des gleichen Geschlechts und finden das andere Geschlecht „blöd". Jungen und Mädchen unterscheiden genau, was Mädchen machen und was Jungen machen und was nicht.

Sprache

Das Kind lernt nun bis etwa im Alter von sieben Jahren, sich klar und deutlich auszudrücken. Es kann Ideen und Sachverhalte ohne Mühe beschreiben. Einige Kinder brauchen in diesen Jahren professionelle Hilfe, wenn gewisse Sprachschwierigkeiten auftreten und Kinder die letzten kleinen Barrieren zum normalen Sprechen nicht alleine überwinden können, zum Beispiel wenn ein Laut nicht ausgesprochen werden kann.

Emotionen

Jede dieser drei Jahre hat eigene Herausforderungen, wobei die folgenden Aussagen eher Verallgemeinerungen sind, die natürlich auch von der Persönlichkeit eines Kindes abhängen.

Im sechsten Lebensjahr ist ein Kind meist eine Zeit lang ziemlich ruppig und fordernd.

Mit sieben kommt die Phase, in der das Kind anfängt, auch die ernsten Seiten des Lebens zu begreifen.

Mit acht ist es dann meist einfach zu begeistern und mit Spaß bei allen erdenklichen Aktivitäten mit dabei.

Im Alter von neun Jahren beginnt ein Kind seine Unabhängigkeit zu entdecken und auch schon das eine oder andere Mal gegen Autorität zu rebellieren.

Verhalten

Innerhalb dieser Jahre entwickeln sich die sozialen Fähigkeiten eines Kindes.

Das heisst, es lernt auch Verantwortung für sich und seine eigenen Sachen zu übernehmen und fordert diese immer mehr ein. Im Alter von sieben ist ein Kind meist bereits überzeugt, die Regeln zu kennen, die für es gelten und es versucht, bei Regeln mitzubestimmen und selbst Regeln zu setzen.

Beliebt sind nun auch Mannschaftsspiele und das gemeinsame Übernachten bei einem Freund oder einer Freundin.

In diesem Alter sind Kinder immer noch schlechte Verlierer. Sie versuchen zu schwindeln oder Dinge zu stehlen und scheinen manchmal noch nicht richtig zwischen Falsch und Richtig unterscheiden zu können. Die Kinder trauen sich in der Regel mehr zu, als sie bereits können.

Spielen

Mannschaftssportarten, Bücher lesen, Experimente, Musik hören, mit Freunden spielen.

Bastelideen

Bilderkette

Dies ist eine schöne Idee, die sich auch für Aupairs in ihren eigenen Zimmern eignet.

Materialeinsatz:

- Holzwäscheklammern (am besten schon von zu Hause mitbringen)
- Paketschnur

Optional:

- Dekomaterial für die Wäscheklammern (z.B. Pom-Poms, kleine Schleifen, kleine Figuren, Kühlschrankmagneten)
- Flüssigklebstoff, am besten ist allerdings eine Heißklebepistole

Je nachdem, wie viel Platz an der Wand ist, wird die Schnur länger oder kürzer abgeschnitten.

Die Schnur wird nun an der Wand befestigt, und Fotos oder Bilder werden mit den Klammern daran befestigt. Länger dauert das Ganze natürlich, wenn man die einzelnen Klammern je nach Geschmack verziert. Entweder alle werden gleich, oder jede anders.

Hier sind der Fantasie keine Grenzen gesetzt. Ob es nur die Klammer ist, die mit Stiften bemalt wird, ein etwas über die Klammer hinausragendes Blatt, oder ob die Klammer gar mit kleinen Figuren oder Pom-Poms dekoriert wird: den Kindern fallen meist die witzigsten Dinge ein.

Die dann an der Bilderleine aufgehängten Bilder können an einem anderen Tag auch selbst gestaltet werden.

Selbstgemachte Kerzen

Eine tolle Idee zu Weihnachten.

Materialeinsatz:

- verschiedene Farben heißes Wachs
- alte Gläser
- Docht
- Hammer
- alter Topf

Wer diese Idee mit seinen Kindern verwirklichen will, sollte vorher Boden und Tisch mit einer Plastikfolie oder zumindest Zeitungen abdecken. Wachsflecken lassen sich nur sehr schlecht entfernen. Da hilft meist nur noch das Bügeleisen (niedrigste Stufe, Stück Löschpapier oder alten Stoff, z.B. ausgedientes Geschirrtuch, dazwischen).

Das Wachs wird in einem alten Topf erhitzt. Dazu können entweder Kerzenstummel verwendet werden, oder man kauft im Bastelladen Wachs.

Das Kind hält den Docht in das Glas, so dass er unten aufsteht. Jetzt gießt man vorsichtig ein bisschen Wachs in das Glas. Am besten funktioniert dies, wenn der Docht noch erheblich länger ist als das Glas hoch. Dann kann sich das Kind die Finger nicht verbrennen, und das Aupair kann ohne Angst das Wachs eingießen.

Je nachdem wie viele verschiedene Farben Wachs man hat, füllt man die Gläser ganz oder nur zu einem Teil.

Der Vorgang wird mit allen Farben so lange wiederholt, bis die Gläser voll sind.
Achtung: Der Docht muss so lange gehalten werden, bis das Wachs einigermaßen fest ist, sonst ist er krumm!
Sobald das Wachs einigermaßen fest ist, und der Docht von alleine steht, muss alles ein paar Stunden (am besten über Nacht) an einem kalten Ort stehen (Garage z.B.). Am nächsten Tag kann dann mit dem Hammer das Glas vorsichtig zertrümmert werden (am besten draußen). Jetzt sind die Kerzen fertig.

Kekshäuser
Eine tolle und vor allem essbare Idee sind Häuser aus Keksen.

Materialeinsatz:

- eine Packung Graham Crackers
- M&Ms/ Hershey Kisses
- Zucker
- Zitronensaft
- Dominosteine/ Mäusespeck

Aus Zucker und ein paar Tropfen Zitronensaft wird der „Zement" hergestellt. Nun kann man die Graham Cracker in beliebige Größen brechen und nach Herzenslust Häuser bauen. Dominosteine bzw. Mäusespeck sind zur Statik wichtig, wohingegen die M&Ms und Hershey Kisses nur der Verzierung dienen. Man kann ja im Süßigkeitenregal im Supermarkt noch nach anderen „Baumaterialien" suchen.

Biedermeierstrauß
Materialeinsatz:

- Seidenpapier in verschiedenen Farben
- 10 Strohhalme mit Knick
- Tesa
- flüssigen Klebstoff
- Geschenkband
- grünes Krepp-Papier
- eine Torten- oder Straußmanschette

Das Seidenpapier wird in ca. 10 cm breite Streifen geschnitten, die am unteren Rand um das obere Ende der Strohhalme herumgewickelt und dabei festgeklebt werden. Das Papier darf nicht zu stramm gewickelt werden, sonst ergeben sich keine Blütenformen. Der untere Rand des Strohhalms muss gehalten, beim Ankleben ein wenig gerafft und mit den Seidenpapierstreifen immer wieder umwickelt werden. Zum Schluss wird die Klebestelle mit Tesafilm gesichert.

Wenn alle Streifen auf diese Weise um die Strohhalme gewickelt wurden, kann der Strauß zusammengestellt werden. Alle Blumen werden durch die Manschette gesteckt und unten mit dem grünen Krepp-Papier umwickelt. Das Ganze wird dann mit Tesa fixiert. Mit dem Bändchen kann ein kleiner Anhänger an dem Strauß befestigt werden. Es kann aber auch zum weiteren Verzieren des Straußes genommen werden.

Treppenclown

Materialeinsatz:

- vier lange Papierstreifen in bunten Farben, ca. 1,5 cm und mindestens 50 cm lang (können auch zusammengeklebt werden)
- ein breiter Streifen ca. 6 cm breit und 50 cm lang
- ein Bierdeckel
- Reste von buntem Papier, Wolle
- flüssiger Klebstoff
- Tacker

Zwei der langen Streifen werden im rechten Winkel zueinander gelegt und oben festgetackert. Der untere Streifen wird immer über den oberen gefaltet. Das geht so lange, bis die Papierstreifen aufgebraucht sind. Dabei ist darauf zu achten, dass die Falze immer schön fest sind, damit die Treppe nachher schön aussieht.

Auf dieselbe Weise werden auch der Körper (mit den breiteren Papierstreifen), die Arme und die Beine gefaltet.

Am Ende werden die Treppen zusammengetackert oder -geklebt und der Bierdeckel wird oben angebracht.

Mit den Woll- und Papierresten wird die Puppe verziert und mit Buntstiften ein Gesicht gemalt.

Palme

Eine schöne Dekoration fürs Spielzimmer ist zweifelsohne eine große Palme. Da kleine Kinder bei echten Pflanzen oft die Erde herausschaufeln, sobald man ihnen den Rücken kehrt, und dies ein Riesenspaß für Kinder ist, wird hier eine Palme gebastelt.

Materialeinsatz:

- 15 Plastikbecher (Größe ca. Müllermilch)
- zwei Bögen braunes Tonpapier
- fünf Bögen grünes Tonpapier
- Klebstoff
- Tacker

Das braune Tonpapier wird in Streifen geschnitten, um die Becher gewickelt und festgeklebt oder -getackert.

Danach wird jeder Becher ca. 2 cm weit in einen anderen hineingehalten und festgetackert.

Jetzt werden aus dem grünen Tonpapier die Blätter geschnitten. Aus einem Bogen können immer zwei Blätter geschnitten werden.

Am Ende des Blattes sollte ein schmales Ende sein, das in den obersten Becher gesteckt und festgetackert werden kann. Dies wird mit allen Blättern gemacht.

Am Ende kann man die Blätter noch wie typische Palmblätter einschneiden.

Spielideen

Olympiade für Kinder

Im Garten wird ein Hindernissparcours aufgebaut. Dazu bedarf es mehrerer Einzelteile aus sechs leeren Flaschen, die in kurzen Abständen hintereinander aufgestellt werden, einem Springseil, zwei hintereinander aufgestellten Stühlen, Handschuhen, Schal und Mütze, Luftballons (je nach Anzahl der Kinder) und ein Stapel Papier mit Stiften.

Der Reihe nach kommen alle Kinder dran. Das Flaschenhindernis muss auf einem Bein hüpfend absolviert werden.

Es folgen fünf Sprünge mit dem Seil. Weiter geht es unter den Stühlen hindurch. Die Handschuhe, der Schal und die Mütze müssen auf- und dann wieder abgesetzt werden. Dann wird der Ballon aufgepustet und am Ende muss ein kleines Bild gemalt werden. Das schnellste Kind gewinnt.

Prominentenraten

Jeder der Mitspieler bekommt einen Post-It auf die Stirn geklebt mit dem Namen eines bekannten Stars.

Anschließend muss jeder raten, wer er ist. Wer es zuerst errät, gewinnt.

Rippel-Tippel

Durchnummerierte Mitspieler sitzen im Kreis. Der Erste ist Rippel-Tippel Nr.1, der Zweite Rippel-Tippel Nr.2 ... Der Erste fängt an und sagt z.B.: „Rippel-Tippel Nr.1 ohne Tippel ruft Rippel-Tippel Nr.5 ohne Tippel". Dann ist Rippel-Tippel Nr.5 an der Reihe. Wer sich verspricht, bekommt einen Tippel ins Gesicht (z.B. mit Creme). Diese Tippel müssen dann immer mitgerufen werden. Z.B. Rippel-Tippel Nr.3 mit 2 Tippeln ruft Rippel-Tippel Nr.6 mit 4 Tippeln. Wer am Ende die wenigsten Tippel hat, gewinnt.

Staubsauger

Jedes Kind bekommt zehn Erbsen, einen Strohhalm und einen Becher. Aufgabe ist es, die Erbsen so schnell wie möglich mit dem Strohhalm in den Becher zu befördern!

Karten-Staffel

Alle sitzen im Kreis und geben eine Spielkarte von Mund zu Mund, indem sie durch Ansaugen weitergegeben wird. Der, bei dem die Karte fällt, scheidet aus.

Gedächtnisspiel

Auf ein Tablett werden ungefähr 20 verschiedene Dinge gelegt (z.b. Radiergummi, Bleistift, kleine Figuren, ...). Dieses wird mit einem Tuch verdeckt ins Zimmer gebracht und in der Mitte der Mitspieler abgelegt, damit es alle gut sehen können. Nun wird das Tablett für eine Minute abgedeckt. In dieser Zeit sollen sich alle Mitspieler merken, was auf dem Tablett liegt. Nach Ablauf der Zeit wird das Tablett wieder abgedeckt und weggestellt. Alle Mitspieler erhalten Zettel und Stift. Sie haben nun zwei Minuten Zeit aufzuschreiben, was auf dem Tablett war. Steht hinterher etwas auf dem Zettel, das gar nicht da war, gibt es Punktabzug.

Der Kaiser von China

Ein Kind bekommt zwei brennende Kerzen und muss nun und mit sehr ernster, würdevoller Miene zu einem anderen Mitspieler seiner Wahl gehen, sich genau vor ihn stellen und langsam sagen: "Der Kaiser von China ist tot!" Dabei wird ihm eine Kerze hingehalten. Das andere muss mit traurigem Gesicht und ebenfalls angemessen langsam antworten: "Das tut mir aber leid!" Dann pustet es seine Kerze aus. Wenn eines von beiden während der Szene zu grinsen oder gar zu lachen anfängt, muss es ein Pfand abgeben. Das Kind, das geantwortet hatte, bekommt die zweite Kerze. Wieder werden beide angezündet, und das Spiel beginnt erneut.

Tomatensalat

Ein Kind verlässt den Raum, während sich die anderen ein Wort oder einen Satz (z.B. Liedanfang) ausdenken. Jedes der Kinder übernimmt dabei einen Buchstaben, eine Silbe, ein Wort oder einen Teil des Satzes, den es immer aufsagen muss, wenn es von dem Hinausgeschickten berührt wird. Alle stellen sich kunterbunt durcheinander im Raum auf. Der Hinausgeschickte tritt ein und muss die anderen berühren, um ihren Buchstaben, Satzteil oder ihr Wort herauszufinden. Das Kind hat sie dann so aufzureihen, dass sie von vorn nach hinten den ganzen Satz oder das Wort ergeben.

Fischer, wie tief ist dein Wasser?

Dieses Spiel eignet sich am besten für draußen, kann aber auch in einem großen Raum gespielt werden.

Ein Kind ist der Fischer und steht den anderen Kindern gegenüber. Diese rufen zu ihm herüber: "Fischer, Fischer, wie tief ist dein Wasser?" Der Fischer antwortet darauf mit einer beliebigen Zahl und der Entfernung (z.b. 1000 m).

Die Kinder rufen wieder: "Wie komme ich am besten zu dir rüber?" Der Fischer denkt sich nun aus, wie die Kinder zu ihm kommen. Möglichkeiten dafür sind: Laufen, Krabbeln, auf einem Bein hüpfen, Rückwärtsgehen.

Beide Seiten versuchen nun, auf die vorgegebene Art auf die jeweils andere Seite zu gelangen. Dabei versucht der Fischer, die Kinder zu berühren. Die "angetickten" Kinder scheiden aus. Das letzte Kind, das noch nicht berührt wurde, darf in der nächsten Runde den Fischer spielen.

Luftballontanz

An ca. 50 cm langen Bändern am Fuß werden Luftballons befestigt. Das Aupair bedient den CD-Player. Während die Musik spielt, wird ganz normal getanzt. Geht sie jedoch aus, müssen alle versuchen, die Luftballons der anderen Kinder zum Platzen zu bringen. Während man dies tut, ist aufzupassen, dass der eigene Ballon nicht kaputtgeht. xax

Zeitungstanz

Das Aupair steht am CD-Player. Je zwei Tänzer stehen sich auf einem großen auseinandergefalteten Blatt Zeitungspapier gegenüber. Die Tanzfläche für jedes Paar ist das Zeitungspapier. Wer daneben tritt, muss ausscheiden. Jedesmal bei Aufhören der Musik wird das Papier zur Hälfte gefaltet. Es wird also immer schwerer, nicht daneben zu treten. Dazu sei noch bemerkt: wer seine Füße zu lange nicht von der Stelle rührt, scheidet auch aus!

Mehlpfennig

Aus Mehl wird auf dem Tisch ein Berg gemacht. Dort hinein wird ein Cent hochkant hineingesteckt. Alle Kinder setzen sich um diesen Mehlhaufen herum und einer nach dem anderen darf mit einem großen Messer Stücke Mehlberg abtrennen und ein Stückchen zur Seite schieben. Die Ersten können dabei natürlich große Stücke abschneiden. Dabei sollten sie jedoch bedenken, dass irgendwann wieder sie an der Reihe sind. Der, bei dem der Cent kippt, muss ihn mit dem Mund aus dem Berg herausfischen.

Schokoladeauspacken

In mehrere Schichten Zeitungspapier eingewickelt und mit Paketband zugebunden, liegt eine Tafel Schokolade auf dem Tisch. Daneben liegt eine Mütze, ein Schal, Handschuhe, ein Messer und eine Gabel. Alle Kinder sitzen um den Tisch. Wer eine Sechs würfelt darf nach dem Anziehen aller Kleidungsstücke beginnen, mit Messer und Gabel die Schokolade auszupacken. Er hat genau so lange Zeit, bis der Nächste eine Sechs würfelt.

Esel in der Mitte

Die Mitspieler stehen im Kreis. Einer von ihnen steht in der Mitte. Sie werfen sich gegenseitig den Ball zu, und der Mittlere versucht, ihn zu fangen.

Hat er ihn gefangen, muss derjenige in die Mitte, der den Ball geworfen hat.

Schweinchen zeichnen

Materialeinsatz:

Papier, Bleistift, Tuch

Dem Zeichner werden die Augen mit dem Tuch verbunden. Er zeichnet auf einem großen Blatt Papier die Umrisse eines Schweins, wobei das Schwänzchen zuletzt gezeichnet wird. Die beste Zeichnung kann prämiert werden.
Es können auch andere Tiere gemalt werden.

Murmelspiele

Man braucht dazu bunte Kugeln aus Ton oder Glas.
Gespielt werden kann auf zwei verschiedene Arten.

Andotzen:

Eine Linie auf den Erdboden kennzeichnet das Standmal, von dem aus geworfen wird. Der erste Spieler rollt vom Standmal aus seine Kugel beliebig weit. Der zweite Spieler versucht mit seiner Kugel, nun die des ersten Spielers zu treffen.

Trifft er, gehört die Kugel ihm. Andernfalls holt der erste Spieler seine Kugel zurück und rollt naxaxaach der Kugel des zweiten Spielers.

Kugelschießen

Ein Kreis wird auf den Boden gezeichnet. Jeder Spieler legt eine Kugel in den Kreis. Jeder tritt nacheinander an den Kreis und lässt aus Augenhöhe eine Kugel auf die im Kreis liegenden Kugeln fallen. Die Kugeln, die aus dem Kreis herausschnellen, gehören dann diesem Spieler.

Reise nach Keinikeinu (Mitimito)

Das Aupair beginnt und sagt: „Ich fahre nach Keinikeinu (Mitimito) und nehme (z.B.) ein Sofa (Sonnenmilch) mit." Die Kinder sagen nun, was sie mitnehmen. Sie wissen aber nicht, dass sie nur Dinge mitnehmen dürfen, in denen kein „i" und kein „u" enthalten sind (in denen mindestens ein „i" und mindestens ein „o" enthalten sind). Das Aupair sagt den Kindern nun, ob sie den gewählten Gegenstand mitnehmen dürfen. Die Kinder sollen das System des Spiels herausfinden.

Natürlich muss das Spiel in den USA mit den Städten „Noinou" bzw. „Withiwitho" gespielt werden.

Eine andere Variante: Jedes Kind darf nur Gegenstände mitnehmen, die mit dem Anfangsbuchstaben seines Namens beginnen.

V ♱ Im neunten bis zwölften Lebensjahr

Bastelideen

Giraffendoktor

Diese lustige Giraffe passt in jedes Bad und neben jeden Arzneischrank.

Materialeinsatz:

- Tonkarton oder Moosgummi in Gelb, Weiß, Schwarz und Braun
- 1 Rolle Pflaster
- flüssigen Klebstoff
- Tesa

Als erstes müssen zwei kleine Schächtelchen aus dem gelben Tonkarton gebastelt werden. Die erste Schachtel sollte folgende Maße haben: ca. 8 x 8 x 5 cm. Wer schon so eine Schachtel hat, spart sich das Basteln natürlich. Eine kleine Ecke am oberen Rand dient dazu, die Giraffe am Ende aufhängen zu können. Sie ist oben offen und wird mit Tesa zusammengeklebt. Der Boden muss mit einem schmalen Schlitz versehen werden, durch den später das Pflaster herauskommt.

Die zweite Schachtel dient als Hülle für die Schere, mit der das Pflaster später abgeschnitten wird. Dazu wird ein Rechteck aus gelbem Karton benötigt, ca. 6 cm lang und 5,5 cm hoch. Dieses wird parallel zur kürzeren Seite 1 cm vom Rand entfernt, dann noch mal 3 cm und 4 cm vom Rand entfernt, gefaltet. Anschließend werden die beiden kürzeren Seiten mit Tesa zusammengeklebt.

Der Rohbau ist damit schon fertig. Jetzt folgt noch die Dekoration.

Dazu wird für den Kopf ein ca. 15 cm hohes und 12 cm breites Oval aus gelbem Tonkarton benötigt. Ca. 3 cm vom unteren Rand entfernt ist ein Schlitz wie in der ersten Schachtel einzuritzen. Tipp: Die Kopfform doppelt ausschneiden und bündig aufeinander kleben. Das verleiht ihr mehr Halt. Ebenfalls auf den gelben Karton werden je zwei passende Ohren und Hörner sowie eine dicke, breite Schnauze aufgezeichnet und ausgeschnitten. Die Schnauze muss an beiden Seiten über den Kopf hinausragen.

Auf den schwarzen und weißen Karton werden je zwei aneinanderstoßende Eier gemalt und ausgeschnitten, damit die Giraffe auch Augen bekommt. Die weißen müssen ca. 7 cm hoch und fast 8 cm breit sein, die schwarzen ein wenig höher. Wiederum aus schwarzem und weißen Karton werden die Pupillen gefertigt. Aus dem braunen Karton werden die Ohren ausgeschnitten, ein wenig kleiner als die, die schon aus dem gelben geschnitten wurden.

Das sind nun alle Teile, die nur noch zusammengefügt werden müssen. Zuerst wird am besten das Giraffengesicht fertig geklebt, weil es im Moment noch flach auf dem Tisch liegen kann. Die erste, größere der beiden Schachteln, wird von hinten an den Giraffenkopf geklebt. Dabei muss die Seite mit dem Aufhängedreieck vom Gitarrenkopf weggewandt sein. Das Dreieck muss nach oben zeigen, der Schlitz nach unten, etwa 0,5 cm über dem Kopfschlitz.

Jetzt wird die Pflasterrolle durch die beiden Schlitze gefädelt, so dass das Ende vorne unterhalb des Kopfes herausschaut. Zum Schluss kommt die Nase. Dazu wird das kleine Schächtelchen für die Schere senkrecht zwischen Schlitz und Augen mittig vorne auf den Kopf geklebt. Bevor die Schachtel allerdings festgeklebt wird, muss die Schere, die später dort hineingesteckt werden soll, in die Schachtel gesteckt werden. Nun wird die Schachtel hingehalten und geschaut, dass die Griffe der Schere genau die Ränder um die Pupillen ergeben. Jetzt hat die Giraffe sozusagen eine Brille. Entsprechend ist dann das Schächtelchen festzukleben.

Am Ende werden Nase und Nasenlöcher aufgeklebt und das ganze Werk wird an die Wand gehängt.

Windlicht

Entweder wohnt man am Meer oder man war dort im Urlaub. Wohl jeder hat Muscheln zu Hause, die er bei einem Spaziergang am Strand gesammelt hat oder die die Kinder angeschleppt haben. Damit lassen sich wunderschöne Windlichter basteln.

Dasselbe funktioniert natürlich auch mit Schneckenhäusern. Die gibt es auch weit vom Meer entfernt.

Materialeinsatz:

- ein wenig Sand (Bastelgeschäft oder Strand)
- ein schönes Glas
- eine kurze Kerze
- Wachsklebeblättchen

- Bast

Mit einem Klebeplättchen wird die Kerze am Boden des Glases fixiert. Anschließend wird ein paar Zentimeter hoch Sand in das Glas gekippt und mit Muscheln, Schneckenhäusern oder anderen kleinen Dingen verziert. Zum Schmuck des Glases kann Bast verwendet werden. Hier bietet sich an, eine Schleife um das Glas zu binden.

Karten

Einmal während des Aupair-Jahres hat jedes Kind Geburtstag, und es wird bestimmt eine Party feiern.

Dazu braucht man Einladungskarten, die vom Kind selbst gebastelt werden können.

Materialeinsatz:

- Tonkarton in verschiedenen Farben
- weißes Papier
- Wollfaden
- Wasserfarbe
- Klebstoff
- altes Telefonbuch oder dickes Buch
- Zeitungspapier

Der Tonkarton wird in der Größe von Postkarten ausgeschnitten, kann aber in Bastelgeschäften auch schon in der richtigen Größe gekauft werden.

Pro Seite werden weiße Papierstücke zugeschnitten, die rundum ca. 1 cm kleiner sind. Auf sie kommt das Wollfadenmotiv.

Jonglierbälle

In einen Luftballon wird soviel Reis wie möglich gefüllt. Er kann richtig prall werden. Dann wird der Ballon verschlossen. Ein zweiter Ballon wird so darübergezogen, dass er den Knoten abdeckt, damit die ganze Chose sicher dichthält. Den zweiten Ballon braucht man nicht zu verknoten, denn er wird auch so halten. Jetzt muss nur noch der Hals abgeschnitten werden und fertig ist der erste Jonglierball. Mindestens drei davon werden zum Jonglieren benötigt.

Speckstein

Jeder kennt sie, die Figuren aus Speckstein. Es gibt sie überall zu kaufen, und dabei sind sie ganz einfach selbst herzustellen.

- Materialeinsatz:

- Speckstein
- Specksteinöl (beides Baumarkt oder Bastelgeschäft)
- verschiedene Feilen und Raspeln

Specksteine kann man oft als Bruchstücke kaufen. Durch ihre einzigartige Form lassen sie dann auch schon erahnen, was aus ihnen werden soll.

Tiere, Schmuckstücke, Briefbeschwerer aber auch Gebrauchsgegenstände hergestellt werden.

Bastelideen für Kinder aller Altersstufen

Dekorierter Pappkarton

Diese Bastelidee macht Kindern von drei bis ins Teenageralter Spaß. Diese Idee eignet sich hervorragend, um ein wenig Ordnung im Spielzimmer zu schaffen.

Materialeinsatz:

- Pappkarton
- Stoff/ Servietten/ Geschenkpapier oder ähnliches
- flüssigen Klebstoff

Je nach Größe des Kartons braucht man mehr oder weniger „Bezug". Zuerst wird dieser angepasst, dann ausgeschnitten. Am Ende muss nur der Pappkarton mit dem Klebstoff eingestrichen und der Bezug daraufgeklebt werden.

Stifteständer

Auch diese Idee eignet sich für Kinder fast aller Altersstufen.

Materialeinsatz:

- leere Toilettenpapier- oder Küchentuchrollen
- ein Stück Pappkarton
- Stoff/ Servietten/ Geschenkpapier oder ähnliches
- flüssiger Klebstoff

Die Rollen werden in drei verschiedenen Höhen abgeschnitten, jedoch nicht höher als ca. 15 cm. Der Pappkarton soll später als Boden für die Rollen dienen und kann in beliebigen Formen dem Durchmesser der Rollen entsprechend zugeschnitten werden.
Danach werden alle Teile mit Servietten, Geschenkpapier oder sogar einem selbstgestalteten Papier beklebt.

Erziehung und Strafen

Kinder brauchen Erziehung, Grenzen und Regeln, während sie lernen, mit sich, anderen und der Umwelt zurecht zu kommen. Ein Kind braucht einen Rahmen, in dem es sich sicher bewegen kann, und in dem es weiß, dass ihm nichts passiert, wenn es lernt. Kinder die ohne Regeln und Grenzen aufwachsen, fühlen sich haltlos und allein gelassen. Sie können sich nicht sicher mit ihrer Umwelt auseinandersetzen und durch Ausprobieren lernen.

Grenzen und Richtlinien

Erziehung und Strafe, Regeln und Richtlinien bedeuten nicht, dass Kinder geschlagen werden dürfen oder sollen. Regeln sind da, um Grenzen für das Lernen zu setzen – dies darf nicht über körperliche Gewalt erfolgen.

In Europa ist es teilweise heute noch üblich, dass Kinder zur Erziehung geschlagen werden. In den USA ist dies sogar gesetzlich verboten und könnte unter Umständen für ein Aupair ernsthafte Konsequenzen haben.

Richtlinien zu setzen bedeutet, einem Kind klare Grenzen aufzuzeigen – was erlaubt ist und was nicht. Die Grenzen müssen verständlich und dem Kind klar sein. Dies kann auf viele verschiedene Arten erfolgen. Ziel ist es, dass das Kind dabei möglichst lernt, sich darüber bewusst zu sein, wann es sich innerhalb seiner Grenzen bewegt und wann es diese verlässt.

Mit zunehmendem Alter lernt ein Kind, sich selbst seine Grenzen zu setzen und selbst mit der Welt umzugehen. Es lernt, Verantwortung zu tragen und selbst Entscheidungen für sich zu treffen. So kann ein Kind zum Beispiel ab einem gewissen Alter für gewisse Zeit alleine in einem Raum spielen oder draußen alleine zu Nachbarn gehen, um dort mit Kindern allein im Garten zu spielen.

Richtlinien und Grenzen für das Kind nehmen also ab einem bestimmten Alter immer mehr ab.

Kinder begegnen in ihrem Alltag nicht nur den Grenzen, die Eltern oder Aupairs setzen, sondern auch Regeln im Kindergarten oder in der Schule, Regeln im Sportverein, Regeln im Straßenverkehr ... Ein Kind lernt Schritt für Schritt, mit all diesen Regeln umzugehen.

Regeln und Grenzen sollten dabei so gesetzt werden, dass ein Kind diese möglichst als positiv empfindet. Ein Lob für das Einhalten der Grenze ist viel wichtiger als Ärger für das Überschreiten von Grenzen. Dennoch wird ein Kind immer seine Grenzen testen, wobei es nicht immer möglich sein wird, das Kind nur zu loben.

Befolgen von Richtlinien

Kinder bewegen sich, wie erwähnt, nicht immer innerhalb der gesetzten Richtlinien. Gründe dafür sind häufig, dass das Kind noch nicht gelernt hat, mit dieser Grenze umzugehen und sie noch austestet, oder weil es bewusst eine Grenze überschreiten will, um Frust und Ärger auszudrücken. Teilweise versuchen Kinder aber auch einfach, die Erwachsenen nachzuahmen, und ein Mädchen kann daher versuchen – obwohl strikt verboten – sich mit Mommys Sachen wie Mommy zu schminken.

Es kann auch vorkommen, dass ein Kind seine Grenzen einfach nicht wirklich kennt. So testet das Kind immer mehr, wie weit es denn gehen kann und verhält sich oft nicht so, wie eigentlich erwünscht. Darunter fallen zum Beispiel auch Machtspielchen zwischen Kindern und Erwachsenen.

Weitere Gründe zum Nichtbefolgen von Regeln können sein:

- Suche nach Aufmerksamkeit, zum Beispiel weil die Eltern immer sehr viel beschäftigt sind
- Probleme in anderen Bereichen wie Schule und Kindergarten, Eifersucht auf ein neues Baby, Scheidung, Tod von Vertrauenspersonen wie die Oma
- Ärger und Wut
- Gefühle wie allein gelassen fühlen, sich hinter Geschwister zurückgesetzt fühlen
- Wunsch nach mehr Freiheit und weniger Aufmerksamkeit

Grenzen und Regeln

Wenn Kinder ihre Grenzen testen oder überschreiten, muss darauf eingegangen werden. Die möglichen Strafen und Reaktionen hängen dabei natürlich auch sehr vom Alter der Kinder und deren Persönlichkeit ab. Dies kann unter Umständen bedeuten, dass zwei Kinder gleichen Alters mit unterschiedlichen Strafen konfrontiert werden.

Kinder brauchen Regeln, aber nicht zu viele. Einige klare und deutliche Regeln helfen dem Kind, sich an diese auch halten zu können. Sind es zu viele oder sind sie zu komplex, ist ein Kind verwirrt und beginnt, die Regeln auszutesten, um sie für sich definieren zu können.

Die Regeln müssen dem Kind genau erklärt werden und es muss wissen, welche Folgen ein Überschreiten nach sich ziehen würde. Erkennt es keinen Sinn in den Regeln, so hat es auch wenig Motivation, sich an diese zu halten.

Ein Kind muss wissen, welche Konsequenzen sein Handeln hat, ansonsten wird es das austesten wollen.

Die Folgen müssen dem Kind ebenfalls nachvollziehbar sein und in Zusammenhang mit dem Fehlverhalten stehen, was heißt, dass die Strafe auch möglichst nach dem Fehlverhalten erfolgen sollte und nicht zum Beispiel erst abends, wenn Mommy von der Arbeit zurückkehrt.

Auszeit

Die Auszeit ist eine beliebte Methode bei Eltern und Aupairs, um Kinder für Fehlverhalten zu bestrafen. Auszeit bedeutet, dass das Kind für einige Zeit aus dem Geschehen genommen wird und sich nur mit sich selbst und seinem Fehlverhalten beschäftigen soll.

Dabei kann das Kind – vor allem wenn es noch klein ist – im selben Raum bleiben und sich zum Beispiel einfach in Ruhe auf das Sofa setzen, oder es kann in sein Zimmer gehen müssen.

Die Länge dieser Auszeit richtet sich nach dem Alter des Kindes. Allgemein wird angenommen, dass so viele Minuten für die Auszeit gerechnet werden, wie das Kind alt ist. Für Kinder unter drei Jahren macht eine Auszeit wenig Sinn, da sie das alles noch nicht verstehen.

Das Kind sollte bei Vergabe der Auszeit stets darauf hingewiesen werden, dass es darüber nachdenken soll, warum es eine Auszeit bekommen hat.

So lange ein Kind noch schreit, brüllt und tobt, sollte es noch nicht allein gelassen werden. Man sollte bei ihm bleiben, bis es sich beruhigt hat.

Nach dem "Time Out" sollte immer ein kurzes ruhiges Gespräch stattfinden, in dem noch einmal mit dem Kind besprochen wird, was geschehen ist. Man kann dem Kind die überschrittenen Grenzen noch einmal erklären, und es sollte besprochen werden, warum es diese überschritten hat.

Strafen nach Alter

0-12 Monate

In dieser Zeit ergibt es noch keinen Sinn, Strafen anzuwenden. Die Kinder müssen lernen, mit der Welt zurecht zu kommen und sich darin wohl zu fühlen. Strafen verwirren sie bloß und werden noch nicht verstanden. Ein Baby kann auch noch nicht zwischen richtig und falsch unterscheiden und testet keine Grenzen. Abgesehen von einem "Nein" oder einem bösen Blick, der anzeigt, dass etwas nicht in Ordnung ist, sollte daher auf Strafen verzichtet werden.

Kleinkinder (1-3 Jahre)

Auch in diesem Alter konzentrieren sich die Kinder noch darauf, die Welt zu entdecken, möchten aber niemanden ärgern. Auch hier wird der Sinn einer Strafe noch nicht wirklich verstanden. Machen Kinder etwas Unerwünschtes, so ist Ablenkung und eine neue Situation besser als Ärger und Strafe. Wenn ein Kind zum Beispiel an einem Elektrogerät spielt, ergibt es mehr Sinn, ihm ein anderes Spielzeug vorzusetzen. Kinder sollten abgelenkt werden. Positive Aussagen werden eher aufgenommen als negative, zum Beispiel „Klecker nicht so beim Essen" hilft weniger als „So, jetzt probieren wir es noch einmal vorsichtiger".

Kindergartenkinder (3-5 Jahre)

Kinder in diesem Alter verstehen Anweisungen und einfache Regeln. Sie benehmen sich meist dann daneben, wenn sie frustriert oder wütend sind. Ganz wichtig ist es nicht nachzugeben. Ein Kind muss lernen, dass es durch Nörgeln, Betteln oder Meckern nicht seinen Willen durchsetzen kann.

Strafen müssen klar sein und angekündigt werden: „Wenn Du nicht aufhörst, deine Puppe gegen die Wand zu werfen, dann schließe ich sie bis nach dem Abendessen weg!" Ein Lob, wenn gehorcht wird, ist dann aber auch wichtig. In diesen Jahren kann mit Auszeiten begonnen werden.

Kinder im Schulalter (6 – 12 Jahre)

In diesem Alter kennen Kinder Grenzen und Richtlinien und können auch schon ein wenig Verantwortung tragen, z.B. sind sie auch schon zur Selbstbeschäftigung fähig.

Kommunikation und Diskussion über Regeln und Fehlverhalten werden nun immer wichtiger. Dies hilft dem Kind immer mehr zu verstehen und auch Richtlinien für sich selbst zu setzen. Klare Strafen wie Fernsehverbot, Spielverbot mit Freunden oder Zimmerarrest werden verstanden und sind angebracht.

Sicherheit und Verantwortung

Wichtiger Grundsatz: Kinder sind neugierig, verstehen aber Gefahren nicht!

Ein Kind sollte so wenig wie möglich aus den Augen gelassen werden! Eventuell müssen sich die Kinder eben darauf einigen, ob sie nun alle im Wohnzimmer, Spielzimmer oder Kinderzimmer spielen wollen. Gegebenenfalls muss das Aupair bestimmen, wo jetzt gespielt wird. Genauso wenig dürfen Kinder auch alleine draußen spielen – es sei denn, die Gasteltern hätten es ausdrücklich erlaubt und fänden, dass das Kind alt und verantwortungsbewusst genug sei. Gegebenenfalls ist mit den Gasteltern abzusprechen, dass das Aupair für eventuelle Unfälle und Gefahren nicht verantwortlich gemacht werden kann.

Spätestens seit dem Louise Woodward-Fall ist bekannt, dass ein Aupair ganz normal vor dem Gesetz für sein Handeln verantwortlich ist. Dies bedeutet: man kann bei „fahrlässiger Handlung" auch vor Gericht gestellt werden. Deshalb sollte man die Verantwortung, die man für die Kinder hat, nicht auf die leichte Schulter nehmen. Natürlich kann keinem ein Vorwurf gemacht werden, wenn alles getan wurde, um auf die Kinder aufzupassen. Kleinere Unfälle sind möglich. Ein aufgeplatztes Knie, ein angeschlagener Kopf – solche Kleinigkeiten lassen sich nicht verhindern. Manche Gasteltern regen sich aber darüber auf, wenn ihren Lieblingen in der Obhut einer fremden Person etwas passiert. Deshalb sollte dieses sensible Thema unbedingt am Anfang des Aupairjahres mit der Gastfamilie angesprochen werden.

Als Hilfestellung bei der Kinderbetreuung kann stets folgende Regel benutzt werden: Man stelle sich vor, die Mutter der Kinder zu sein und denke nach, wie man selbst handeln würde. Ein Aupair sollte mit den Kindern so umgehen, dass es alle seine Handlungen sich selbst gegenüber als Mutter auch verantworten könnte.

Zur Sicherheit von Kindern kann man aber auch bei Beachtung der folgenden Tipps einiges tun.

Im Auto

Es sollte darauf geachtet werden, dass die Kindersitze dem Alter und der Größe der Kinder entsprechen. Kinder wachsen im Laufe eines Aupair-Jahres, so dass die Kindersitze ausgetauscht werden müssen.

Stets sollte darauf geachtet werden, dass die Kinder sicher in den Sitzen sind, was bedeutet, dass die Kinder richtig anzuschnallen und die Befestigung des Sitzes zu überprüfen ist. Von Zeit zu Zeit sollten die Kindersitze nachgespannt werden.

Für die Kinder sollten ferner bestimme Verhaltensregeln im Auto gelten – besonders da in den USA schon recht junge Kinder ab ca. sieben Jahren vorne im Auto sitzen dürfen, sollten diese genau wissen, bei welchem Benehmen sie zurück auf den Rücksitz müssen. Dazu sollte natürlich unbedingt ein Sichabschnallen sowie das Betätigen von Schaltknöpfen, abgesehen von denen am Radio, gehören.

Bei den hinteren Türen sollte die Kindersicherung eingestellt sein. Während der Fahrt müssen die hinteren Scheiben geschlossen bleiben, so dass keine Hände und Füße oder gar der Kopf aus dem Fenster gestreckt werden können. Beginnt ein Kind während der Fahrt ein Fenster zu öffnen und Hände oder Füße hinauszustrecken, so ist unbedingt bei der nächsten Gelegenheit anzuhalten.

Zu Hause

Eine oft unterschätze Gefahr zu Hause sind Vergiftungen. Giftige Substanzen sind für Kinder unzugänglich aufzubewahren. Dazu gehören auch alltägliche Dinge wie Putzmittel, flüssige Seife und Waschmittel sowie Kosmetikartikel wie Parfüms, Mund- oder Gesichtswasser. Diese sollten besonders bei sehr kleinen

Kindern in einem verschlossenen Schrank oder in einer für sie unerreichbare Höhe aufbewahrt werden. Achtung, die Ablage auf dem Waschbecken oder der Schminktisch im Schlafzimmer ist vor Kindern oft nicht sicher und hoch genug, da mit einfachen Hilfsmitteln hochgeklettert werden kann.

Neben giftigen Substanzen gehören auch Kerzen, Feuerzeuge und Streichhölzer nicht in die Hände von Kindern und sollten entsprechend verstaut sein. Kerzen sind festlich, sollten aber weit weg und unerreichbar von Kindern stehen. Bei Familienfesten kann überlegt werden, ob Kerzen auf der Festtagstafel wirklich sein müssen, wenn mehrere Kinder am Tisch sitzen.

Ist der Backofen in Betrieb, sollten kleine Kinder möglichst nicht in der Küche spielen. Griffe von Töpfen oder Pfannen, die auf der vorderen Herdplatte stehen, sollten möglichst nach hinten gedreht werden und nicht vorne über den Herdrand hinaus stehen.

Kleine Kinder klettern und erkunden alles, was ihnen in die Hände kommt. Alle Gegenstände, die Kinder gefährlich werden können, sind deshalb außerhalb ihrer Reichweite aufzubewahren. Das heißt zum Beispiel, dass Scheren nicht in eine unverschließbare Schreibtischschublade oder in die unteren Schubladen eines Küchenschrankes gehören. Alle Familienmitglieder sollten darauf achten, Gegenstände entsprechend zu verstauen und nicht herumliegen zu lassen. Ebenso sind Kabel so zu verlegen, dass die Möglichkeit, sich zu elektrisieren, ausgeschlossen wird. An Treppen sollten Gitter angebracht sein, so dass die Kinder nicht herunterfallen können

Kinder unter drei Jahren sollten nicht mit Spielzeug oder anderen Gegenständen spielen, die in den Mund passen und ganz oder teilweise verschluckt werden können. Es sollte darauf geachtet werden, dass solche Gegenstände möglichst nicht herumliegen, sondern sicher außerhalb der Reichweite des Kindes aufbewahrt werden. Besonders auf ganz allgemeine Alltagsdinge ist Augenmerk zu legen, die nicht mehr einfach auf Tisch oder Kommode herumliegen dürfen, sofern eine Gefahr von ihnen ausgehen könnte, wie z.B. Elektrogeräte wie Handys, Digitalkameras oder auch Süßigkeiten wie Hustenbonbons und Kaugummis, sowie Kosmetikartikel wie Fettstifte für die Lippen. Diese Dinge gehören in verschlossene Taschen oder Schränke an die Kinder nicht gelangen.

Nicht zu vergessen sind dabei auch Luftballons, die beim Spielen oder Draufbeißen platzen und so einem Kleinkind gefährlich werden können.

Schnüre, Lappen, Spültücher, oder Kissen sind unter Umständen ebenfalls gefährlich für sehr kleine Kinder und sollten nicht in ihre Hände gelangen.

Kinder neigen auch dazu, sich Dinge über den Kopf zu ziehen. Plastiktüten vom letzten Einkauf gehören deshalb nicht unten in die Schubladen, sondern ganz oben in den Küchen- oder Putzschrank. Da kleine Kinder neugierig sind, und es auch nicht ausgeschlossen ist, dass sie in Abwesenheit des Aupairs auch dessen Zimmer inspizieren, sollte es die wichtigsten Regeln zur Sicherheit der Kinder auch in seinem Zimmer befolgen und beispielsweise spitze Gegenstände wie Scheren unzugänglich aufbewahren.

Gefährlicher als oft angenommen ist Wasser. Kleine Kinder sollten niemals ohne Aufsicht baden, in einem Pool spielen oder im Bad im Waschbecken planschen.

Spielzeug sollte stets noch einmal mit kritischen Auge darauf geprüft werden, ob es für die Kinder tatsächlich schon geeignet ist. Problematisch ist es oft, wenn in einem Haushalt sehr kleine Kinder gemeinsam mit größeren Kindern leben, die schon mit Spielzeug spielen, das dem kleineren Kind gefährlich werden kann. Es ist darauf zu achten, dass dieses Spielzeug immer ordentlich verstaut wird und sich keine ungeeigneten Spielzeuge in Reichweite des Kleinkindes befinden.

Spielzeug kann beim Gebrauch beschädigt werden. Kaputte Autos, Legos, Sandförmchen und andere Dinge mit scharfen Kanten sind daher auszusortieren. Da Kinder solche Gefahren noch nicht erkennen, sollten Eltern und Aupair ein Auge auf die Spielsachen haben, mit denen die Kinder gerade spielen.

Verkehr

Kinder sollten beim Fahrradfahren – auch vor dem eigenen Haus – entsprechende Schutzkleidung tragen, also auf jeden Fall einen Fahrradhelm und gegebenenfalls Knie- und Ellenbogenschützer.

Ist man mit Kindern im Straßenverkehr unterwegs, ob nun mit Auto, als Fußgänger oder zu Fuß, so sollte man sich stets vorbildlich an alle Regeln halten und auch das Kind auf die Regeln aufmerksam machen. Dazu gehört, an einer Ampel zu warten bis sie grün ist, an Kreuzungen immer deutlich nach links und nach rechts zu schauen und sich immer auf den dafür vorgesehenen Bereichen zu bewegen, also als Fußgänger auf dem Gehweg und nicht auf der Straße und als Radfahrer auf dem Radweg. Straßen nie an unübersichtlichen Stellen überqueren.

Ist man mit dem Fahrrad unterwegs, muss man die Kinder auf Gefahren wie Glasscherben, Abfälle, nasses Laub, Löcher und Rillen aufmerksam machen. Unterwegs im Straßenverkehr bietet sich auch die Gelegenheit, mit den Kindern aktiv Verkehrsregeln und Verkehrsschilder zu üben.

Spielplatz

Kinder sollten niemals unbeaufsichtigt auf einem Spielplatz spielen. Besonders auf und um Schaukeln sollte ein Kind nicht alleine sein. Auch bei Gesprächen mit anderen Erwachsenen auf dem Spielplatz sollte ein wachsames Auge auf die Kinder nicht vergessen werden.

Spielplätze sind in der Regel für bestimmte Altersgruppen gedacht. Man sollte sich einen entsprechenden Spielplatz aussuchen.

Zur Ausrüstung für den Spielplatz gehören Pflaster, Tücher, Getränke, Sonnencreme und Mützen. Sonnencreme sollte im Sommer auch bei wolkigem Wetter aufgetragen werden. An heißen Tagen muss darauf geachtet werden, dass die Kinder genügend trinken. Kleinkinder die noch nicht laufen können, gehören im Sommer immer in den Schatten.

Krankenwagen, Notarzt

In den folgenden Fällen sollte auf jeden Fall ein Krankenwagen gerufen werden:
- bei Verletzungen am Kopf, Nacken oder Rücken
- wenn eine Verletzung sehr stark blutet und die Blutung nicht aufhört
- wenn der Verdacht auf Knochenbruch besteht
- wenn das Kind bewusstlos ist oder nicht mehr reagiert, zum Beispiel apathisch ist
- wenn das Kind akute Atemnot hat oder die Atmung nicht natürlich ist (zum Beispiel extreme Kurzatmigkeit)
- wenn das Kind starke Brustschmerzen oder einen starken Druck in der Brust verspürt
- wenn das Kind sich sehr stark und über einen längeren Zeitraum erbricht, oder Blut erbricht
- wenn das Kind starke Kopfschmerzen hat und nur noch undeutlich sprechen kann

Betreuung

Das Wort Kinderbetreuung sehen viel Aupairs unterschiedlich: für einige bedeutet dies, die Kinder nur zu überwachen und darauf zu achten, dass sie keinen Unfug anstellen. Andere spielen mit ihnen und kümmern sich sehr liebevoll um sie. Kurz gesagt: Für manche Aupairs sind die Kinder einfach "der Job", während manche die Kinder richtig lieb haben.

Spaß und Frust

Bald stellt jedes Aupair fest, dass die Betreuung von Kindern nicht immer einfach ist. Die Kleinen können manchmal ganz schön anstrengend sein, und es gibt Tage, an denen man davonlaufen möchte, selbst wenn man die Kinder sehr lieb hat. Zudem arbeitet und lebt man im selben Haus. Die Gefahr, dass einem die Decke auf den Kopf fällt und man sich allein und isoliert fühlt, ist groß. Irgendwann schleicht sich der Alltag ein: Frühstück, anziehen, waschen, in die Schule gehen, spielen, Mittagessen, spielen, Abendessen, Kinder ins Bett bringen und wieder von vorne. Jeder Tag sieht beinahe so aus wie der andere. Gerade weil ein Aupair so viel Zeit mit den Kindern verbringt, ist es wichtig, dass die Arbeit Spaß macht. Einen schlechten Tag hat jeder hin und wieder einmal, aber man muss als Aupair nicht immer gelangweilt und frustriert sein. Man kann versuchen, sich Dinge auszudenken, die das Arbeitsleben mit den Kindern interessanter machen! Eine positive Einstellung zur Arbeit wirkt Wunder. So wird einem die Arbeit nicht langweilig und man hat ein viel unbeschwerteres Aupair-Jahr. Etwas Eigeninitiative muss dazu allerdings mitgebracht werden!

Playdates

Ganz typisch im Aupair-Alltag sind so genannte Playdates. Man lädt andere Aupairs mit ihren Kindern zu sich nach Hause ein oder geht mit den Kindern zu einem anderen Aupair. Playdates machen Kinder und Aupairs gleichermaßen Spaß! Zu zweit ist es angenehmer, auf die Kinder aufzupassen, und die Kinder haben Freude daran, mit anderen zu spielen. Für Aupairs stellen Playdates also eine ideale Möglichkeit dar, den Alltag mit den Kindern schöner und einfacher zu gestalten.

Indoor-Playgrounds

In den USA gibt es *Indoor Playgrounds* (Spielplätze in Hallen), in denen man für ein relativ günstiges Eintrittsgeld toben kann. Es stehen Klettergerüste, Rutschen, Tischfußball und andere Geräte zur Verfügung. Im Vergleich zu den Spielplätzen draußen fehlt nur der Sand und die frische Luft.

Dort kann man mit den Kindern hingehen und sie toben lassen. Gerade wenn mehrere Tage hintereinander schlechtes Wetter herrscht und die Kinder vom ständigen drinnen Sitzen und Bewegungsmangel launisch werden, ist dies eine ideale Aktivität. So können sie ihren Bewegungsdrang ein wenig ablassen und sind dann zu Hause wieder ruhiger und besser zu bändigen. Man kann daraus natürlich wieder ein gemeinsames Treffen von Aupairs und Kindern machen.

Veranstaltungen für Kinder

In der Bibliothek finden sich beispielsweise Informationen, was in der Gemeinde geboten wird. Oft sind auch ein paar nette Unterhaltungsmöglichkeiten für Kinder darunter. Mit den Kindern auf solche Veranstaltungen zu gehen, schafft Abwechslung. Auch dies kann als Gruppenaktivität mit anderen Aupairs unternommen werden. So ein Tag der offenen Tür bei der Feuerwehr oder der Polizei kann für ein Aupair interessant sein, um einmal zu sehen, wie Dinge in einem anderen Land ablaufen.

Madlen hat gute Erfahrungen damit gemacht, mit ihren Schützlingen ein Lernen-mit-Spaß-Programm aufzustellen:
„Bald merkte ich, dass diese Mädchen unwahrscheinlich wissbegierig waren. Daher erprobte ich mich als Lehrer der beiden, forschte wöchentlich nach einem neuen Thema und brachte es ihnen nahe. Mein erstes Projekt hieß „native Americans" – ein Volltreffer, auch bei den Gasteltern. So kochten wir typische Speisen wie Nutbread oder bastelten Traumfänger und Indianerschmuck. Zum Abschluss durften sie dann Pocahontas schauen. Die Vierjährige erzählte bis zu meiner Abreise von dieser spannenden Woche! Des Weiteren stöberten wir in alten Chroniken des Mittelalters („Wohnst du wirklich in einem Land mit echten Schlössern?"), feierten Karneval, gingen auf Piratenschatzsuche und vieles mehr. Natürlich kostete dieser Aufwand auch Zeit, aber man gewann spielerisch das Vertrauen der Kinder, sah sich selbst eben nicht nur als Kindermädchen. Besonders einfach machten diese Studien einem da das Stadtleben, denn Chicago hatte wirklich ALLES zu bieten. So konnte ich mit den Kids ins Museum, Büchereien, Parks ... sie konnten eben das Meiste hautnah erleben."

Aktivitäten zu Hause

Auch zu Hause lässt sich die Arbeit mit den Kindern interessant gestalten. Basteln, Malen und zusammen Backen bereiten den meisten Aupairs selbst viel Freude. Zum Beispiel sind leckere typisch amerikanische „Chocolate Chip Cookies" einfach selbst zu backen. Anleitung und Ideen hierzu findet man in Büchern aus den örtlichen Büchereien bzw. im Internet.

Richtlinien und Regeln für Kinder

Kinder brauchen klare Grenzen. Sie müssen wissen, woran sie bei einem Aupair sind. Man kann also nicht an einem Tag exzessives Fernsehen erlauben, um Ruhe zu haben und dies am nächsten Tag aus heiterem Himmel verbieten, nur weil man plötzlich findet, dass Kinder nicht so viel fernsehen sollten.
Für Kinder ist Routine sehr wichtig. Sie sollten immer zu den gleichen Zeiten essen, baden, ihren Mittagsschlaf halten, die Hausaufgaben erledigen und so weiter. Ein Aupair muss klare Regeln aufstellen, an die es sich aber selbst auch hält. Natürlich lassen sich Regeln bei Bedarf anpassen. Kinder ändern sich auch und

werden älter, weshalb man die Regeln diesen Entwicklungen gelegentlich angleichen muss. Man ist häufig an manchen Tagen auch etwas strenger als an anderen. Trotzdem sollte man versuchen, den Kinder klare Richtlinien zu setzen. Sie müssen genau wissen, was sie dürfen und was nicht, und welche Strafen schlechtes Benehmen nach sich zieht. Ist man zu wechselhaft, wissen die Kinder nicht, woran sie sind und benehmen sich dann einfach so, wie sie gerade wollen, so dass die Zeit mit ihnen um einiges anstrengender wird.

Gasteltern und Aupair

Die Zusammenarbeit mit den Gasteltern in Sachen Kindererziehung ist höchst unterschiedlich. Manche Gasteltern arbeiten im Team mit dem Aupair. Bei allen gelten die gleichen Regeln und das Aupair ist wie ein drittes, gleichberechtigtes Elternteil. In einigen Familien verhält es sich leider so, dass die Kinder tagsüber bei dem Aupair sind und sich anständig benehmen müssen, aber am Wochenende und abends bei den Eltern alles dürfen. So gelten oft dann auch Strafen, die das Aupair verhängt hat, nicht mehr oder werden mit einem süßen: "But Daddy, please!" aufgehoben. Viele Eltern lassen die Kinder in der wenigen Zeit, die sie mit ihnen haben, tun und lassen, was sie wollen. Manchen fehlt es an Durchsetzungsvermögen, andere tun es aus schlechtem Gewissen, weil sie so wenig Zeit für die Kinder haben; teilweise liegt es aber auch daran, dass Erziehung in den USA eben anders ist.

Feiertage

Feiertage sind nicht unbedingt frei, sondern für das Aupair zunächst mal ganz normale Arbeitstage! Ob man an diesen Tagen frei erhält, ist mit der Gastfamilie abzusprechen. Manche Gasteltern, z.B. Ärzte müssen feiertags arbeiten und brauchen die Unterstützung.

Krankheitsfall

Die Gasteltern müssen dafür sorgen, dass sie kurzfristig eine andere Betreuungsmöglichkeit für ihre Kinder haben, wenn das Aupair krank ist. Meist sind sie dann gezwungen, selbst Urlaub zu nehmen.

Es gibt keine verbindliche Regelung, was mit den nicht gearbeiteten Stunden passiert. Aupair und Gastfamilie müssen das selbst miteinander vereinbaren, so dass es notwendig ist, diesen Fall zu Anfang des Jahres zu besprechen. Ein Aupair bekommt auf alle Fälle trotz Krankheit das Taschengeld in voller Höhe. Eine nicht akzeptable Lösung ist es, Krankheitstage von den Urlaubstagen abziehen zu lassen, da dem Aupair diese Tage zustehen, um das Land kennenzulernen und sich zu erholen.

Probleme

Jedes Aupair hat hin und wieder aus unterschiedlichen Gründen kleinere Probleme mit der Gastfamilie. Oft handelt es sich nur um Nichtigkeiten im Alltag. Manche Aupairs haben ernsthafte Probleme oder sogar Streit oder sind einfach insgesamt unglücklich mit ihrer Familie – was umgekehrt auch für die Gastfamilien gilt.

Eine Aupairagentur rät:
„Im Zwist mit einer Gastfamilie soll man NIE einfach weglaufen. Das Visum wird binnen 24 Stunden aberkannt, die Ausweisung droht, und auch machmal Abschiebehaft, wenn nicht sofort ein Flug gefunden wird." Stattdessen sollte man „unbedingt den LAR anrufen, mit der vermittelnden Agentur in den USA reden (wir deutschen Agenturen können kaum helfen!) und mit der Familie reden. Derzeit sollte man mit einem Familienwechsel aber vorsichtig sein, da es immer wieder sein kann, dass keine Wechselfamilie gefunden wird, man aus diesem Grund wieder zurück in die Heimat muss, man dadurch die Kaution verliert und den Flug dann selber bezahlen muss ... – Also immer auch das finanzielle Risiko bedenken!"

Bei *Isabel* fingen die Probleme erst nach ein paar Monaten an:
„Die Kinder haben nicht mehr gehört, ich war schuld, wenn irgendwas schief lief und wurde aus dem Familienleben ausgeschlossen. Auch Gespräche mit der Hostmom brachten keine Besserung, da es immer hieß: *Du machst alles gut, da ist nichts, was man ändern kann*. Daraufhin sprach ich mit Freunden und Familie und beschloss, allem noch mal eine Chance zu geben. Als ich dies meiner Hostmom mitteilte, meinte sie auf einmal, sie wisse, warum die Kinder nicht hörten, und zählte auf, was ich doch alles falsch mache – und das, obwohl sie die ganze Zeit davor gesagt hatte, es sei alles wunderbar, ich mache alles gut usw.

Da war ich erst mal schockiert und beschloss nach einem Telefonat mit meiner Mama, doch ins Rematch zu gehen. Von meiner Gastmutter fühlte ich mich belogen und hatte auf dieser Grundlage keine Lust mehr. Ich teilte also meinem Counselor mit, dass ich die Familie wechseln wollte, da ich Probleme hatte, die man meiner Meinung nach nicht lösen konnte. Daraufhin wurde ich also wieder für neue Familien freigeschaltet und wartete auf Vorschläge. Zudem suchte ich auch auf eigene Faust im Internet nach einer neuen Familie. Am Anfang wollte ich meine Suche nur auf die Umgebung beschränken, beschloss aber nach ein paar Tagen, mich für ganz Amerika freischalten zu lassen. Ich wollte gerne eine neue Familie haben, aber durch die Wirtschaftskrise waren die Chancen gering. Während den zwei Wochen Rematch hatte mich nur eine Familie kontaktiert, die mir aber absagten, da sie jemanden wollten, der das Aupairjahr verlängern würde. Auch im Internet und über andere Aupairs in ganz Amerika fand ich keine weitere Familie, obwohl ich auch schon Abstriche gemacht hatte. Währenddessen hatte meine Gastfamilie ein anderes Aupair gesucht und gefunden – was ich aber nicht von ihnen selber, sondern über meinen Counselor erfuhr, der mir mitteilte, dass ich ab sofort ein paar Tage bei ihm unterkommen könnte. Als meine Mutter davon hörte, riet sie mir, nach Hause zu kommen. Zuerst wollte ich nicht, da ich meinen Traum nicht aufgeben wollte, doch da ich im Laufe des Tages keine Möglichkeit fand, länger als ein paar Tage in Amerika zu bleiben, und ich mir nicht vorstellen konnte, in den nächsten fünf Tagen eine neue Familie zu finden, beschloss ich, doch abzubrechen. Ich hatte nach der tränenreichen letzten Zeit einfach nicht mehr die Kraft, weiter zu kämpfen. Mein Abschied von der Gastfamilie war recht sang- und klanglos, da die Kinder fast schliefen, als ich mich von ihnen verabschieden wollte. Ich war so froh, wieder daheim zu sein! Meiner Hostmom schrieb ich noch, dass ich gut angekommen sei. Eine Antwort bekam ich noch, danach nichts mehr.

Im Nachhinein bereue ich es nicht, das Jahr abgebrochen zu haben, da ich weiß, dass ich mich kaputt gemacht hätte, wenn ich geblieben wäre. Trotzdem würde ich es gerne wiederholen, wenn auch anders als dieses Mal.

Man sieht also, dass es auch anderes kommen kann als man geplant und gehofft hat. Was ich allen rate: wenn es Probleme gibt, sofort mit den Hostparents besprechen! Auch wenn man denkt, es sei nur eine banale Sache. Wer Aupair sein möchte, sollte es auch machen und sich nicht von den negativen Sachen abschrecken lassen. Schließlich läuft es bei jedem anders ab. Ich kenne genug Aupairs, die ihr Jahr erfolgreich beendet oder sogar verlängert haben."

Etwa ein Drittel aller Aupairs wechselt – auf eigenen Wunsch oder auf Wunsch der Familie – mindestens einmal im Jahr die Gastfamilie. Etwa 10% merken, dass das Aupairdasein wohl doch nicht das richtige war und brechen das Jahr vorzeitig ab. Es gibt aber auch Aupairs, die nicht mit ihren Gastfamilien glücklich sind, trotzdem nicht wechseln wollen und sich mit der Situation abfinden, weil sie zum Beispiel die neu gewonnenen Freunde nicht aufgeben wollen und mit den Kindern eigentlich ganz gut zurecht kommen.

So entsteht dann eine unpersönliche, aber für beide Seiten „akzeptable" Beziehung. Es gibt sicher einige Familien, die keine besonders tollen Gastfamilien sind, es gibt aber auch viele Aupairs, die für Kinder und Gastfamilie nicht viel übrig haben und eigentlich nur möglichst viel Spaß in den USA haben wollen.

Eine Gastfamilie, die für ein Aupair die Traumfamilie war, kann für das nächste Aupair die falsche Familie sein.

Kleine Alltagsprobleme mit der Gastfamilie löst man am einfachsten, indem man mit der Gastfamilie darüber spricht. „Immer das Gespräch mit der Familie und ggf. mit der Partneragentur suchen! Häufig sind es gerade am Anfang Kommunikationsschwierigkeiten und Sprachbarrieren. So etwas kann aus der Welt geschafft werden. Wenn es hilft, ein so genanntes *Three-Way-Gespäch* anberaumen, mit Familie, Aupair und dem Mitarbeiter der Partneragentur vor Ort. Hilft gar nichts, sollte über einen Familienwechsel nachgedacht werden."

Tipp von einem ehemaligen Aupair: Auch wenn es viel Überwindung kostet, offen mit der Gastfamilie über etwas zu sprechen, hilft es. Das Ergebnis eines solchen Gespräches kann schlimmstenfalls bedeuten, dass alles so bleibt wie es ist.

Typische Streitpunkte zwischen Aupair und Gastfamilie sind z.B. Auto, Curfew und unterschiedliche Erwartungen.

Auto und Curfew

Dem Aupair steht von den Regeln des Programms her kein Auto in der Freizeit zu. Die Gastfamilien haben lediglich für den Transport zu Kursen und zu Aktivitäten des örtlichen Betreuers zu sorgen. Auch ein Curfew ist in den USA durchaus üblich. Aupairs haben hier nur die Möglichkeit, das Streitthema Curfew und Auto zu klären, bevor sie einer Gastfamilie zusagen. Hat man einer Gastfamilie zugesagt, die kein Auto in der Freizeit zur Verfügung stellen möchte oder die ein Curfew setzt, so hat man sich selbstverständlich auch daran zu halten.

Finanzen

Manchen Aupairs gefällt es in ihrer Gastfamilie zwar im allgemeinen gut, aber es stört sie doch sehr, immer wieder hören zu müssen, wie teuer sie kämen. Das kann sehr nervend sein. Zum einen hat man ein schlechtes Gewissen wegen des Geldes, das einem doch eigentlich zusteht, zum anderen, weil man eigentlich eine kostengünstige Arbeitskraft ist. Man bekommt für nicht immer leichte Arbeit nur wenige Dollar pro Stunde ausbezahlt. Zudem wissen alle Gastfamilien vor Abschluss eines Vermittlungsvertrages über die Kosten Bescheid – kein Grund also, dies dem Aupair ständig vorzuhalten. Hier hilft nur eines: mit der Gastfamilie reden! Offene und ehrliche Kommunikation über die negativen Gefühle, die diese unterschwelligen Vorwürfe auslösen, können Abhilfe schaffen.

Probleme mit den Kindern

Manchmal gibt es Probleme mit den Kindern. Sie sind zu wild, gehorchen nicht oder nutzen es aus, dass ein Aupair nicht alles versteht. Hier sollte unbedingt ein Gespräch mit den Gasteltern erfolgen! Es ist wichtig, dass die Kinder dem Aupair gehorchen.
Spätestens wenn man den Gasteltern klar macht, dass keiner für die Sicherheit der Kinder garantieren kann, wenn sie nicht gehorchen, werden die Gasteltern zur Zusammenarbeit bereit sein. Es sollte vor allem klargestellt werden, dass die Eltern das Aupair unterstützen und vom Aupair verhängte Strafen für schlechtes Benehmen auch einhalten müssen.

Problemlösung

Hilfe vom örtlichen Betreuer

Bei größeren Problemen oder wenn ein Aupair gerne die Meinung einer dritten Person hören möchte, kann der örtliche Betreuer um Hilfe gebeten werden.

Die örtlichen Betreuer sind meist sehr engagiert, tun viel für ihre Aupairs und sind bei Problemen immer sofort zur Stelle. Es gibt jedoch auch schwarze Schafe, die nur gerade das erledigen, was sie vom Programm her müssen bzw. sogar weniger. Im Problemfall neigen manche dazu, sich hinter die Familien zu stellen, da sie diese manchmal schon über Jahre betreuen und besser kennen als das Aupair. Oder die Betreuer sind selbst Gasteltern und können sich dann natürlich viel besser mit dieser Rolle identifizieren als mit dem Aupair.
Kommt ein Aupair mit dem örtlichen Betreuer nicht zurecht, so kann es sich auch an den regionalen Betreuer wenden; wenn das nicht hilft, direkt an die Organisation.

Von einer Betreuerin der eher unengagierten Art erzählt *Rebecca*, die nach einem Familienwechsel vom Regen in die Traufe gekommen war:
„Es war richtig schlimm. Nicht, dass meine Gastfamilie unfreundlich gewesen wäre, aber mein Zimmer war ein Dachzimmer, in dem ich noch nicht einmal gerade stehen konnte. Mein Bett bestand nur aus einer Matratze, und eine Heizung hatte ich auch nicht, und das im November. Meine Türe konnte man nicht schließen, so dass jede Nacht die Katze in mein Zimmer kam. Zudem war es dreckig –aber daran hätte man ja noch etwas ändern können. Zum guten Schluss aber waren die drei Kinder auch nicht erzogen. Sie tanzten mir auf der Nase rum, und ich durfte nichts dagegen sagen. Klar war ich in einem Vorort von New York City, aber das brachte mir auch nichts: Ich fror in meinem Zimmer, hatte keine

Privatsphäre und dementsprechend war dann meine Laune. Meine Familie behandelte mich eher wie einen Dienstboten als wie ein Familienmitglied, und dafür war ich nun kein Aupair geworden. Meine Betreuerin von der Organisation besuchte mich zwar kurz und erzählte mir, dass sie vor 28 Jahren auch Aupair gewesen war, dabei ihren Mann kennengelernt hatte und in Amerika geblieben war. Ich hatte aber das Gefühl, dass sie sich gar nicht für mich interessierte, und dieses Gefühl bestätigte sich dann auch 8 Wochen später. Ich bekam Heimweh und entschloss mich nach zwei Monaten New York, nach Hause zu gehen."

Rebecca buchte ihren Flug nach Hause und erklärte ihrer Gastfamilie, dass sie wegen Heimwehs nach Hause wollte.

„Auch hier sprach ich zuerst mit meiner Betreuerin, die mir aber nicht helfen wollte, da sie lieber in die Weihnachtsferien fuhr ..."

Dies stellt natürlich eher die Ausnahme als die Regel dar, denn normalerweise überprüfen die Organisationen Gastfamilien und Zimmer des zukünftigen Aupairs und zeigen sich engagiert bei Problemen. Hat man Pech wie Rebecca, sollte man sich unbedingt an höhere Stellen der Organisation wenden.

Glück mit ihrem Betreuer hatte dagegen *Madita*, deren erste Gastfamilie sich auch als problematisch herausstellte: „Nach meiner Entscheidung, Aupair zu werden, und einigem (bürokratischen) Aufwand telefonierte ich dann auch schon mit meiner potentiellen Gastfamilie. Alle schienen sehr nett und die zwei Kinder auf den Fotos waren super süß! Ich telefonierte auch einige Male mit dem damaligen, auch deutschen Aupair, die mir nichts Negatives über diese Familie berichtete. Alles schien perfekt und ich entschied mich für diese Familie.

Gerüstet mit dem geballten Wissen aus der einwöchigen Aupair-Schule ging es dann endlich zu meiner Gastfamilie, die auch schon sehnsüchtig auf mich wartete und mich freudig begrüßte.

Meine zwei Kleinen waren noch süßer als auf den Fotos, und auch meine Gastmutter schien weiterhin nett. – Tja, das sollte sich ändern, denn schon in den nächsten paar Tagen, in denen ich angelernt wurde, wurde mir deutlich, wie komisch diese Familie eigentlich war. Ich musste zum Beispiel alles aufschreiben: Was die Kinder gegessen hatten (und das musste immer aus jeder Nahrungsgattung etwas sein) oder ob sie auf der Toilette waren. Echt eigenartig; trotzdem befolgte ich ihre Anweisungen. Nach und nach wurde es jedoch immer seltsamer: Ich aß ihnen zu viel und wurde aufgefordert, nur noch bestimmte Cornflakes zu essen, weil die anderen zu teuer seien. Und wenn meine Gastmutter mich fragte, wie mein Wochenende war und ich ihnen daraufhin davon berichtete, konnte ich später hören, wie mein Gastvater sich bei meinem Counselor beschwerte, dass ich zu viel erzählte usw. Ich wurde auch weniger als Familienmitglied, wie es in den Broschüren angepriesen wird, sondern mehr als Angestellte angesehen.

Im Nachhinein erfuhr ich dann auch, dass diese Gastfamilie schon mindestens 18 Aupairs gehabt hatte, obwohl die Kinder gerade einmal zwei und sechs Jahre alt waren. Aus diesem Grund bekamen sie von einer anderen Agentur schon gar keine Aupairs mehr. Keine meiner Vorgängerinnen hat es ein ganzes Jahr mit dieser Familie ausgehalten, und eine ist sogar eines Nachts heimlich „geflohen"!

Das ging dann über zwei Monate so weiter, bis ich mich entschied, die Familie zu wechseln. Das war aber leider nicht so einfach, da man noch zwei weitere Wochen bei der Gastfamilie bleiben muss, in denen man versucht, eine neue Familie zu finden. Wenn man in den zwei Wochen keine neue Familie findet, muss man entweder nach Hause zurück oder darf, wenn der Counselor nett ist, bei ihm bleiben.

Das Glück hatte ich dann auch und blieb weitere zwei Wochen bei meiner Counselorin, die sich wirklich lieb um mich kümmerte. Ich kannte sie schon vorher, weil sie die Gastmutter einer Freundin war. Durch ihre Unterstützung hatte ich bald eine neue potentielle Gastfamilie gefunden. Und diesmal wusste ich auch, welche Fragen man stellen sollte (*Wie viele Aupairs gab es zuvor?, Wie lang darf man wegbleiben?, Was sind die Regeln für die Autobenutzung?* usw.)

Ich spürte sofort, dass es diesmal ganz anders werden würde, und so war es dann auch! Meine Gastfamilie war keine typische Familie, wie man es erwartet, da die Eltern geschieden waren und sich das Sorgerecht teilten. Ich lebte bei meinem Gastvater und sollte hin und wieder auch für die Mutter arbeiten. Zwar ist das etwas ungewöhnlich, aber ich fühlte mich von Anfang an sehr wohl bei ihnen. Endlich war ich nicht nur eine Angestellte, sondern wurde wirklich wie ein Familienmitglied behandelt und respektiert! Mein Gastvater und ich verstanden uns auf Anhieb gut. Die Kinder waren etwas schwerer zu „knacken", weil sie es wahrscheinlich einfach nicht gewöhnt waren, andauernd ein anderes Aupair zu haben, doch auch sie habe ich nach einiger Zeit für mich gewonnen. Und ich musste feststellen: Je länger es dauert, ein (Kinder-) Herz für sich zu gewinnen, desto inniger ist das Verhältnis! Unseres war echt toll, und ich bin froh, dass ich so viel Glück mit meiner zweiten Gastfamilie hatte. Mein Gastvater steht mir heute so nah wie mein leiblicher Vater, und ich nenne ihn auch gelegentlich *Daddy* und er mich seine *German daughter*."

Bei Problemen kann ein Gespräch mit anderen Aupairs auch hilfreich sein, denn sie können sich am besten in die eigene Lage versetzen. Seien es große oder kleine Probleme – ihre Meinung kann nützlich sein; ebenso auch die Sichtweise von anderen, befreundeten Gasteltern, mit denen man sich gut versteht.

Gespräche mit anderen Aupairs über solche Themen neigen allerdings dazu, darin zu enden, dass jedes am Gespräch beteiligte Aupair alle erdenklichen negativen Seiten über seine eigene Gastfamilien aufzählt und alle gemeinsam wieder einmal zu dem Schluss kommen, wie schwer das Aupairleben doch sei. Dies ist aber nicht Sinn und Zweck eines solchen Gespräches. Wenn man sich jedoch ein bisschen Mühe gibt, beim eigentlichen Thema zu bleiben, es zu diskutieren und Ideen zu finden, wie man die Situation verbessern könnte, so ergeben sich bei solchen Gesprächen doch manchmal ganz nützliche Vorschläge und man fühlt sich hinterher etwas besser.

Sind die Probleme aber weit größer als Uneinigkeiten über Auto oder Curfew, geht es um Ausnutzung oder gar um Misshandlung oder sexuelle Belästigung, so sollte man sich unbedingt sofort an eine Vertrauensperson wenden. Eine Agenturinhaberin: „Das Gespräch suchen, sich nicht einigeln! Nur wer redet, dem kann auch geholfen werden. Auch, um nachfolgenden Aupairs die gleichen Erfahrungen zu ersparen. Die Organisationen vor Ort versuchen, die Familien regelmäßig zu besuchen, können aber nicht immer überall sein. Deshalb ist uns ein Feedback der Aupairs sehr wichtig! Es gibt immer die Möglichkeit, eine Familie zu wechseln, im Notfall kommt man kurzfristig auch bei Mitarbeitern der Partnerorganisation unter. Deshalb ist es so wichtig, einen solchen Aufenthalt mit einer Agentur anzugehen, damit es immer Ansprechpartner auch vor Ort gibt."

Wöchentliche Treffen

Allgemein ist zu empfehlen, sich vor allem anfangs einmal in der Woche mit den Gasteltern zusammensetzen und die Lage zu besprechen. Dabei kann man Themen wie aktuelle Entwicklungen der Kinder, Probleme mit den Kindern, Pläne der Familie und natürlich auch die Pläne des Aupairs besprechen. Dies ist auch eine Gelegenheit, sich besser kennenzulernen. Gespräche können eine Chance sein, Probleme von Anfang an zu besprechen und gemeinsam Lösungen dafür zu finden. Man sollte bei solchen Gesprächen aber nicht nur Kritik äußern, sondern auch das, was einem besonders gut gefällt.

Ein Aupair muss sich natürlich in solch einer Situation darauf gefasst machen, dass die Gasteltern vielleicht kritisieren und natürlich auch loben werden. Kritik steckt man oft weniger leicht weg. Meist ist es aber nicht böse gemeint, sondern die Gasteltern haben einfach gewisse Erwartungen oder Vorstellungen an ihr bzw. von ihrem Aupair, von denen sie sich wünschen, dass es diese erfülle.

Briefe an die Gastfamilie

Eine Möglichkeit, sich an die Gasteltern zu wenden, wenn man ein Problem hat ist, dieses erst einmal in einem Brief zu formulieren.

Es kostet viel Überwindung, auf die Gasteltern zuzugehen und ein Problem oder einen Missstand anzusprechen. Man ist unsicher, was man sagen soll und wie die Gasteltern reagieren werden oder man hat keine Hoffnung, dass sich etwas ändert. Stattdessen ärgert man sich oft, regt sich ständig auf und schimpft bei anderen Aupairs und Freunden über die Gastfamilie.

Etwas leichter fällt es dagegen vielleicht, wenn man versucht, alles in einem Brief an die Gastfamilie zu formulieren. Danach erzählt man den Gasteltern das, was man in dem Brief geschrieben hat oder lässt ihnen den Brief zukommen. Dieser sollte natürlich in einem freundlichen oder normalen Ton geschrieben sein. Am besten mit konstruktiver Kritik. Man schreibt nicht nur, was nicht gefällt, sondern auch wie man es sich besser vorstellen könnte.

Wenn man sehr verärgert ist, kann man auch zwei Briefe schreiben. Im ersten ist man richtig sauer und unfreundlich und schreibt sich den ganzen Ärger vom Hals. Im zweiten Brief dagegen versucht man dann, den aufgestauten Ärger freundlich zu beschreiben.

Familienwechsel

Manchmal gibt es den Fall, dass es mit der Gastfamilie einfach nicht funktioniert. Das Aupair fühlt sich nicht wohl und alle Gespräche, die man geführt hat, führten zu nichts. Der örtliche Betreuer war schon da und hat erfolglos versucht, den Problemen abzuhelfen. Da hilft nur eins: ein Familienwechsel.

Ablauf

Konkret heißt das, die Familie bekommt, wenn sie möchte, ein anderes Aupair. Das kann eines sein, das auch die Familie wechselt oder ein neues, das direkt aus Europa eintrifft. Sobald die Familie ein neues Aupair gefunden hat, kann man mit Hilfe des örtlichen Betreuers anfangen, eine neue Familie zu suchen. Die Agentur zu Hause kann in einem solchen Fall kaum weiterhelfen: „Die Partneragenturen machen die komplette Betreuung vor Ort und wollen sich von den deutschen Agenturen meist nicht helfen lassen. Wir sind völlig rechtlos, und wenn wir mal meckern, dann werden unsere Bewerbungen einfach nicht mehr angenommen. Da es nur wenige zugelassene Agenturen in den USA gibt, haben diese ein gewaltiges Monopol und nutzen dieses natürlich aus."

Es gibt noch eine andere Art von Familienwechsel. Das geht zwar schneller, ist aber für alle Beteiligten unangenehmer. Manchmal lässt sie sich allerdings nicht vermeiden, wenn zum Beispiel etwas wirklich Schlimmes vorgefallen ist, also nicht nur einfach das Verhältnis nicht stimmt. In diesem Fall zieht das Aupair bei der alten Gastfamilie sofort aus, bevor es eine neue Familie gefunden hat, wohnt für maximal zwei Wochen beim örtlichen Betreuer und versucht von dort aus eine neue Familie zu finden. Dabei gibt es allerdings einen kleinen Haken: wer nach zwei Wochen keine Familie gefunden hat, der muss nach Hause. Das passiert aber wirklich nur in den seltensten Fällen. Im Normalfall findet man schnell eine neue Familie, die einem besser erscheint als die alte.

Der örtliche Betreuer gibt entweder dem Aupair Telefonnummern von Familien, die ein neues Aupair suchen, die man dann anrufen kann – es ist also keineswegs so, dass ein Aupair sich allein eine neue Familie suchen muss –, oder die Bewerbung des Aupairs wird an Gastfamilien verschickt, die sich dann bei dem Aupair melden.

Auswahl der Familie

Am Telefon spricht man mit der Familie und versucht – wie bei dem Telefongespräch mit der ersten Gastfamilie, als man noch im Heimatland war – möglichst viel über die Familie zu erfahren. Wohnt die Familie nicht allzu weit weg vom Noch-Wohnort – für amerikanische Verhältnisse bis ca. 4 Stunden Fahrt – besteht die Möglichkeit, einen Besuchstermin bei der Gastfamilie am Wochenende zu vereinbaren, damit man sich ein besseres Bild von der Familie und deren Leben machen kann. Wenn man alles sieht, weiß man eher, ob es einem dort gefallen könnte und wie das Familienleben bei dieser Familie aussieht.

So sieht man auch die Kinder, wie sie sich benehmen, ob sie totale Wildfänge sind oder eher ruhig. Man lernt die Gasteltern besser kennen und trifft am Ende wahrscheinlich eine gute Wahl. In der Regel trägt die Familie die Kosten für den Besuch (Zugfahrkarte usw.).

Man muss aber auch darauf gefasst sein, dass keine Familie aus der näheren Umgebung gerade ein Aupair sucht, und man eventuell an das andere Ende der USA ziehen soll. Da gilt es dann, eine bessere Familie gegen neu gewonnene Freunde einzutauschen. Das fällt manchmal ganz schön schwer, aber man hat noch die Wochenenden, um alte Freunde zu besuchen, oder sich mit ihnen in einer tollen Stadt zu treffen. Außerdem wird es in der neuen Umgebung wieder nette Leute geben. Amerikaner sind schließlich sehr aufgeschlossen gegenüber neuen Leuten.

Umzug

Hat man seine neue Familie gefunden, wird der Termin vereinbart, an dem man in die neue Gastfamilie umzieht.

Nächster Schritt ist die Information der Kinder. Am besten wird das Vorgehen mit den Gasteltern besprochen. Die Kinder werden es eventuell nicht verstehen, warum das Aupair nach kurzer Zeit schon wieder geht. Sie neigen teilweise dazu, einen mit Fragen zu löchern, ob man sie denn nicht mag oder ob man so sehr Heimweh hat, warum es einem denn bei ihnen nicht gefalle, usw.

Bei der Vorbereitung auf den Umzug sind jedoch auch andere Dinge zu beachten, wie beispielsweise: ob es angemessen ist, der neuen Gastfamilie ein

Gastgeschenk mitzubringen, ob man sich dazu eventuell etwas aus dem Heimatland schicken lässt, und natürlich die Anreise zu der Gastfamilie selbst.
Falls die Gastfamilie in der näheren Umgebung wohnt, holen die Gasteltern ihr neues Aupair in der Regel ab.
Ansonsten ist zu klären, ob man am besten mit dem Zug/ Bus anreist, man eventuell von einer Freundin gefahren werden kann oder ob man fliegt.
Das nächste Problem liegt oft darin, dass sich im Laufe der kurzen Zeit doch schon einiges an neuen Dingen angesammelt hat. Die meisten Aupairs verfallen dem Kaufrausch, wenn sie in den USA sind. Da stellt sich dann automatisch die Frage: Bekommt man auch noch alles in die Koffer? Die Fahrt bzw. den Flug zur neuen Gastfamilie müssen die Familie und das wechselnde Aupair selbst organisieren. Die Kosten hierfür trägt die neue Familie.
Ist der große Tag dann gekommen, sollte man sich vergewissern, nichts vergessen zu haben. Man sollte trotz allem versuchen, die Gastfamilie im Guten zu verlassen und sich von den Kindern zu verabschieden. Man sollte es den Kindern auch nicht übel nehmen, wenn sie sauer auf das Aupair sind. Schließlich ist man in ihren Augen die große Freundin, die sie jetzt einfach so im Stich lässt. Das tut zwar weh, ist aber nicht zu ändern.

Neuanfang

Erst jetzt, im Auto, Flugzeug, Zug, Bus oder wo auch immer kann man völlig entspannen und sich voll und ganz auf die neue Familie konzentrieren. In der neuen Gastfamilie wird nun alles am Anfang wieder neu sein, man muss sich an deren Lebensgewohnheiten, Erziehungsstil, Meinungen, Religion usw. gewöhnen, und wieder wird die Flexibilität des Aupairs auf die Probe gestellt.
Ein Aupair, das wechselt und in eine neue Familie kommt, sollte vor allem versuchen, nicht zu viel an die ‚ersten' Kinder zu denken und vor allem die neue Familie nicht mit all dem Schlechten, das es erfahren hat, zu erdrücken.

Madlen, die ihre erste Gastfamilie garnicht kennengelernt hatte, da sie es sich anders überlegt hatten, während sie noch in der orientation week in New York war, hatte auch mit ihrer zweiten Familie Probleme und musste einen weiteren Wechsel auf sich nehmen:

„Nachdem ich total übermüdet und reizüberflutet im Trainingslager meiner Organisation in Long Island mitgeteilt bekam, dass meine Gastfamilie es sich „über Nacht" anders überlegt hatte und kein Aupair mehr wollte, war ich erstmal geschockt. War meine Reise etwa schon beendet? Nein. Zum Glück gab es eine Notfallliste, auf der ich ganz oben stand, und schon am nächsten Tag hatte sich eine neue Hostfamily gefunden. Nach zwei Tagen Bedenkzeit und am Ende der Trainingswoche fuhr ich mit dem Bus und ca. 30 anderen aufgeregten Aupas nach Virginia, ca. 20 min von Washington D.C. entfernt. Dort erwarteten mich meine jungen Gasteltern und deren süßer „Toddler". Mit dem 19 Monate alten Ethan sollte ich also mein Aupairleben verbringen. Am Anfang war allerdings alles schwieriger als ich gedacht hätte. Ein Reihenhaus?! Mein Zimmer im Keller? Und wo kam plötzlich dieses Heimweh her? Ja, die ersten zwei Wochen waren wohl die schlimmsten. Am Telefon mit den Liebsten musste ich erstmal den Kloß runterschlucken, bevor überhaupt was rauskam. Viel Zeit zum Trauern war nicht, ich hatte es mir schließlich ausgesucht, und außerdem war es doch nur ein Jahr ...

Zur Ablenkung halfen Treffen mit den anderen Aupairs, die ich noch von der Schule in NY kannte, Fotos anschauen oder erste Reisepläne schmieden. Danach hatte ich mich schnell an alles gewöhnt, hatte einen geregelten Alltag, und es schien alles normal. Doch sollte dies so bleiben? Es wäre ja kein Abenteuer, wenn es kein Risiko gäbe...

Ende November erkannte ich, dass etwas fehlte. Schnell wurde klar: es war das Familienleben, die fehlende Integration und Zugehörigkeit, die Gespräche. Am Anfang hatten wir noch etwa zweimal die Woche ein gemeinsames Dinner, doch dann wurde ich garnicht mehr gefragt, ob ich daran teilnehmen wollte oder andere Pläne hätte. Gut, damit konnte ich mich abfinden, auch wenn ich es schade fand angeboten habe, gemeinsam zu kochen. Doch irgendwie bekam ich nur Ausreden zu hören. Gemeinsame Ausflüge gab es selten, ich erinnere ich mich an zwei Gelegenheiten. Es war eben wirklich so, dass ich, sobald die Eltern kamen, in mein Zimmer verschwunden bin und/ oder was mit Freunden unternommen habe. Meist wurde ich auch nicht gefragt, wie es mit dem Kind lief oder ob ich klar käme. Da kam ich mir wirklich überflüssig vor habe schnell bemerkt, dass sie nicht am kulturellen Austausch interessiert waren. Kurz, es kam mir vor wie eine Zweck-WG.

Anfang Dezember kontaktierte ich meine Betreuerin, die am selben Abend kam und ein „Second chance-program" aufstellte. Es war eine zweiwöchige Meditationsphase, d.h., es wurden keine Entscheidungen getroffen, und es sollte einfach viel Zeit miteinander verbracht werden. Nach den zwei Wochen kam die Betreuerin wieder zu uns, um eine letzte Bestandsaufnahme wahrzunehmen. So versuchten beide Seiten, die Situation zu retten, doch selbst im Anschluss konnte ich keine positive Veränderung wahrnehmen. Klare Sache für mich, ich wollte wechseln! Dann das Risiko: es war Weihnachtszeit, d.h. viele Familien waren nicht bereit, ein neues Aupair aufzunehmen. Ich hatte auch nur zwei Wochen Zeit, eine neue hostfamily zu finden, andernfalls hätte ich das Ticket gen Heimat erhalten. Pünktlich zum Jahreswechsel zog ich aus und wohnte bei meiner Betreuerin. Der Abschied fiel mir relativ leicht, keine große Sache. Dann startete das Rematch. Zu dumm, dass der erste Tag auch gleich ein Feiertag war, gefolgt vom Wochenende, somit blieben mir nur 11 Tage zum Suchen. Am 6. Januar dann die Erlösung: Gastfamilie mit zwei süßen Mädchen (2 und 4) im Vorort von Chicago, Illinois."

Fazit

Und was nimmt man nun mit von einem Aupairjahr mit all seinen Höhen und Tiefen?
Laut Silke Rixen, Agenturchefin und selbst ehemaligem Aupair: „Selbstständigkeit, Durchsetzungsvermögen, Toleranz, Anpassungsfähigkeit, Diplomatie, eine große Portion Selbstbewusstsein und nicht zuletzt perfekte Sprachkenntnisse! Viele Dinge relativieren sich auch zu Hause, wenn man einmal über den sogenannten Tellerrand hinweg geschaut hat."

Madlen schwärmt von ihrer zweiten Heimat Chicago:
„Mit Wehmut blicke ich auf diese Metropole zurück; es ist meine Lieblingsstadt in den USA geworden. Nicht nur die Skyscraper, auch das Multikulturelle reizen sehr. Jedes Wochenende im Sommer ein anderes Festival und das auch noch kostenlos! Insgesamt habe ich sieben Monate dort verbracht und kann gerade so behaupten, die meisten Sehenswürdigkeiten erkundet zu haben. Den Unterschied merkt man erst, wenn man wieder zu Hause ist. Chicago ist die drittgrößte Stadt in den USA, eine Millionenmetropole – da ist es wohl nicht verwunderlich, wenn Hamburg schnell als Dorf erscheint. Persönlich bin ich davon überzeugt, dass das Stadtleben für ein Aupair die bessere Variante ist – man bekommt eben nicht noch mal so schnell die Gelegenheit, dies so zu erkunden und zu erleben. Im Rückblick bin ich mehr als glücklich, diesen Schritt ins Ausland gegangen zu sein und auch den Gastfamilienwechsel auf mich genommen zu haben, denn ich habe unwahrscheinlich viel gewonnen, dazu gelernt und Erinnerungen fürs Leben gesammelt. *I had the time of my life!*"

Andrea empfiehlt allen zukünftigen Aupairs, „das Jahr in vollen Zügen zu genießen, auch wenn es nicht immer perfekt oder einfach ist und auch wenn man manchmal Heimweh hat! Das Jahr wird so schnell vergehen, und man wird so etwas nie wieder erleben, deshalb sollte man es einfach nur genießen."

Interessante Beobachtungen, Hinweise, Berichte?
Schreibt uns, und wir spendieren ein Buch aus dem Verlagsprogramm
info@interconnections.de, interconnections-verlag.de

LEBEN IN DEN USA

Allgemeines

Auf einer Fläche von 9.629.091 km² tummeln sich bereits über 313 Millionen Einwohner, die bis 2050 auf 420 Millionen anwachsen sollen. So um 1970 herum waren es 200 Millionen. Die USA setzen sich aus fünfzig Staaten zusammen, zwei von, Hawaii und Alaska, außerhalb des Kernlandes. Von letzterem soll man ja sogar Russland sehen können, wie Sarah Palin, von der Tea Party, behauptete, die auch ansonsten nicht durch besondere allgemeine Bildung auffällt. Die Mehrheit der US-Bürger lebt in den großen Städten oder deren Vororten; weniger als ein Viertel auf dem Land.

Sport nimmt im allgemeinen Leben eine überragende Rolle ein, auch wenn die meisten keinen (mehr) aktiv ausüben, sondern ihrer sportlichen Begeisterung auf den Zuschauerrängen frönen, natürlich eingedeckt in die Farben der Lieblingsmannschaft. Vier Sportarten sind besonders hervorzuheben: American Football (mit der Profi-Liga NFL), Baseball (MLB), Basketball (NBA) und Eishockey (NHL). Es ist eine typische amerikanische Freizeitbeschäftigung, mit Freunden oder der Familie zu einem *match* zu gehen, Spieler und Cheerleader anzufeuern und zu viel Popcorn und Soda zu sich zu nehmen.

Regionen

The South

Damit sind die Südstaaten zur Zeit des Bürgerkriegs gemeint, also Mitte des 19. Jhs. Es handelt sich also nicht um den geographischen Süden der USA, und so werden Staaten wie New Mexico auch nicht mehr dazu gezählt. Mit *The Deep South* werden allgemein die Kernstaaten des Südens bezeichnet: Georgia, Alabama, Mississippi und Louisiana. In den Südstaaten erstreckt sich der so genannte *Bible Belt*, die tief gläubigen Gebiete.

Die Küche des Südens wartet mit so genanntem „Soul Food" auf und ist durch afrikanischen und französischen Einfluss gekennzeichnet. Letzteren bekommt man vor allem in der Kreolküche Louisianas zu schmecken. Generell werden hier viel Fisch und Meeresfrüchte gegessen, aber auch Fleisch kommt häufig auf den Grill, und in vielen Gerichten wird reichlich Speck und Schmalz verwendet.

Southwestern United States

Der Südwesten umfasst die restlichen südlichen Staaten, also Arizona und New Mexico; oft werden Kalifornien, Colorado, Nevada, Oklahoma, Texas and Utah. hinzugezählt. Hier leben viele *Hispanics* und *Native Americans*. Die Vegetation ist geprägt von Kakteen, die Landschaft wechselt zwischen bergig und wüstenartig.

Die Küche weist starke Einflüsse des Nachbarlandes Mexiko auf; bekannt ist die „Tex Mex"-Küche, eine Art amerikanisiertes mexikanisches Essen. Gegessen wird scharf, wenn auch nicht so scharf wie in Mexiko: Tortillas, Burritos, Guacamole, Refried Beans.

Bedeutend leichter ist die kalifornische Küche, die im Zuge der Fitnesswelle aufkam, asiatische Züge aufweist und meist aus frischen, regionalen Zutaten besteht.

Sun Belt

Als "Sonnengürtel" wird der geographisch südliche Teil der USA bezeichnet, etwa von Florida bis Kalifornien.

East Coast

Die Ostküste der USA wird auch Eastern Seaboard genannt und bezeichnet alle Staaten, die an den atlantischen Ozean stoßen, bis hoch zur Grenze nach Kanada. Im täglichen Gebrauch sind damit allerdings meist nur die nördlicheren Staaten gemeint. Dieser Bereich, auch *Northeast* genannt, besteht aus den New England-Staaten Connecticut, Maine, Massachusetts, New Hampshire, Rhode Island und Vermont sowie aus den Mid-Atlantic Staaten New Jersey, New York und Pennsylvania.

In der Küche dominieren Eintöpfe, und es wird viel mit Klassikern wie Stew experimentiert. Hummer, Austern und Krabben sind auch beliebte Zutaten. Durch die vielen italienischen Einwanderer im 19. Jahrhundert hat die Küche auch einen merkbaren italienischen Touch.

New England

Neuengland erstreckt sich nicht über die ganze Ostküste der USA, wie manchmal angenommen, sondern bezeichnet die Kleinstaaten im äußersten Nordosten wie Massachusetts, Maine oder Rhode Island.

Küchenklassiker aus Neuengland sind Baked Beans, New England Boiled Dinner oder Clam Chowder. Die Siedler begannen vor 300 Jahren nach dem Vorbild der *Native Americans* mit dem Anbau von Mais und Wurzelgemüse, und nutzten Wild aus den Wäldern und Fisch aus den Küstengewässern.

Mid-Atlantic States

Damit sind die restlichen Staaten der Ostküste gemeint, von New York bis zur Grenze der Südstaaten, also Delaware, Maryland, New Jersey, usw.

Pacific Northwest

Der Pazifische Nordwesten bezeichnet die Bundesstaaten Washington und Oregon. Manchmal wird der kleine südliche Teil Alaskas dazugezählt, das so genannte *Alaska Panhandle*. Der Zusatz „Pacific" grenzt die Region von den übrigen nordwestlichen Staaten ab.

Northwest

Die veraltete Bezeichnung für die Staaten des ehemaligen Northwest Territory am Westen der Großen Seen, das heutige Michigan, Ohio, Indiana, Wisconsin und so weiter.

Midwest

Als Mittlerer Westen wird der Nordwesten des geographischen Ostens der USA bezeichnet. Dazu zählt die „Great Lakes Region" (außer der Bundesstaaten den östlichen Seen). Man spricht auch vom „Heartland". Hier liegen der „Corn Belt" und „Grain Belt", weswegen die Region auch gerne als Kornkammer Amerikas bezeichnet wird. Hier finden sich die endlosen Felder und der "große Himmel". Siedlern und Pelzjägern folgten Eisenbahnen und Minen. Noch heute aber kommt der Hauptteil der Einnahmen des Mittleren Westens von Landwirtschaft und Viehzucht –Milchvieh im Osten, Schafe im Westen.
Die Küche ist einfach, aber herzhaft und dominiert von Eintöpfen und viel Fleisch.

Rust Belt

Als Ruhrgebiet der Staaten könnten man das alte Zentrum der Schwerindustrie von Chicago über Michigan bis New York bezeichnen.

The West

Der Westen, wie man ihn von den Cowboyfilmen kennt. Rein geographisch kann das alles westlich des Mississippi bedeuten; die westlichen Küstenstaaten wie Kalifornien werden aber häufig nicht dazugezählt. Landschaftlich wartet die Region mit den *Rocky Mountains* und den *Great Plains* auf.

Selbst heute kann man hier in einigen Gegenden noch stundenlang fahren, ohne eine größere Stadt zu streifen. Die Landschaft der Rockies ist rau, das Klima kalt. Es werden hauptsächlich Schafe gezüchtet. Richtung Pazifik wird das Klima milder, die Böden fruchtbarer und die Ernten damit reichlicher.

Im ehemaligen "Frontierland" entstand eine rustikale, bodenständige Küche. Spezialität ist neben Wild und Schafen vor allem der Lachs aus den Flüssen der nördlicheren Staaten.

Mountain States

Dazu zählen die Staaten der Rocky Mountains, wie Colorado und Montana. Die Region weist eine sehr geringe Bevölkerungsdicht auf, dafür aber eine umso imposantere Bergwelt. Die Menschen ernähren sich von Rinderzucht und Bergbau (besonders die Gold- und Silbervorkommen sind groß!), in letzter Zeit auch immer mehr vom Tourismus, dank der vielen Nationalparks, beispielsweise im Süden Utahs.

Kulturelle Unterschiede

Einige kulturelle Unterschiede zwischen den USA und Europa sollten jedem Aupair bewusst sein.

Hygiene und Sauberkeit

Die Amerikaner haben ein ausgeprägtes Verhältnis zur Körperpflege, weshalb mindestens einmal täglich zu duschen ist. Das gehört zur täglichen Routine wie das Zähneputzen. Unrasierte Beine oder Achselhöhlen bei Frauen gelten als unhygienisch und abstoßend. Hier sollte man keine Anstandsgefühle verletzen. Männliche Aupairs sollten sich stets gründlich im Gesicht rasieren. Kleidung mehr als einmal hintereinander zu tragen, gilt als unmöglich. Selbst wenn man sie nach einmaligem Tragen nicht waschen möchte, so ziehe man sie trotzdem besser nicht gleich tags darauf erneut an, sondern lasse sie einige Tage im Schrank hängen, bevor man sich wieder damit zeigt. Dies gilt auch für Kleidungsstücke wie Jeans, die bei uns meist tagelang getragen werden.

Man kann die ganze Sache natürlich auch ganz anders betrachten. So wie sie sich tatsächlich verhält, wovon aber niemand etwas wissen will. Die Bessenheit von „Hygiene" ist oberflächlich betrachtet selbstverständlich dasselbe wie die „Liebe" der deutschen Putzteufelhausfrau zur Sauberkeit, in Wirklichkeit aber genau das Gegenteil: Es ist die Angst vor „Dreck". Das bewegt sie; dort stecken die heftigen Emotionen, nicht bei der „Sauberkeit". Diese Eigenschaft, die „Sauberkeit", tatsächlich die erwähnte neurotische Angst dem Gegenteil, wird ja auch immer als hervorstechendes Merkmal der Deutschen von Ausländern genannt, was einerseits bedeutet, dass wir bei diesem Punkt gar nicht so fern von Amerikaner liegen dürften. Anderseits bedeutet das logischerweise auch, dass andere

Völker, die die das über uns feststellen, „anders" sein müssen. Nun haben bei uns mittlerweile auch alle mitgekriegt, dass die weit breiteteten Allergien beispielsweise großteils auf Mangel an „Dreck", also überzogener Hygiene, Keimfreiheit und Steriliät, zurückzuführen sein dürften. Es ist ja auch offensichtlich, dass Kleinkinder keinen Schaden davontragen, wenn sie alles Mögliche in den Mund stecken und auf dem Teppich oder sonstwo unterwegs sind. Das ist ähnlich wie bei Hunden, Katzen oder sonstigem Getier wie Pferden oder Rindern oder Wildtieren, die auch auch keinen plötzlichen „Umfalltod" oder sonstige Komplikationen beim Grasen erleiden. Die größte Bakterienfalle im Haushalt – an der wir aber auch nicht sterben – ist der Kühlschrank, ferner der Lappen an der Spüle. Am wenigsten Mikroben finden sich auf der Toilette ... Sterben tun wir nicht an Mikroben sondern Krebs, also Chemie, wo immer sie steckt, aber nie erzeugt sie Ekel, weder wenn wir sie in Nahrungsmitteln zu uns nehmen noch wenn wir z.b. jemanden rauchen sehen.

Man beobachte auch mal die Ekelschwellen in diesem Lande bzw. bei uns sowie in Mittelmeerländern ... . Interessant ist es nur, dass es uns als Reisende immer in die „dreckigen" Länder zieht, in unserem Kulturkreis beispielsweise in die Mittelmeerländer, wo die Menschen auch weniger steril sondern „warm, offen, gastfreundlich, spontan" seien, während wir beim Gedanken an „saubere", Länder, meist protestantisch, wie die Schweiz oder Skandinavien, eher gähnen und nie die freundlichen Eingeborenen sondern die Natur, die Wälder, usw. vor Augen haben. Das ist doch seltsam, oder? Tatsache ist, dass unser Charakter binnen vier Jahren etwa „fertig" ist. Aupairs stehen oft mitten in dieser Charakterbildung, haben aber, wie die meisten Mütter, keine Ahnung. Geformt wird er nach den Anforderungen einer jeden Gesellschaft. Eigentlich ist es eine Banalität, dass alle Nationen die Charaktere produzieren, die sie benötigen, mit denen sie am besten wirtschaften können, aber niemand denkt daran. Es ist aber etwas grundlegend anderes, Individuen zu haben, die vor roten Ampeln stehen können, wenn nichts kommt (!) – offensichtlich eine ziemlich kranke Geschichte, denn es kommt ja nichts – und anderen, gestikulierenden, hopsigen, hysterischen Menschen, wie wir sie aus dem Fernsehen von Afrika, dem Nahen Osten usw. kennen. Woher kommt´s? Nun wird sich aber irgendwann der eigene Nachwuchs einstellen, und dann wäre es verdammt nützlich, zu wissen, was Sache ist. Was also passiert in den ersten vier Jahren?

Die Geschichte kann hier nicht ausgewalzt werden, aber wer suchet, der findet: Freud, „Drei Abhandlungen zur Sexualtheorie", kostenlost im Internet zu finden bei „gutenberg.org, auch bei Reclam, und Pflichtlektüre für Aupairs. Hier stellte er fest, dass Kinder von Anbeginn an Sexualität besitzen, ein Riesenskandal zu seiner Zeit und auch heute wieder bestens verdrängt. Aber jedes Aupair, das Kleinkinder umsorgt, wird feststellen, dass die beim Wickeln oder „Saubermachen" seltsam sanftmütig werden und über alle vier Backen strahlen. Warum wohl? Von Sauberkeit haben sie ja nun keinen Begriff. Könnte es ich um die Re-Reizung „erogener Zonen" handeln? Bekannt seit 120 Jahren, aber keiner will´s wissen; ein Tabuthema. Ferner wichtig die „Charakteranalyse" von Wilhelm Reich, dann Erich Fromms Aufsatz, "Die psychoanalytische Charakterologie und ihre Bedeutung für die Sozialpsychologie", der die ganze Geschichte auf die Ebene von Völkern, Nationen hob, den „Nationalcharakter" eben, dann die Ausführungen Max Webers über den „protestantischen Charakter" und natürlich Norbert Elias, „Der Prozess der Zivilisation". Aus neuerer Zeit höchst lesenswert auch die „Verstopfung im Geldsack" – Der Geiz sitzt tief, und wen er hat, den lässt er nicht mehr los" von Berthold Rothschild in der NZZ vom Juli 1999, kostenpflichtig, aber vielleicht in der Bücherei vorhanden, ansonsten muss man eben mal vier, fünf Euro springen lassen. Nur verstopfte Geizhälse täten sich schwer.

Alles ein wenig schwierig bei Aupairs, die vor einem großen Abenteuer im Leben stehen und eher an den Saisonfarben von Lippenstift und Nagellack interessiert sind ....Aber manche werden sich beim „potty training" mit auch Benjamin Spock oder „elimination communication" befassen müssen. Je größer der Schrecken, desto mehr „wissenschaftliches Latein" ...

Schimpfwörter und Fluchen

In amerikanischen Filmen hört man häufig Schimpfwörter wie „fuck" und „shit". Im Alltag benutzt man solche Schimpfwörter nicht. Wer das tut, gilt als asozial. Über Gott zu schimpfen oder zu fluchen, ist tabu. Deshalb meide man auch Ausdrücke wie „Oh my god!" und sage stattdessen:"Oh my goodness!" oder „Oh my gosh". Statt „shit" sagt man einfach: „Oh no!"

Auch dieses Thema ist hochinteressant, nämlich die unterschiedliche Art und Weise von Völkern zu fluchen. Wie vorstehend erwähnt, wird auch häufig genital geflucht, was im deutschen Sprachraum so gut wie unmöglich ist, vergl. auch später die amerikanischen *Diplomatin Nuland*. Offensichtlich handelt es sich ja um kollektive Phänomene, ähnlich wie im muslimischen Sprachraum Flüche gegen Mutter und Schwestern, die uns völlig unverständlich sind. „Beflucht" werden muss aber nur das, wogegen eine starke Abwehr besteht. Neugierige Lesen Hans-Martin Gaugers „Das Feuchte und das Schmutzige". Auch im Katholizmus gibt es ja die „Spaltung des Weibes" zwischen der völlig überhöhten „Jungfrau Maria" und der verachtenswerte Hure, „La Mama y la Puta".
Das Verbot, die Götter zu verfluchen oder gar zu nennen, wie im Judentum – Juden dürfen ihn überhaupt nicht benennen, sondern nur umschreiben – hat auch so seine kleinen Tricks. Zunächst mal ist es zumindest überall in unserer westlichen Kultur so, dass „Gott" absolut gesetzt ist, denn er hat anders als „der" Teufel keinen Artikel, kein „der". Folglich kann man ihm kein Eigenschaftswort vorstellen und ihm fluchen. Ausnahme: Der „liebe" Gott. Ansonsten ist er immer „Gott" und somit schon da; seine Existenz kann gar nicht in Frage gestellt werden. Da er die meisten Gläubigen aber mit Geboten und Verboten quält, ist das offensichtlich eine psychologische Schutzmauer, mal ganz abgesehen vom Ab-

bildungsverbot. Im Christentum erscheint der Gott als Dreieck mit einem Auge, im Islam ist er verboten. Man denke auch mal an die famosen „Mohammed-Karikaturen" und die Todesdrohungen bzw. das Attentat auf den Zeichner. Will man verstehen, wie ein Land tickt, so gilt es zu beobachten, wo die tiefen Gefühle stecken. Dann hat man den Kern. Zu dem ganzen Thema gibt es ein humorvolles, kulturgeschichtliches „Putzteufel, Po und Pfaffen – Warum die Angst vor Dreck Reichtum erzeugt und der Busen auch der Popo ist, ISBN 978-3-86040-220-7.

Höflichkeit

Zur Begrüßung sagt man immer: "Hi, how are you?" Man antwortet darauf keineswegs mit einer ehrlichen Antwort, sondern einfach mit: "Thanks, I am fine. How are you?". Wenn man jemand zum erstenmal trifft, begrüßt man die Person mit „Nice to meet you." In Amerika gehört es sich einfach, immer höflich und freundlich zu sein und diese Standardfloskeln zu verwenden. Man sagt auch viel öfter danke („thank you") und bitteschön („you're welcome"). Genauso zählt es zum guten Ton, jemanden zu einem Besuch einzuladen: „You are welcome to come visit us any time", oder anzurufen: „I'll give you a call." Solche Aussagen sind nicht allzu ernst zu nehmen. Wer auf einen Anruf wartet, kann ziemlich enttäuscht werden. Genauso sollte man die höflichen „Komm-doch-mal-vorbei-Einladungen" nicht zu ernst nehmen. Amerikaner wären höchst irritiert und fänden es unhöflich, stünde man tatsächlich eines Tages vor der Tür, wobei das „Vor-der-Tür-Stehen" auch verdammt gefährlich werden könnte, siehe das Schicksal des japanischen Austauschülers im Kap. „Autofahren".

Keep Smiling

Alltagsfrust und Unmut zeigt man in den USA nicht. Man hat keine Probleme; niemand wollte davon wissen. Andern falls suche man seinen „Shrink" auf, den Psychiater. So ist also stets eine freundliche Miene gegenüber fremden Personen aufzusetzen, selbst wenn einem gerade nicht danach ist. Bei uns ist man distanziert gegenüber Fremden, bis sie sich einer freundlichen Behandlung würdig erwiesen haben, während in der USA gilt: Sei freundlich und offen zu jedermann, unfreundlich kann man immer noch werden. Es werden also nicht ständig in Gesprächen Probleme gewälzt, sondern es wird stets das Positive hervorgehoben – was der Sohn schon wieder alles Tolles gelernt hat oder wie schön doch das letzte Wochenende war.

Unter 21

Der wohl gravierendste kulturelle Unterschied ist für Aupairs die Einstellung der Amerikaner gegenüber Jugendlichen unter 21 Jahren. Es ist nicht leicht, wenn einem nicht mehr alle Türen – nämlich die zu vielen Diskotheken – offenstehen und man plötzlich wieder abends zu einer bestimmten Zeit zu Hause zu sein hat.

Curfew

Das "couvre feu", das Löschen oder Abdecken des offenen Feuers zu später Stunde, nennt sich die Zeit, die man abends zu Hause sein muss. Man könnte es mit Sperrstunde oder Zapfenstreich übersetzen. In den USA ist es üblich, dass Jugendliche und junge Erwachsene von ihren Eltern ein Curfew gesetzt bekommen, da sich die Eltern sehr viel mehr um ihre Kinder sorgen und die Jugendlichen bedeutend konservativer und strenger erzogen werden. Viele Aupairs müssen unter der Woche zwischen 23 und 24 Uhr wieder zu Hause sein. Aupairs sind – im Idealfall – keine Hausangestellten, sondern eben Familienmitglieder. Das Aupair ist für viele Gasteltern eine Art Tochter, für die sie sich auch verantwortlich fühlen.

Ein weiterer Grund liegt in der Sorge der Gasteltern, ob man am nächsten Tag fit genug für die Arbeit wäre. Man muss hier versuchen, auch die Gasteltern ein wenig zu verstehen. Wer würde denn nicht am Arbeitseinsatz eines Aupairs zweifeln, das bis morgens um 4 Uhr in der Disco war?

Alkohol, Rauchen und Drogen

In den USA ist allen unter 21 Jahren Alkoholkonsum verboten. Das wird auch eingehalten und kontrolliert. Im Supermarkt ist ohne Ausweis kein Alkohol erhältlich. Ähnlich hat man sich in Restaurants auszuweisen, bevor einem Alkohol serviert wird.

Vielen Aupairs unter 21 Jahren fällt es schwer, sich an diese Einschränkungen zu gewöhnen. Dagegen unternehmen lässt sich nichts. Man kann nur versuchen, sich vorher darauf einzustellen.

Vorsicht: man sollte unbedingt darauf verzichten, sich mit gefälschten Ausweisen in Clubs und Diskotheken einzuschmuggeln. Der Einsatz oder sogar schon der Besitz von „Fake IDs" wird in den USA keineswegs als Kavaliersdelikt angesehen, sondern, je nach Staat, als Ordnungswidrigkeit (*misdemeanor*) oder Straftat (*felony*), die dementsprechend mit Geldstrafen bis 5000 $ oder sogar Gefängnisstrafen bis anderthalb Jahren geahndet werden. Also, Finger weg!

Manche kleinere Diskotheken, in den USA Clubs genannt, gewähren Jugendlichen ab 18 Jahren abends einmal wöchentlich Zutritt, wobei dann meist kein Alkohol ausgeschenkt wird.

Das Alkoholverbot hatte im Übrigen verheerende Konsequenzen, wurden so doch der Mafia, der Korruptin, dem Verbrechen Tor und Tür geöffnet.

Alkoholkonsum war in den frühen Jahren der USA ebenso uramerikanisch wie der Verzehr von Apple Pie. In den 70er Jahren des 19. Jhs war ein starkers Bevölkerungswachstum insbesondere durch Einwanderer zu verzeichnen. Die Neuankömmlinge pflegen ihre eigenen Trinksitten aus Irland, Deutschland, Italien und anderen Ländern. Für viele war der Saloon Ersatz fürs „Wohnzimmer". Hier fanden sie Gesellschaft, vertranken ihren Lohn, gaben ihr Geld bei Freudenmädchen aus, traten sturzbetrunken den Nachhauseweg an und wurden zur öffentlichen Gefahr.

1873 schloss sich in der Kleinstadt Hillsboro in Ohio eine Gruppe von Frauen zusammen, um zur Abstinenz aufzurufen. Sie blockieren überall die Eingänge von Saloons und Kneipen. Ebenfalls in Ohio entstand die Anti-Saloon League (ASL), die sich nun für ein landesweites Alkoholverbot unter dem Namen Prohibition starkmachte, und zwar in Form eines Zusatzartikels zur Verfassung. Bis dato war kein Verfassungszusatz in den USA je aufgehoben worden. Unter Führung des rabiaten Wayne Wheeler wurde die ASL zur erfolgreichsten Lobbyorganisation in der amerikanischen Geschichte. Sie gewann die Macht, widerspenstige Politiker auszuschalten. Durch die Ratifizierung der Einkommenssteuernovelle war die Regierung ab 1913 nicht mehr auf die Alkoholsteuer zur Finanzierung ihrer Politik angewiesen – Anlass für die ASL, ihre Bemühungen zu verstärken.

Verstärkt wurde die Antialkoholbewegung durch das Aufkommen antideutscher Ressentiments beim Eintritt der USA in den Ersten Weltkrieg. Der ASL-Propaganda gelang es, Bier und Brauereien im öffentlichen Bewusstsein mit Deutschland und Verrat gleichzusetzen. Schließlich passierte 1917 der Zusatzartikel zur Verfassung problemlos beide Häuser des Kongresses. 1917 Kriegserklärung an Deutschland.

Ein Welle der Hysterie gegen Deutschland und Deutschamerikaner ging durch das Land. Sauerkraut wurde zu „Freiheitskohl", Dackel wurden zu Tode gesteinigt, Schulkinder vernichteten Deutschbücher, in Illinois lynchte der Mob einen Amerikaner, weil der am Gartenzaun mit Nachbarn Deutsch gesprochen hatte. „Fighting Kaiser Bill and King Alcohol" lautete die Devise, eine Katastrophe für die deutsch-amerikanischen Brauereibesitzer und nicht nur die. Am 17. Januar 1920, eine Minute nach Mitternacht, trat das Gesetz in Kraft. Amerika war erstmal "trockengelegt". Doch schon bald regt sich Widerstand ... Eine spannende Geschichte, im Internet nachzulesen.

Alkohol

In den meisten Bundesstaaten ist es also selbst heute verboten, Alkohol in der Öffentlichkeit zu zeigen, so dass man oft Obdachlose und Penner sieht, die ihre Bierdosen und Schnapsflaschen mit Einkaufstüten umwickelt in der Hand halten. Auch im Auto ist offener Alkohol verboten. Er muss im Kofferraum befördert werden.

Rauchen

Rauchen gilt in den USA als gesellschaftlicher Makel und Charakterschwäche, das Gegenteil dessen, als was es weit bis in die zweite Hälfte des 20. Jh. galt. Bis dato hatte Amerika allerdings die Welt gelehrt, dass das Qualmen etwas mit Freiheit, Männlichkeit und Genuss zu tun habe und so – kann man es anders sagen? – Hunderttausende, Millionen, umgebracht, natürlich auch Amerikaner. Heute werden Raucher schon fast diskriminiert. In allen öffentlichen Gebäuden und in manchen Bundesstaaten auch auf der Straße ist Rauchen verboten. In Restaurants gibt es Raucher- und Nichtraucherzonen. In manchen Restaurants ist Rauchen grundsätzlich untersagt.

Drogen

Natürlich tabu. Allerdings verhält es sich grade so, dass Colorado und Washington Marihuana freigegeben haben. Die "Arcview Group", ein Dachverband von Marihuana-Investoren, sieht sich nun als eine der schnellstwachsenden Sparten im Land. Das Geschäft mit dem Anbau und Verkauf von Marihuana und Zubehör soll 2014 um 64 Prozent auf 2,34 Milliarden Dollar (1,7 Milliarden Euro) steigen. Kritiker fürchten Auswirkungen auf Jugendliche. Solche – und ganz unvorhergesehene auf die Umwelt – gibt es schon, denn überall beginnen die fleißigen Hanfbauern Wasser von den Flüssen abzuleiten, Kanäle zu ziehen usw., so dass der Tier- und Pflanzenwelt das Wasser fehlt. Eine Mehrheit der Bürger steht hinter der Legalisierung. Laut einer Gallup-Umfrage vom Oktober 2013 befürworteten 58 Prozent der Befragten die Freigabe. Im Jahr 1969 waren es noch zwölf Prozent gewesen.

Eingebuchtet

Immerhin, die Anzahl der Häftlinge dürfte erstmal sinken, denn derzeit werden jährlich etwa 750.000 Personen wegen Straftaten rund um Marihuana festgenommen. Insgesamt zählt das Land mit 751 pro 100.000 Einwohnern die höchste

Inhaftierungsrate der Welt. Meist geht es um Gewaltverbrechen (rund 625.000), Eigentums- (253.000) und Drogenkriminalität (265.000), aber auch Bagatellvergehen können in den USA Haftstrafen nach sich ziehen. Die Strafmündigkeit setzt in den meisten Bundesstaaten bereits mit sieben Jahren ein. Im Jahre 2000 waren knapp 134.000 Personen unter 18 Jahren in Haftanstalten und Jugendhaftanstalten untergebracht. Im Jahre 2003 gab es in 117 amerikanischen Jugendstrafanstalten auch Kinder unter 11 Jahren.

Die hohe Inhaftierungsrate ist teils auch durch die Privatisierung der Gefängnisse bzw. deren Verwaltung durch die Kommunen bedingt. Besteht erst einmal eine Haftanstalt, so existiert ein Bestreben, eine innere Logik, sie auch gut zu füllen, denn dann fließen Geldmittel von übergeordneten Ebenen. Ein schöner voller Knast spült Geld in die Gemeinde, ist also für viele klamme Kleinstädte, in denen nichts los ist, ein gutes Geschäft, so dass Polizeit und Justiz schauen, wenn sie denn da einbuchten könnten und daher an jeder Straßenecke lauern. Faktisch ist dieses System ein Mittel zur Unterdrückung der Afroamerikaner, denn jeder Arbeitgeber verlangt ein einwandfreies Führungszeugnis. So verpfuschen selbst Bagatelldelike den Lebenslauf und die Chancen im Leben. Die Juristin und Bürgerrechtlerin *Michelle Alexander* verfasste dazu einen Bestseller, „The New Jim Crow", in dem sie vermutet, dass die ungewöhnlich hohe Zahl von Gefängnisinsassen, insbesondere die massenhafte Inhaftierung Schwarzer im Rahmen des „War on Drugs", der Unterdrückung von Afroamerikanern diene. Sie sieht Parallelen zur Sklaverei in den USA sowie zur Rassentrennung bis in die sechziger Jahre. Weiterer Gesichtspunkt, ein Nebeneffekt: Häftlinge erscheinen nicht in der Arbeitslosenstatistik , eine Freude für die Politik …

Zuspätkommen

Da Eltern dazu neigen, sich Sorgen zu machen, sollte ein Aupair unbedingt zu Hause anrufen, wenn es sich um mehr als fünf Minuten verspätet – auch wenn es spät abends ist! In den USA verweist ein Curfew bis 23 Uhr auf die Pflicht, tatsächlich bis 23 Uhr zu Hause zu sein. Wenn man fünf Minuten später eintrudelt, mag es vorkommen, dass sich die Gastfamilie nach der Ursache der Verspätung erkundigt, denn „sie trägt ja Verantwortung" fürs Aupair..

Trinkgeld

In den Preisen der Speisekarten sind Service und Bedienung nicht mit eingeschlossen. Bedienungen und Kellner erhalten meist keinen oder nur einen sehr geringen Lohn. Ihr Lohn ist das Trinkgeld, das der Gast nach eigenem Ermessen gibt. Vorteil für den Gast: Er kann die Leistung des Kellners oder der Bedienung honorieren. Hinzu kommt, dass man selten eine unfreundliche Bedienung antrifft. Könnten sie sich das denn überhaupt leisten? Nachteil für die Beschäftigten natürlich: Ein völlig unsichere, prekäre Situation und Niedrigstlöhne. Die Wirtschaft wälzt die Kosten auf den Kunden ab. Der Beschäftigte ist vom Wohlwollen und Barmen des Gastes abhängig. Eine Herr-und-Hund-Situation, möchte man sagen. Die Freundlichkeit ist oberflächlich ja vorhanden, aber was ist sie wert, wenn sie doch auf Kalkül beruht? Was die Bedienung wirklich denkt, die Ungerechtigkeiten, die sie schlucken muss, die sieht man nicht.

In der Regel rechnet man zum Rechnungsbetrag ca. 15% Trinkgeld dazu. War die Bedienung nicht zufriedenstellend, ist ein geringes Trinkgeld von ca. 5-10% angemessen, bei erheblicher Unzufriedenheit gar keines und bei ausgezeichnetem Service 20%. Auch Kofferträger und Pagen in Hotels oder am Flughafen sowie Taxifahrer leben vom Trinkgeld, da sie keinen festen Lohn erhalten. Daher nicht vergessen, ein angemessenes Trinkgeld zu geben!

Religion

Viele Glaubensrichtungen werden praktiziert, darunter unzählige christliche. Eine Stadt hat häufig mehrere Kirchen. Religion spielt im Alltag eine größere Rolle. In der Tat gibt es kein gottesfürchtigeres Volk als Amerikaner. An irgendeinen Gott sollte man glauben, nur „Allah" sollte er nicht heißen, obwohl er religionsgeschichtlich mit dem christlich-jüdischen eins ist. Viele Familien gehören einer Kirchengemeinde an und nehmen regelmäßig an ihren Aktivitäten teil, manche beten vor dem Essen. Was ist Beten ...?

Die Vereinigten Staaten zählen 224 Millionen Christen, von denen zwischen 80 und 100 Millionen evangelikalen Kirchen angehören. Zum Vergleich leben in den USA vier Millionen Juden und 1,5 Millionen Muslime. Gut die Hälfte sind Protestanten, Katholiken etwa ein Viertel, nur vier haben Prozent geben keine Religion an und sind vermutlich Atheisten.

In Umfragen beteuern regelmäßig 70 Prozent der Amerikaner ihren Glauben an einen allwissenden, allmächtigen Gott, der das Universum geschaffen habe und bis heute regiere.

Dabei scheint der Glaube tatsächlich immer bedroht zu sein, oder zumindest fürchten das die Verwalter von Religionen. So machen sie das Glaubensbekenntnis zum festen Bestandteil einer jeglichen christlichen Zusammenkunft. Nun ist offensichtlich, dass Dinge, die selbstverständlich sind, nicht immer wieder aufs Neue bekräftigt zu werden brauchen. Nirgendwo auf dem Globus stehen Leute zusammen und bezeugen kollektiv und zwanghaft voreinander ihren Glauben, dass nächstentags die Sonne wieder aufgehen werde. Na, wenn's der Nachbar sagt, muss ja wohl was dran sein .... Dabei wissen viele noch nicht mal, was sie glauben bzw. zu glauben haben. So meinte eine protestantische Bekannte, die nicht auf den Kopf gefallen ist, auf die Frage, ob es in ihrer Kirche Heilige gebe, nein, gewiss nicht, das sei eine typisch katholische Geschichte. Von wegen! „I believe in the Holy Spirit, ... the communion of saints, ...". Das sagt sie in der Kirche und weiß es nicht. Man manche mal die Probe aufs Exempel ... , bei Bekannten, hierzulande.

Da Religionsgemeinschaften und Staat getrennt sind, zahlt man in den USA auch keine Kirchensteuer, weshalb die Kirchengemeinden von den Mitgliedsbeiträgen und Spenden ihrer Mitglieder leben. Dementsprechend organisieren die Kirchengemeinden Basare, Ausflüge und ähnliche Veranstaltungen. Diese bieten religiösen Aupairs eine Chance, Anschluss zu finden und Leute kennenzulernen. Aber wohin auch immer man sich wendet: Zu Ende kommt der Klingelbeutel und der soziale Druck zu spenden.
Christen, aber nicht nur Strenggläubige sind von den amerikanischen Kirchen, die so ganz anders sind als wir das von unseren riesigen steinernen Gotteshäusern in Europa gewöhnt sind, begeistert. Sowieso: Auf dem platten Land gibt´s nichts anderes. Kulturelle Veranstaltungen finden sich eben dort oder in den Schulen. Ansonsten herrscht u.U. die Wüste. Darauf muss man gefasst sein.

Melanie, die als Aupair nach Atlanta in Georgia ging, erzählt, dass sie den Vorschlag einer Bekannten, sich in ihrer Kirche zu treffen, zunächst ziemlich merkwürdig fand:

„Zu Hause war ich nicht sehr oft in der Kirche, daher war ich zuerst etwas erschrocken, warum sie mich denn ausgerechnet in die Kirche einlud ... Da sie mir aber erzählt hatte, dass ich dort viele junge Leute kennenlernen würde, sagte ich doch zu. Meine Freundin holte mich mit dem Auto ab, und wir fuhren zu einem großen Gebäude, mit vielen Autos davor. Das Gebäude sah überhaupt nicht wie eine Kirche aus, so dass ich mir auch gar nicht sicher war, ob wir nun angekommen waren oder nicht. Es war aber tatsächlich die Kirche.

Auch innen nichts von einer Kirche, wie wir sie erwarten würden. Wir stiegen eine Treppe nach oben und in einen Gang, und alles wirkte wie in einer Schule. Als wir schließlich einen Saal betraten kamen, konnte ich meinen Augen kaum trauen: Das sollte eine Kirche sein? Ein großer Raum mit vielen Stühlen und einer kleinen Bühne vorne, das war's. Auf der Bühne standen ein paar Instrumente, aber nicht, was man jetzt vielleicht denkt, sondern ein paar Rockgitarren, ein Schlagzeug und ein Keyboard!

Meine Freundin stellte mich dann gleich mal allen möglichen Leuten vor, alle zwischen 18 und 25 oder 30 Jahre alt. Nur junge Leute! Und die Kirche war VOLL! Alle waren sehr nett und freundlich, und ganz überrascht, dass ich aus Deutschland war und noch fast ein ganzes Jahr hier bleiben würde. Sie überlegten dann sogar schon gleich, was sie mir alles USA-Typisches zeigen könnten in diesem Jahr!

Dann ging es los. Die Band begann zu spielen – richtig tolle rockige Lieder, und überhaupt nicht langweilig, wie man es aus unseren Kirchen kennt. Trotzdem hatten sie einen christlichen Text – es geht also auch anders! Alle standen auf und ich fühlte mich wie auf einem Rockkonzert. Viele waren völlig versunken, hielten die Augen geschlossen und bewegten sich mit ausgestreckten Armen mit der Musik mit. Und vor allem ... ALLE haben mitgesungen. Es gab keine Liederbücher, dafür aber eine Projektion der Songtexte auf eine Leinwand über der Bühne.

Nach dem ersten Lied begrüßte uns der Sänger der Band und betete. Dann wurden noch einige Lieder gespielt, ungefähr eine halbe Stunde lang. Anschließend kam ein Mann auf die Bühne – ich weiß bis jetzt noch nicht ganz genau, was er ist, aber ich nehme an, so etwas wie ein Seelsorger. Er war so zwischen 35 und 45 Jahren alt und recht jugendlich gekleidet. Er begrüßte uns und begann dann von Dingen zu erzählen, die im täglichen Leben passieren und die jeder von uns kennt. Das tat er mit so viel Humor, dass die ganze Kirche häufig lachte. Später spannte er den Bogen zur Bibel und zeigte auf, was die Parallelen zu dem, was er gerade erzählt hatte, waren. Er hatte also die Bibel für uns „heruntergebrochen", so dass sie jeder normale Mensch verstehen konnte. Was ich so faszinierend fand, war, dass er nicht einfach die Bibel vorgelesen oder in den Worten der Bibel gesprochen hat, sondern mit den Worten der Jugend! Da kam dann häufig mal ein „shut up", weil er eben etwas aus dem Leben der Jugendlichen erzählte und dieser Ausdruck ja nicht selten ist. Ich muss gestehen, dass ich am Anfang schon erst einmal erschrak. Von allen anderen kam da aber keine Regung. Die Anwesenden waren das wohl schon gewöhnt.

Wenn er über die Bibel sprach, dann meist in ein oder zwei Versen daraus. Diese wurden an die Leinwand projiziert; allerdings holten die meisten jungen Leute ihre Bibel heraus und lasen dort noch einmal nach.

Die Verse wurden aber nicht so einfach stehengelassen, sondern ausgedehnt diskutiert und mit Beispielen aus der heutigen Zeit verglichen. Einige schrieben sogar stichpunktartig mit.

Den Abschluss gestaltete der Seelsorger dann wieder humorvoll und plauderte aus dem alltäglichen Leben. Das dauerte ungefähr eine halbe Stunde, gefolgt von der Rockband, die eine weitere halbe Stunde auf der Bühne einlegte.

Nach der Kirche standen alle in Grüppchen herum, und ich wurde weiteren Leuten vorgestellt. Alle waren sehr freundlich zu mir und generell ganz offen und interessiert an neuen Leuten. Ich freundete mich mit einigen von ihnen an und wurde in der Folge auch zu Geburtstagspartys oder Videoabenden eingeladen.

Mir gefiel es da so gut, vor allem auch wegen des Alters der Kirchgänger, dass ich beschloss, wiederzukehren. Zwar konnte ich nicht jede Woche wegen Arbeit oder anderen Terminen dabei sein, aber ich war doch fast immer da. Über die Sommerferien hatten wir zwölf Wochen lang nur einmal pro Monat Kirche, und ich fühlte mich schon fast wie auf Entzug ... – wirklich!"

Auch das Judentum ist in den USA weit verbreitet – eine tolle Möglichkeit, diese Religion mal „von innen" kennenzulernen, inmitten einer jüdischen Familie. Natürlich gibt es auch hier streng Gläubige und eher relaxte Juden, die ihre Religion nicht ausleben.

Zu letzteren zählte *Mariskas* Gastfamilie, die ganz normal (also nicht koscher) aß und auch keine wöchentlichen Shabbats abhielten.

„Meine Gastmutter erklärte mir nach ein paar Monaten dann ein bisschen mehr – aber auch nur, weil ich sie bei einem Spaziergang darauf ansprach. Ich hätte mir eigentlich gewünscht, dass sie es mir von selber erklärt oder es auch einfach mal im Vorfeld in den Mails erwähnt hätte. Bei anderen Aupairs wurde dies immer vorher gesagt, und meine Entscheidung wäre mit Sicherheit nicht anders gefallen.

Freitagabend wird Shabbat Shalom angefangen, und ab dem Zeitpunkt wollen richtig religiöse Juden ihre Ruhe haben. Das Telefon wird nicht mehr angenommen, die Türe nicht mehr geöffnet, kein Radio, kein Fernseher, gar nichts. Nur die vollkommene Ruhe. Das geht dann 24 Stunden, und ab Samstagabend ist dann wieder alles normal, wie mir meine Gastmutter erzählte.

Wir aßen aber ganz normal Fleisch – wenn auch alles *organic*, also aus biologischer Herkunft, und mir wurde nichts verboten einzukaufen. *Hannukah*, was zur Weihnachtszeit gefeiert wird, habe ich leider nicht mit erlebt, da sie über die Feiertage nach Mexiko fuhren und ich das Haus hütete. Ich weiß nur, dass es eine ganze Woche lang gefeiert wird und es einen speziellen Leuchter gibt, bei dem wie bei einem Adventskranz jeden Tag immer eine Kerze mehr angezündet wird. Und es gibt jeden Tag kleine Geschenke für jeden."

Obwohl sie Hannukah verpasst hatte, bekam Mariska doch noch die Gelegenheit, ein paar jüdische Bräuche kennenzulernen:

„*Passover*, auf Deutsch *Passah* oder *Pessach*, ist ein jüdisches Fest, das um die Osterfeiertage gefeiert wird. Die ganze Familie trifft zusammen und führt gewisse Bräuche durch. Sie haben z.B. ein Buch, das sich *Seder* nennt. Dort steht die komplette Geschichte des *Passovers* drin sowie verschiedene Lieder, die teils auf Hebräisch, teils auf Englisch gesungen werden. Das Buch wird nicht wie bei uns von vorne nach hinten gelesen, sondern genau umgekehrt. Es war eine ziemliche Umstellung, hinten anzufangen und nach vorne zu lesen. Brauch dabei ist es, Petersilie und Ei in Salzwasser zu essen. *Matzoh*, eine Art Brot, wird dann zu Tisch gebracht und von einem Familienmitglied versteckt. Nach Ende der Zeremonie müssen die Kinder es suchen, und wenn es gefunden wurde, darf jeder davon ein Stück verputzen. Dann werden die Hände gewaschen und es wird gemeinsam Abend gegessen. Ich hatte das Glück, auf einer wirklich großen Feier eingeladen zu sein; wir waren fast 30 Mann. Normalerweise wird das eher klein gehalten, mit nur ein paar Familienmitgliedern."

Immer wieder machen religiöse Eiferer, Kreationisten, Sekten, Mormonen, Scientologen usw. von sich reden.

So kam 1993 im texanischen Waco nach einer 51-tägigen Belagerung der Farm der „Branch Davidians" (Davidianische Abspaltung von den Davidianern,

Siebenten-Tags-Adventisten') unter der Führer von David Koresh zu einem Massaker mit 168 Toten.

Dann gab es 1978 ein berüchtigtes Massaker mit 909 Toten in Jonestown, unter ihrem Führer Jim Jones (Führer des Peoples Temple) im Nordwesten Guyanas. Dorthin hatte er sich vier Jahre zuvor wegen Angriffen aufgrund totalitärer Strukturen in seinem Verein aus den USA mit seinen – überwiegend amerikanischen – Anhängern verflüchtigt.

Mit großem Nachdruck hat das amerikanische Außenministerium versucht, Scientologen in Deutschland den Weg zu ebnen. Die Hamburger Sektenbeauftragte *Ursula Caberta* wurde so mehrmals quasi zu einer „Anhörung" im US-Konsulat geladen. Außenministerin damals: Außenministerein *Hillary Clinton*, und der tiefe Grund: Die Scientologen hatten fleißig Lobbyarbeit betrieben und für *Bill Clinton* gespendet.

2014 erhielt die eigentlich asylsuchende *Familie Romeike* ein Auftenthaltsrecht in den USA, nachdem sie vor der deutschen Schulpflicht die Flucht ergriffen hatte. Asyl gab´s letztlich nicht, aber immerhin sorgte die US-Heimatschutzbehörde für dem Verbleib in den USA. Die Familie, evangelikale Christen, hatte angegeben, daheim drohe ihnen Verfolgung. Im Jahr 2008 war sie mit ihren Kindern aus Bissingen an der Teck nach Amerika gezogen und hatte dort Asyl beantragt. Vorangegangen war ein Rechtsstreit in Deutschland, weil die Eltern ihre Kinder nicht zu Hause unterrichten durften. Die deutschen Schulen seien vermutlich des Teufels, weil an ihnen natürlich unkeusche, sexuell durchtränkte oder einfach falsche Dinge über den Ursprung der Welt gelehrt würden, die nicht mit der Bibel übereinstimmten.

Die Extremfälle sind dabei nicht wirklich das Problem, da selten, aber die Tatsache, dass Millionen, 54 % der Amerikaner, Darwins Evolutionstheorie in Frage stellen, ihre Wünsche in den Himmel schreiben und an eine Sammlung von Geschichtchen folgenden Inhalts glauben, gibt zu denken: „You believe in a book that has talking animals, wizards, witches, demons, sticks turning into snakes, food falling from the sky, people walking on water, and all sorts of magical, absurd and primitive stories, and you say that we are the ones that need help?"
Dan Barker, ehemaliger Priester; Autor von "Losing Faith in Faith: From Preacher to Atheist", der damit auf ein Wesensmerkmal aller Religionen verweist, nämlich ihre unsägliche Infantilität. Wenn das so ist, dann darf man annehmen, dass dort auch ihr Ursprung zu suchen ist, was Freud auch eindrucksvoll nachgewiesen hatte. Allerdings begab der sich dann nicht mehr in den Kampf, stand er doch bereits unter schwerem Beschuss, weil er entdeckt hatte, dass Kinder, diese „unschuldigen, reinen, engelgleichen Wesen", als die man sie sehen wollte, von Anfang an Sexualität besitzen. Ein Skandal!

Mitt Romney, Multimillionär, ist Mormone, hat selbst in Frankreich missioniert, und leidet an einer Krankheit, die ihn Folgendes glauben lässt:

... dass dem selbsternannten Propheten Joseph Smith Anno 1823 das Buch Mormon offenbart wurde, indem es ihm der Engel Moroni, dessen Vater und Großvater beide Mormon hießen, auf mehreren Goldtafeln in Manchester, New York, überreichte. Der Prophet, obwohl nach eigenen Angaben des Schreibens und Lesens unkundig, habe daraus dennoch alles Nötige ersehen können. Das erinnert an den „Propheten" Mohammed, der ja auch Analphabet war, aber ein tolles Werk verfasst hat.

Abgesehen von Moses treten u.a. folgende Handelnde in dem metallernen Werk auf: Mosiah, König von Zarahemla, sein Vater Benjamin von Zarahemla mit seinen Söhnen Mosiah, Helorum und Helaman, ferner Abinadi, Gidgiddoni, Teancum, Gadianton (Vorfahr von Anton?), Moranton (?), Coriantur und endlich mal was Kurzes, Einprägsames: Shiz. Es fehlen Helaurum und Alaafum.

Laut diesem Werk, 1830 veröffentlicht, befiehlt Christus die Gründung des Reiches »Zion«, was sinnvollerweise in Amerika erfolgen wird (frei nach Alfred Kerr).
Auf Romneys Webseite prangt: "I still believe in the people of America. And so Ann and I join with you to earnestly pray for this great nation.
Thank you, and God bless America."

Ein Vorfahr Romneys, Parley P. Pratt und Mitbegründer der Momonen, wurde von dem gehörnten „Auch-noch-Ehemann seines zwölften Eheweibes" in den Himmel expediert. Die Vielweiberei betrieben sie bis vor kurzem noch, manche auch noch heute ... Man google mal „momonische sekte polygamie".

Ja, so ist es: Kein politischer Diskurs ohne Gott, Amerika, die Fahne und andere Versatzstücke wie die Familie, Stärke, Ehre und Größe, Gebet, Nation, Militär usw.

Die „Heimat"

Die „Heimatschutzbehörde", Department of Homeland Security – nicht zu verwechseln mit der NSA, der National Security Authority – ist übrigens ein Verein, der 2013 beim Waffenhersteller ATK 450 Millionen Hohlspitzgeschosse „zu Trainingszwecken", wie es behauptet, bestellt haben soll. Andere Quellen nennen sogar 1,6 Milliarden Geschosse. Ferner sollen über das ganze Land 800 Internierungslager (FEMA-Camps) errichtet und mehrere Millionen Plastik-Särge geordert worden sein. Gegen wen, im „Land der Freien"?, fragen sich viele aufmerksame Amerikaner. Geht es um die Gefahr eines Bürgerkrieges, dem vorzubeugen wäre? Seltsame Behörde. Hohlspitzgeschosse wurden übrigens entwickelt, um beim Eintritt aufzupilzen und so maximale Organschäden zu verursachen. Wozu also braucht das Heimatschutzministerium so umfangreiche Munitionsvorräte? Noch dazu eine Munition, die seit 1899 zum Einsatz im Kriege international geächtet ist?

Konservative Amerikaner

Diverse US-Serien wie Baywatch z.B. und zahllose Nachfolger erwecken einen täuschenden Eindruck von Freizügigkeit. Wie die Amerikaner in Wirklichkeit sind, sieht man darin keineswegs!

Sind die Amerikaner in Sachen Waffen, persönliche Freiheit und Religion „das Land der unbegrenzten Möglichkeiten", so erweisen sie sich in anderer Hinsicht – Rauchen, Alkohol, Erziehung, Sexualität – als eher prüde und konservativ. Kinofilme sind in der amerikanischen Version im Vergleich zur deutschen oft um einige Gewaltszenen reicher und um einige Liebesszenen kürzer. Bei den „daily soaps" am Nachmittag ist kaum eine Liebesszene zu sehen.

Um die Aufklärung der Jugendlichen ist es schlecht bestellt: Über Sexualität wird wenig gesprochen, ob privat oder im Unterricht. Ebenso selten begegnet man Kampagnen gegen die Verbreitung von Aids. Etwa 10% aller 16-jährigen Amerikanerinnen bringen ein Kind zur Welt.

Am Strand sind knappe Stringbikinihöschen oder der „oben ohne"-Look bei Frauen undenkbar. Dafür kann man wegen öffentlichen Ärgernisses sogar angezeigt und verhaftet werden. Um am Strand herumzulaufen, ziehe man ein T-Shirt oder Shorts über.

Piercings oder bunt gefärbte Haare sind verpönt. Viele Gasteltern akzeptieren es nicht, wenn Aupairs damit vor den Kindern erscheinen. Amerikanerinnen zeigen sich meist adrett gekleidet, sorgfältig frisiert und geschminkt. Schminkt man sich in Deutschland eher dezent, darf das Make-up in den USA gerne einmal etwas farbenfroher ausfallen. Auch die Fingernägel tragen Amerikanerinnen oft lang und lackiert. So sieht man Mamis auf dem Spielplatz hübsch gestylt im Sandkasten buddeln oder die Rutsche heruntersausen.

Boyfriend

Im konservativen Amerika wird auch das Beziehungsleben anders gehandhabt. Nicht jeder Gastfamilie ist es recht, wenn der „boyfriend from overseas" zu Besuch kommt und im Haus der Gastfamilie wohnen möchte. Viele Gastfamilien tolerieren das zwar, aber nur selten darf der Boyfriend im Zimmer des Aupairs schlafen. Hat man vor Beginn des Aupair-Jahres bereits einen Freund, so sollte die Gastfamilie Bescheid wissen und das Thema behutsam besprochen werden.
In den USA tauscht man in der Öffentlichkeit keine Zärtlichkeiten aus. Händchenhalten ist okay, aber Küsse auf den Mund oder gar Knutschereien sind tabu.

Keine eigentliche religiöse Bewegung, aber doch eng mit dem Christentum verbunden ist die „Purity-Bewegung", dargestellt z.B. im Film „Virgin-Tales" von Mirjam von Arx, bei YouTube zu finden. Kern: Keuschheit als Gegenbewegung zu Gesinnung und Praktiken der modernen Kultur. So gelobt in den USA bereits jedes achte Mädchen, „unbefleckt" in die Ehe zu gehen. Bei Jungen, welche die „Flecken" veranstalten, ist's dann egal. So gibt es in 48 Staaten der USA „Purity Balls", bei denen die Töchter, im Abendkleid von ihren Vätern begleitet, ein Gelübde ablegen, bis zur Ehe keusch bleiben zu wollen. Auch hier übrigens wieder diese seltsame „Hygienegeschichte", die „purity", Sauberkeit, und die störenden Flecken.

Ein höchst aufschlussreicher Film ist auch „Jesus Camp", ein amerikanischer Dokumentarfilm von *Rachel Grady* und *Heidi Ewing* über ein Kindersommerlager der christlichen „charismatischen Bewegung". Dort werden die Kinder dazu trainiert, sich dafür einzusetzen, die Vereinigten Staaten „für Jesus Christus zurückzugewinnen". In der Beschreibung bei Wiki heißt es: „Die Bilder des Films legen Vergleiche mit der religiösen Erziehung von Kindern in Teilen der islamischen Welt nahe, wo diese zu Gotteskriegern erzogen werden." Sicherlich mal wieder bei YouToube zu finden, augenblicklich unter vimeo.com/34473505.

Keep smiling, be optimistic, easygoing ...

Die Amerikaner nehmen alles nicht so schwer. Probleme sehen sie als Herausforderungen an, und bei Misserfolgen gehen sie davon aus, dass es beim nächsten Versuch besser klappen werde.

Fragt man einen Deutschen und einen Amerikaner nach deren Charakterstärken und Schwächen, so wird der Deutsche viele seiner Charakterschwächen aufzählen, bei den Stärken aber ins Stocken geraten. Der Amerikaner hingegen kennt seine guten Seiten, wird es aber als ungewöhnlich empfinden, sich mit seinen Schwächen auseinanderzusetzen. Amerikaner sehen alles positiv. Einen Austauschschüler bei sich aufzunehmen, betrachten sie daher eher als Bereicherung.

Kritik

Direkte Kritik zu äußern, gilt in den USA als unhöflich und ungehobelt. Wenn man etwas kritisiert, dann meist in Verbindung mit Lob und stets auf sehr freundliche Weise, mit nachdrücklicher Entschuldigung für die Kritik. Wer in der Schule kritische Fragen stellt oder mit dem Lehrer diskutiert, kann wegen Respektlosigkeit mit einem Tadel oder Verweis bestraft werden, eine tolle Möglichkeit, alle auf Vordermann zu bringen.

Auto und ÖNV

Gebäude, Straßen, Parks – in Amerika ist alles größer und weiter. Dementsprechend liegt alles weiter auseinander, so dass die Fahrt zum nächsten Einkaufszentrum 15 Minuten dauern kann. Öffentliche Verkehrsmittel sind außerhalb großer Stadtzentren kaum vorhanden. Deshalb ist man ständig auf das Auto angewiesen. Aupairs, denen in der Freizeit kein Auto zur Verfügung steht, sind durch ihre Abhängigkeit von Freunden und Gasteltern äußerst eingeschränkt.

Sport

Sport spielt in den USA eine große Rolle, genau wie Nationalismus und Religion. Das ist der Kitt, der alles zusammenhält. Während die meisten Amerikaner während der Highschool- und Collegezeit selbst aktiv waren, sei es als Cheerleader, Leichtathlet, beim Soft- oder Baseball, Basketball oder im besonders beliebten Football, der mit unserem Fußball so rein gar nichts zu tun hat, so beschränkt sich das sportliche Interesse danach aufs Zuschauen, also einem doch eher passiven Konsumieren. Das aber wird mit wahrem Elan und großer Begeisterung betrieben – ist man einmal Fan einer bestimmten Mannschaft geworden, so verehrt man sie bedingungslos und besitzt deren T-shirts, Sweatshirts, Käppis, Schlüsselanhänger, und und und. Bloß: Was ist das alles, woher rührt das?

Wie „mitreißend" diese glühende Fanverehrung sein kann, davon erzählt *Maria*, der die Weltmeisterschaften im Baseball letztens als ganz besonderes Erlebnis in Erinnerung geblieben sind:

„Da ich in der Nähe von Philadelphia wohne, sind wir natürlich alle *Phillies*-Anhänger. Als unsere Mannschaft dann im Finale gegen die *Tempa Bay Rays* spielte, war bei uns eine riesige Party, und viele Freunde und Familienangehörige aus ganz Amerika kamen zu Besuch. Nachdem wir eine Baseball-Party in der Auffahrt hatten (mit BBQ, einer riesigen Baseball-Torte und einer Hüpfburg für die Kinder), fing das Spiel endlich an und wir verfolgten es alle mit unseren *Phillies*-T-Shirts; auch für mich gab es eines. Selbst die Kinder hatten kleine Kostümchen an, und die Babys wurden in *Phillies*-Strampler gekleidet. Das Spiel war sehr spannend, und es machte besonders viel Spaß, es in einer so großen Gruppe zu schauen.

Als die *Phillies* dann schließlich gewonnen hatten, war Ausnahmezustand. Alle feierten und jubelten, viele Nachbarn schlossen sich unserer Party an, und selbst die Eltern meiner Gasteltern kamen nach dem Spiel in ihren Schlafanzügen, um dieses denkwürdige sportliche Ereignis zu feiern. Das war ein ganz besonderes Erlebnis."

„Proud to be American"

Amerikaner sind sehr stolz auf ihr Land – auf die Geschichte wie auf den wirtschaftlichen Erfolg. Viele ihrer Feiertage sind den USA gewidmet. Uns mutet das eher fremd an, da wir dazu erzogen werden, der Geschichte unseres Landes eher kritisch gegenüberzustehen. Trotzdem besteht kein Grund, die Amerikaner wegen des Feierns ihrer Erfolge zu verurteilen, wenn sie denn „Erfolge" sind. Andererseits: Nichts ist schlimmer als „unamerican" zu sein, „unpatriotic". Damit wird jegliche Kritik totgeschlagen. So wäre es beispielsweise völlig undenkbar, dass ein Schüler sich beim „Fahnenappel", dem Absingen der Schulhymne oder sonstiger patriotisch gefärbter Lieder, verweigern würde, nicht die rechte Hand aufs Herz legte usw. Er wäre sofort „draußen", quasi aussätzig, und hätte mit Sanktionen zu rechen. Fahnen sind überall, selbst vor jedem Postamt wehen sie. Keine Rede eines Politikers, eines Präsidenten, ohne sie.

Schulden sind klasse ...

Collegeabgänger finden sich mit durchschnittlich 35.200 $ Schulden am Bein wieder, die sie nicht durch eine Privatinsolvenz wie hierzulande loswerden können. Egal wie prekär die Lage, ob als Jobber bei Schnellklopsereien oder nicht: Es muss berappt werden. Dabei bricht immerhin auch noch ein Drittel der Studenten das Studium ab.

Um nun überhaupt erst einmal einen Bildungskredit ergattern können, bauen die Elter schon beizeiten eine "Schuldengeschichte" auf, die natürlich anders heißt, nämlich "credit history". Das verhält sich so ähnlich wie bei der "Lebensversicherung", die ja auch eine auf das Gegenteil ist, nämlich eine auf den Todesfall. Aber wem könnte man die verkaufen? Kredite werden nicht nach Einkommen oder Sicherheiten vergeben, sondern fast ausschließlich nach der bisherigen "Kredithistorie". Das bedeutet, dass der Nachwuchs fleißig Schulden macht, möglichst bei diversen Banken, was die Eltern ausgleichen. Damit wird er dann kreditwürdig, immer Schulden gehabt, tadellos gezahlt. So soll es sein.

Umwelt ...

Aktuell ist grade die Verseuchung des ganzen Gewässersystems durch den Asiatischen Karpfen, vor 30 Jahren aus Zuchtfarmen am Mississippi entkommen, der nun flussaufwärtswandernd alle anderen Arten verdrängt. Nun steht er 100 Kilometer vom Lake Michigan entfernt und könnte binnen kurzem in den Großen Seen heimisch werden. Eigentlich waren diese und damit auch die kanadischen Gewässer im Nordosten durch eine Wasserscheide getrennt, aber 1889 durch einen Kanalbau miteinander verbunden worden. Grund: Der Dreck um Chicago, der den See verseuchte, sollte per Kanal in den Mississippi gespült werden. Damit wurden zwei völlig geschlossene Ökosystem verbunden worden, was auch zur Verbreitung einer weiteren Pest, der Zebramuscheln vom St. Lorenzstrom bis zum Golf von Mexiko sowie des Meerneunauges führte.

Augenblicklich gibt es elektrische Wassersperren. Ob das hält? Und sowieso: Irgendein Idiot , der sich für ein paar Ungerechtigkeiten im Leben rächen will, wird die Karpfen aussetzen ...

Fracking ist ein weiteres Thema. Die USA wollen zum "Saudi-Arabien des Schiefergases" werden und sind auf gutem Wege dazu. "American Gas, by Americans, for Americans", heißt der Wahlspruch, wieder mal ganz nationalistisch verpackt, womit jedwede Kritik totgeschlagen werden soll.

Schon heute ist das Land bei Gas autark, so dass es verflüssigt auf dem Weltmarkt angeboten werden wird. Nicht genug, Hillary Clinton ist nicht nur in der Welt unterwegs, um den Scientologen den Weg zu ebnen, sondern auch als Botschafterin Halliburtons, und zwar im Rahmen eines amerikanischen Programms, das "helfen" soll, allen Ländern mit Öl- oder Gasvorkommen ihre Ressourcen richtig zu entwickeln. Dazu bei Youtube ein nettes Filmchen über ihre segensreiche Tätigkeit in Australien: „60 Minutes Australia – Fracking – The Coal Seam Gas Land Grab". Aber das ist immerhin ein relativ "zivilisiertes" Land. Wie wird es in Nigeria, in Brasilien oder sonstwo aussehen?

Auch beim Erdöl werden die USA von Einfuhren immer unabhängiger, aber im Norden, im kanadischen Alberta, wo eine ganz Provinz umgebaggert wird, ist noch mehr zu holen. Was Kanada oberirdisch betreibt, machen die USA unterirdisch. Das Fracking ist eine Riesenumweltkatastrophe. Verschmutzung der Luft, der Wasserwege, des Grundwassers, chronische Gesundheitsprobleme, Tiersterben, Methan im Trinkwasser und Vertreibung Bevölkerung sind die Folge. Die Frackerei begann im Südwesten und Westen und wandert nun weiter nach Osten in die dichtbesiedelten Gebiete. Statistisch ist jede zehnte Bohrung fehlerhaft, d.h. der Chemiegiftcocktail tritt in die Umgebung, also auch trinkwasserführende Schichten ein. Im Mittelpunkt der Begierde der Öl- und Gasindustrie: Das Marcellus- bzw. Uticafeld (Marcellus bzw. Utica Shale) im Osten des Landes. Sogar die gottesfürchtige Amischen knicken bereits nach und nach vor den Millionen der Ölindustrie ein. Eine Verseuchung hätte verheerende Auswirkungen auf das Trinkwasser von Abermillionen an der Ostküste. Aber der wirtschafliche Druck ist riesig. Dazu kommt ein fataler Fehler im Rechtssystem vieler US-Bundesstaaten, nach dem nämlich Bodenschätze dem Landbesitzer, nicht der Allgemeinheit, gehören. Jede Änderung daran würde wütend als "Sozialismus", "Enteignung" oder was auch immer im "Land der Freien" abgetan werden. Das passte noch zur Goldgräberzeit, aber nicht mehr heute.

Die Details, wie es zu dem massenhaften Fracking kommen konnte, sind interessant:

2000 war Vizepräsident *Dick Cheneys* erste Handlung die Bildung der "Projektgruppe Energie", "Energy Task Force". Vorher war er Geschäftsführer bei Halliburton gewesen, DEM Ausrüster der Ölindustrie, also auch beim Fracken. Man kann sagen: Halliburton hat seinen Mann bestens plaziert.

In der Folge wurde das Trinkwasserschutzgesetz durchlöchert, so dass Firmen nun Stoffe ins Trinkwasser einbringen durften. Eine Lobbygruppe sowie 100 Mill $ sorgten für das "Halliburton-Schlupfloch" im Trinkwasserschutzgesetz. Öl- oder Gasfirmen hatten nun die Sondergenehmigung nachweislich gefährliche Stoffe unkontrolliert in unterirdische Trinkwasserbestände oder deren Nähe einzubringen, während doch sonst überall auf der Welt das Schadenverursacherprinzip gilt! Und das Ganze, weil einige Leute damit einen Riesenreibach machen. Das Ding ist so dick, dass man es gar nicht glauben möchte. Die Frage ist: Wem gehört der Laden eigentlich? Die Annektion der Krim und die Ausrichtung Europas auf russisches Gas ist Wasser auf die Mühlen Halliburtons und seines politischen Vertreters Obama. Probeerkundungen im Bodenseegebiet, größtes Trinkwasserbecken für Millionen dreier Länder, sind bereits genehmigt.

Hier ein paar Leckereien aus der Giftsammlung: Triethylenglykol, Glykoläther (Hodengift, Embryomißbildungen, Knochenmarkschwund, Zerstörung roter Blutkörperchen (Hemolysis) und dergleichen.

Aber vielleicht können Europäer und Amerikaner bald ein nettes Tauschgeschäft chen veranstalten: Öltanker hin, Wassertanker zurück. Es dürfen nur nicht dieselben Schiffe sein ...

Sehenswert: "Gasland", Josh Fox, zwei Filme, detailliert und eindrucksvoll.

Immer wiederkehrende Argumente: Jobs, "Natural" Gas ("natural" ist immer gut, sozusagen gottgegeben, reine Natur), National Independence, money ...

Amis & der Rest der Welt

Maria erzählt:

"Amerikaner sind sehr aufgeschlossen und freundlich. Besonders gut gefällt mir, dass man in jedem Geschäft oder wo auch immer mit einem freundlichen "Hallo, wie gehts dir?" begrüßt wird. Wenn man dann antwortet, hört der neugierige Amerikaner sofort den fremden Akzent heraus und fragt natürlich gleich nach, woher man denn eigentlich komme – und dann kommt der Wendepunkt. Manchmal habe ich das Gefühl, dass viel mehr Amerikaner einen kulturellen Austausch durch Aupairs bräuchten, um Fragen zu vermeiden wie: *"Wo liegt denn Deutschland?"* Mir wurde z.B. gesagt, dass es interessant sei, dass ich "Europäisch" spreche. Auf David Hasselhoff wurde ich sogar schon mehrmals angesprochen, und ob wir ihn denn in Deutschland als Nationalhelden feierten, da er ja immerhin für den Mauerfall verantwortlich sei (!!). Zumindest wusste der Betreffende, dass Deutschland nicht mehr geteilt ist. Ein andermal wurde ich näm-

lich ernsthaft gefragt, ob es für mich als Ostdeutsche besonders schwer gewesen sei, ein Visum zu bekommen.
Ja, solche Erlebnisse lassen einen schon an der Bildung in den USA zweifeln. Viele Amerikaner sind mit ihrem Patriotismus auch so auf die Staaten fixiert, dass es für sie kaum vorstellbar ist, dass hinter den eigenen Ländergrenzen tatsächlich besiedeltes Land liege …"

Das Geschilderte liegt an der besonderen Situation in Amerika.

In Europa führten Ende des 19. Jahrhunderts die meisten führenden Staaten die Schulpflicht mit öffentlichen Schulen und Bildungseinrichtungen für breite Bevölkerungsschichten ein, und zwar unter der zentralen Fuchtel der jeweiligen Regierung durch Kultusministerien o.ä. Nachgeordnete Behörden überwachten den Betrieb bis hin zu den lokalen Schulbehörden und sorgten für Einhaltlichkeit und Qualität. Das Unterrichtspersonal, also Lehrer meist, bestand aus Beamten, Staatsdienern.

Hauptgrund war es, einen allgemeinen, landesweit gültigen, verbindlichen Wissenskanon zu haben, um mit anderen Ländern konkurrieren zu können.

Dieses Streben nach Wettbewerbsfähigkeit entfiel jedoch in den USA, denn nach Süden hin gab es nur Mexiko, was kein Konkurrent war. Ebensowenig wie das dünnbesiedelte Kanada im Norden, dessen Wirtschaft großteils von den Vereinigten Staaten abhängig war.

Angesichts der vielen Einwandererkinder wurde die Schule als integrationsstiftende Einrichtung betrachtet, die der Herausbildung einer "besonderen" amerikanischen Nation dienen sollte. Aufgabe war demzufolge die "Amerikanisierung" der Ausländer- bzw. Einwandererkinder, die selbst oder deren Eltern grundsätzlich aus allen Teilen der Welt stammen konnten und die auch ganz unterschiedliche Voraussetzungen hatten.

Die Schule als kostenlose, öffentliche Einrichtung garantierte jedem Kind, jedem jungen Amerikaner, eine grundlegende Ausbildung. Sie war der wichtigste "Schmelztiegel" der Gesellschaft, denn wo lassen sich künftige Staatsbürger leichter und besser formen als in der Schule, in jungem Alter?

Es reichte, wenn sie vornehmlich grundlegende Fähigkeiten vermitteln konnte, um verantwortungsbewusste Staatsbürger heranzuziehen.

Die amerikanische „Highschool" entspricht in etwa unseren Realschulen; während das wirkliche Lernen, die Differenzierung, auf dem College erfolgt, das dann auch, wenn es was taugt, ungemein teuer sein kann, während öffentliche Hochschulen bei uns kostenlos sind.

A propos "Tiegel" So ganz stimmte die Sache natürlich nicht, denn es wurden nicht alle in einen "Pott" geworfen. Es gab zumindest zwei getrennte Tiegel, einer davon nichtweiß, daneben so ein rötlicher …

Weltherrschaft?

Manchmal könnte man das denken. Es gibt keinen zentralen Plan, aber es funktioniert in dem Sinne.
Amerika beherrscht das Internet, die Suche, "Soziale Medien", degradiert alle Welt durch seine Ahörpraktiken zu Marionetten, die es kontrolliert. Es ist die stärkste Militärmacht. Es bestimmt den Anbau von Saatgut weltweit (Monsanto), die Gentechnologie, erobert in vielen Ländern den Vertrieb von Lebensmitteln, wie z.B. über Walmart in Indien. Zudem droht es bald auch die Inhalte, also dessen, was wir lesen, zu bestimmen. Man suche mal den höchst aufschlussreichen Artikel von *George Packer* im New Yorker, "Amazon-Cheap-Words, Amazon is good for customers. But is it good for books?" Sehr detailliert, viel Insiderwissen. Wer ihn gelesen hat, kann hinterher gut Englisch und wird zudem erfahren haben, dass das deutsche Wort "dreck" auch im Englischen Eingang gefunden hat.
Das drohende Freihandelsabkommen und der dann "freie Warenverkehr", wieder mal mit einem segensreichen "Wirtschaftswachstum" begründet, wird viele Dämme beim Verbraucherschutz, grade auch bei Nahrungsmitteln, einreißen. Denn eines ist klar: Wachstum bedeutet immer höheren und schnelleren Ressourcenverbrauch.

Autofahren

Beim Autofahren gelten andere Regeln als in Deutschland. Auf quia.com/de finden sich nach den Staaten geordnet Tests, mit denen man die Straßenschilder und –regeln des jeweiligen Staates üben kann.
Die Geschwindigkeitsbegrenzungen sind strenger. So beträgt die Höchstgeschwindigkeit auf den Highways in der Regel 55 oder 65 Meilen pro Stunde (mph) – also rund 90 km/h. Es ist dringend zu empfehlen, sich an diese Beschränkungen zu halten – schon allein wegen der Strafzettel, die 100-400 USD kosten können oder sogar mehr. Zudem werden die Gasteltern kaum erfreut sein, wenn deshalb ihre Versicherung teurer wird.
Überaus teuer wird es auch, wenn man einen Schulbus überholt, wenn er gerade Kinder ein- oder auslädt und sein gelbes oder rotes Licht angeschaltet hat. Da die Kinder die Straße überqueren und dabei häufig schnell hinter dem Schulbus hervorschießen, sind die Strafen hier besonders drastisch. Neben einem gesalzenen Bußgeld kann man auch seinen Führerschein verlieren oder sogar verhaftet werden.
Ebenso ist es in den meisten Staaten und auch bei uns, verboten, am Steuer zu telefonieren.

In Zonen mit niedriger Geschwindigkeit gilt kein Rechts vor Links: Wer zuerst kommt, mahlt zuerst.

Es empfiehlt sich, in den ersten Wochen langsam und vorsichtig zu fahren und, noch bevor man sich das erste Mal selbst ans Steuer setzt, das *Driver's Manual* des Bundesstaates – in der Regel beim örtlichen Betreuer erhältlich – gut durchzulesen. Dabei hilft es, mit einem Textmarker alle Regeln anzustreichen, die den eigenen Fahrgewohnheiten widersprechen, und diese am Ende noch einmal durchzulesen. Zu beachten ist besonders, dass in einem Auto kein Alkohol in Reichweite des Fahrers mitgeführt werden darf. Alkohol und auch leere Alkoholflaschen dürfen also nur im Kofferraum befördert werden.

Wenn es doch einmal kracht ... sollte es zu einem Unfall kommen, ist das oberste Gebot: Ruhe bewahren. Man vergewissere sich zunächst, dass keiner verletzt ist, und wähle dann 911. Je nach Art des Unfalls wird eine Ambulanz oder auch nur ein Polizeiwagen geschickt. Man sollte sich niemals darauf einlassen, mit dem anderen Autofahrer einen Deal „unter der Hand" einzugehen, also Geld anzunehmen, ohne seine Versicherungsinformationen abzufragen. Die Polizei wird nach Führerschein, Fahrzeugschein (*vehicle registration certificate*) und der Autoversicherung fragen; letztere Dokumente befinden sich meist im Handschuhfach.

Polizeikontrollen – hübsch im Auto sitzenbleiben!

In den USA sind auf den Straßen deutlich mehr Streifenwagen unterwegs als in Europa. Geschwindigkeitskontrollen werden meist nicht mit Radargeräten durchgeführt, vielmehr wird man direkt von einem Streifenwagen, der einen bei zu schnellem Fahren beobachtet hat, angehalten, und zwar immer von hinten. Ähnlich bei anderen Verkehrsverstößen.

Wichtig: Wer angehalten wird, darf nicht aus dem Auto steigen! Man muss sitzenbleiben, die Hände gut sichtbar oben auf das Lenkrad legen und warten, bis der Polizist ans Auto tritt. Sobald er ans Fahrerfenster klopft, darf man dieses herunterlassen. Danach wird man aufgefordert, die Papiere vorzuzeigen. Steigt man hingegen sofort aus, dürfen die Polizisten auf einen schießen.

Unvergessen in diesem Zusammenhang auch die Geschichte des japanischen Austauschschülers in Louisianna, der ein Grundstück an Allerheiligen betrat, um nach dem Weg zu fragen und an der Tür klingelte. Auf der Suche nach einem Mitschüler hatte er sich schlicht bei der Adresse vertan. Sein Erscheinen an der Tür erschreckte die Frau des Hausbesitzers, die einen Schrei losließ. Dadurch alamiert, griff den Ehemann zur Flinte und rief den vermeintlichen Bösewicht mit "Freeze" (Stillgestanden, nicht bewegen!) an. Da der Japaner nicht reagierte – kannte er doch die Bedeutung nicht – wurde er kurzerhand niedergestreckt. Ende des Austauschschülers, schönes Halloween, aber Freispruch für den Schützen!

Wer ihn noch nicht gesehen hat, besorge sich mal den berühmten Film von *Michael Moore*, „Bowling for Columbine", über das Masssaker an der Columbine High School. Eine satirische Abrechnung mit der Waffenindustrie.

An vielen Tankstellen kann man sowohl selber tanken, als auch eine Tanksäule mit Bedienung anfahren. Klar, dass Letztere teurer ist. Man bleibt einfach im Auto sitzen, wartet auf den Tankwart, sagt ihm, wieviel man tanken möchte („Bitte vollmachen" = "Fill up, please", „Benzin für $10, bitte" = "Gas for $10, please"), öffnet den Tankdeckel durch einen Hebel innerhalb des Autos und bezahlt dann direkt beim Tankwart. Diese bequeme Art zu tanken ist vor allem im Winter beliebt.

In den USA dürfen Kinder ab einer bestimmten Größe vorne im Auto mitfahren. Dies gilt schon für viele Fünfjährige. Manchen Aupairs ist es nicht recht, kleine Kinder vorne im Auto zu haben, da sie deren Neugier und spontanen Gesten fürchten. Wer Bedenken hat, sollte mit den Gasteltern darüber sprechen. Diese werden bestimmt verstehen, dass man sich auf den Verkehr und damit die Sicherheit im Straßenverkehr konzentrieren möchte, ohne ständig das Kind im Auge behalten zu müssen.

Aupairs brauchen den Internationalen Führerschein zum Autofahren, erhältlich gegen Gebühr bei der zuständigen Führerscheinstelle.

Wer möchte, kann auch – mehr als Souvenir – den amerikanischen Führerschein erwerben, was seit dem 11. September 2001 allerdings nicht mehr in allen Bundesstaaten geht. In New Jersey zum Beispiel sind nur noch „permanent residents" zugelassen.

Den Führerschein macht man direkt beim zuständigen Amt – dem Motor Vehicle Service. Fahrstunden sind kein nachzuweisen. Nur wer möchte, kann in einer privaten Fahrschule Fahrstunden nehmen. Die theoretische Prüfung ist wesentlich leichter als die europäische. Wer sich vorher das *Driver's Manual* genau durchliest, hat keine größeren Schwierigkeiten, die Prüfungsfragen zu beantworten. Die theoretische Prüfung ist ein Test zum Ankreuzen. In vielen Staaten kann er in verschiedenen Sprachen, z.B. auf Deutsch, abgelegt werden.

Rebecca hat den Führerschein in Ohio recht problemlos erhalten, wie sie erzählt: „Da ich in Deutschland meinen Führerschein bereits gemacht hatte, brauchte ich nur noch die Theorieprüfung abzulegen, der praktische Teil blieb mir also erspart. Ich musste meine Sozialversicherungsnummer beantragen. Von meiner Betreuerin bekam ich ein kleines Theoriebuch für den Führerschein. Nach ca. zwei Wochen kam meine Sozialversicherungsnummer, und mein Gastvater und ich düsten zu der Führerscheinstelle. Ich zahlte 19 Dollar für die Prüfung und setzte mich an den PC. Vierzig Fragen wurden gestellt, wovon dreißig richtig zu beantworten waren. Da ich faul gewesen war und mir gedacht hatte, dass das schon klappen würde, hatte ich mir das Buch natürlich nicht durchgelesen. Mit etwas Raten und Glück habe ich aber trotzdem bestanden und bekam sofort meinen Führerschein ausgehändigt."

Frage: Will einer Rebecca wirklich begegnen, wenn sie unterwegs ist?

Essen

Viele Aupairs klagen darüber, in ihren Gastfamilien überwiegend Fertiggerichte aus der Mikrowelle auf dem Tisch zu finden, und das bei einem übermäßigen Fleischanteil gegenüber Obst und Gemüse– also ganz dem Klischee gemäß. Die ganze Ernährungsindustrie Amerikas beruht auf Mais und daraus gewonnenen Bestandteile wie Stärke, Zucher usw. Er steckt in alle Produkten, in der Mayonnaise, im Kuchen, im Senf, im Ketchup, in Suppen, überall. Er wird subventioniert und ist für die Nahrungsmittelhersteller auch ein guter Füllstoff, um also Volumen und Gewicht zu erzeugen.

Andererseits achten viele Gastfamilien auf ihre Ernährung, reichen stets Salat zum Dinner und haben immer frisches Obst im Haus. Hat mal einer gesündigt, nun ja, Ablass gibt's wieder in den Supermärkten mit ganzen Regalen von Nahrungsergänzunsmitteln, Vitaminchen und Kraftpülverchen.

Wer sich, anders als die Gastfamilie, gesund ernähren möchte, dem bieten die Supermärkte das ganze Jahr über ein für europäische Verhältnisse reiches Angebot an frischem Obst und Gemüse. Man kann sich bezüglich der Essgewohnheiten mit der Gastfamilie absprechen, und gegebenenfalls wöchentlich einen Einkaufszettel schreiben. Hier sind natürlich jene Aupairs im Vorteil, zu deren Aufgaben es zählt, den Einkauf zu erledigen. Andernfalls kann man z.B. als Kompromiss anbieten, die wöchentlichen Einkäufe selbst zu erledigen, aber dafür auch Lebensmittel nach Wunsch kaufen zu dürfen. Wer sich hingegen der ungesunden Ernährungsweise seiner Gastfamilie beugt, der nimmt rasch einige Kilos zu und bekommt von der Ernährungsumstellung eventuell Pickel und Mitesser.

Viele Aupairs legen besonders anfangs einige Kilo zu. Das liegt zum einen an den vielen Leckereien – *cookies, doughnuts, bagels, waffels, macaroni and cheese*, Mikrowellen-Fertiggerichte – sowie den Fast Food Restaurants in der Umgebung. Zum anderen können Langeweile, das Gefangensein den ganzen Tag über im Hause, der immer gefüllte Kühlschrank und der Jetlag (Hunger zur falschen Zeit) zum Essen verleiten. Ebenso die Angewohnheit, mehrmals am Tag zusammen mit den Kindern zu essen. So manches Aupair schreibt nach einigen Wochen aus den USA: „An meinen Hosen merke ich, dass ich wohl einige Kilos zugenommen habe." Es ist nicht ungewöhnlich, dass Aupairs bei ihrer Rückkehr zehn Kilo mehr auf den Rippen haben, in Extremfällen sogar 20 kg.

Da hilft nur eines: viel Sport treiben, nur in Maßen kosten – man muss nicht gleich eine ganze Packung Cookies essen, um sie probiert zu haben. Auch sollte man während dem Fernsehen auf Chips und Popcorn verzichten, wenn man seine Figur erhalten möchte. Bei abendlichen Treffen fällt die Wahl häufig auf „gehobenere" Fastfood-Restaurants wie zum Beispiel das TGI Fridays. Hier isst man oft noch ein Eis oder ein paar „appetizers" und trinkt eine Cola. Nur eine *diet coke* zu trinken ist auf Dauer billiger und spart das eine oder andere Kilo. Im Sommer Vorsicht bei der *Icecream*, also Zucher und Fett,! Nirgends auf der Welt gibt es wohl so leckere – aber keine andere verhilft einem so leicht zu ein paar Pfund mehr ...

Die Amerikaner haben eine regelrechte Fettphobie. Sie trinken fast nur fettfreie Milch, die dementsprechend schmeckt, verkaufen in ihren Läden nur fettfreien Joghurt und fettarmen Käse. Aber Vorsicht: Der Eindruck kann täuschen! Schaut man nämlich auf die Kalorienangabe, so hat der fettfreie Joghurt meist kaum weniger Kalorien als der europäische Joghurt mit normalem Fettgehalt. Solche fettfreien Nahrungsmittel sind also keineswegs gut für die Linie, nur weil fettfrei auf der Packung prangt. Die Kalorien werden durch andere Zusatzstoffe wieder wettgemacht. So auch bei fettarmen Chips und Süßigkeiten.

Amerikaner sind neben der Fettvermeidung sehr auf Vitamine bedacht. Die meisten nehmen täglich Vitamintabletten, die Kindern gleich schon morgens verabreicht werden.

Die USA sind übrigens kulinarisch ein interessantes Land. Durch die vielen Zuwanderer aus aller Welt werden in Restaurants Gerichte aus den unterschiedlichsten Ländern serviert. Auch amerikanische Kochbücher beinhalten Rezepte aus den Küchen vieler Länder. Man kann sich in den USA also durchaus bewusst ernähren und gleichzeitig unendlich viel Neues ausprobieren. Für jeden Geschmack ist etwas dabei, besonders aber für Meeresfrüchte-Liebhaber: In den Küstenregionen sind Fisch und Meeresfrüchte sehr preisgünstig.

Aupairs sind nicht verpflichtet, für die Gastfamilie zu kochen. Wer dies jedoch gerne tun möchte, kann auch einmal etwas Deutsches, Österreichisches oder Schweizerisches zubereiten! Vielen Gastfamilien ist die Abwechslung willkommen. Es muss nicht einmal kompliziert sein – wie wär's mit Schinkennudeln, Bratkartoffeln, Paniertes Schnitzel mit Pommes, Palatschinken ...?
Was sehr einfach ist und bei vielen Gastfamilien Zuspruch findet, sind die guten alten Pfannkuchen mit Zucker und Zimt, Apfelmus oder anderen Füllungen, sowie Apfelpfannkuchen.

Hier ein paar einfache deutsche Rezepte, die kein großes Kochkönnen erfordern. Damit die Gastfamilie sie bei Gefallen nachkochen kann, sind sie auf Englisch und mit den amerikanischen Messgrößen angegeben:

Apfelpfannkuchen: *Apple pancakes*

2/3 cup flour
2 teapoons sugar
1/4 teaspoon salt
4 large eggs
1/2 cup of milk
2 cups of sliced apples

3/4 cup butter or margarine
2 tablespoons sugar
1/4 teaspoon cinnamon

Mix flour, teaspoons of sugar and salt. Beat the eggs, add milk. Gradually add flour mixture; beat until smooth. Sauté apples in a third of the butter until tender. Mix 2 tablespoons of sugar with cinnamon and the apples. Then melt 2 tablespoons of butter in a deep fry pan. Pour in the batter and let set, then place some of the apples on top; cover with more batter. Fry pancake until lightly browned on both sides.

Streuselkuchen: Streusel cake

1/4 cup brown sugar
1 cup flour
butter
1/4 cup sugar
1 pk dry yeast
1/2 cup butter or margarine
1/4 cup sugar
2 teaspoons cinnamon
1/2 cup butter or margarine
2 1/4 cup flour
1/4 teaspoons salt
3/4 cups milk
1 large egg

For the topping, mix sugars, cinnamon and flour. Add flakes of butter until the mixture is crumbly.
Mix 1 cup of flour, sugar, salt and yeast in a large bowl. Place milk and butter in a sauce pan and heat until very warm. Gradually add to dry ingredients; beat for 2 minutes. Add egg and 1 cup of flour. Beat on high speed for 2 minutes. Stir in enough flour to make a soft but stiff batter. Spread the batter into a greased 9-inch square cake pan. Sprinkle with the topping and let rise in a warm place until double in bulk (about 1 1/2 hours). Bake at 350 degrees F. about 45 minutes or until done.

Schwäbischer Kartoffelsalat: *Swabian Potato Salad*

4 large boiled potatoes
200 ml hot vegetable stock/beef broth
1 tablespoon mustard
1 finely chopped onion

1 tablespoon wine vinegar
1 tablespoon olive or sunflower oil
a bunch of parsley
Salt and white pepper

When cooled, peel the potatoes and cut them in thin slices. Chop parsley and mix it with vinegar, oil, mustard, onion, salt and pepper, add 1 tablespoon of vegetable or beef base with 1 cup of hot water. Pour over the potatoes and mix thoroughly.

Kartoffelpuffer: potato pancake

2 1/2 cups potatoes
1 large onion
3 cups water
1 teaspoon lemon juice
1 boiled potato
1 large egg
2 tablespoons milk
1/2 teaspoon salt
vegetable oil

Grate raw potatoes into water to which lemon juice has been added. Place potatoes in a strainer or cheese cloth and drain off liquid. Slice onion in small cubes, mash cooked potato. Beat raw and cooked potatoes with egg, milk and salt to form a batter. Heat oil in a fry pan, drop batter for 3 or 4 pancakes at a time in hot oil. When firm on the bottom side, loosen edges and turn. Brown on other side. Remove, drain on paper towel, and keep warm. Continue until all batter is used.

Kässpätzle: Cheese spaetzle

1/2 pound flour
2 eggs
1 teaspoon salt
1/2 cup water, 100 g Swiss or German Emmentaler cheese, ¼ cup butter, 1 medium sized onion, parsley, 3 slices of smoked bacon (optional), nutmeg, salt and pepper

Boil salted water in saucepan, reduce the heat and maintain a simmer. In a bowl, stir flour, eggs, salt and water together. Wet a chopping board and a long knife with an even blade by diving it into the boiling water. Ladle two to three table spoons of the dough onto the board and spread it, then use the knife to scrape small amounts of the dough into the boiling water. When the spaetzle start floating to the surface, cover the pan and keep covered until the spaetzle appear

to swell and are fluffy. Remove them and repeat the procedure with the remaining batter.
Heat up a frying pan and add the butter, then add the finely chopped onion and the optional chopped up bacon. Let it sizzle until the onion is slightly golden. Now add the Spaetzle and the finely chopped up cheese. Fry for a couple of minutes, season with salt and pepper and sprinkle some parsley on top.

Guten Appetit

Zu 40 % wird außerhalb des Hauses gegessen. Rund 60 % der Amis sind fett, im Korrektsprech „übergewichtig". 17 Mill Amis haben Diabetis II, jeder zwanzigste also. Dabei ist Fettleibigkeit auch eine soziale Geschichte, denn das Einkommensniveau ist dabei ganz entscheidend. Die Kaloriengewinnung erfolgt im Wesentlichen aus Soja, Mais und Weizen, alles billig, da hochsubventioniert. Während Salz, Fett und Zucker in der Natur selten vorkommen, erzeugen raffinierte Kohlenhydrate und Maissyrup Insulinspitzen.

Diabetes tritt bei Kindern folglich immer häufiger auf, jeder dritte der nach 2000 geborenen Amerikaner wird schon früh Typ 2 Diabetes entwickeln. Unter Minderheiten wird es jeder Zweite sein.

Anders ausgedrückt: Die Subventionierung der Nahrungsmittelindustrie sorgt für Krankheiten, welche die Allgemeinheit wieder über die Krankenvorsorge bezahlen darf.

Genfood, oder Hormone zur "Leistungssteigerung" bei der Milch- oder Fleischerzeugung sind kein Thema. Die Einfuhr bestimmter Mengen Hormonfleisches sind auch wieder in Deutschland erlaubt. Man findet sie in der Regalen unter „American Steak". Die Euter der „Turbokühe" halten die Geschichte nicht aus und sind häufig entzündet, so dass sich der Eiter in der Milch findet. Mastrinder stehen in den Zuchtgebieten auf Pferchen ohne irgendeinen Grashalm. Gefüttert wird den Tieren, Grasfressern im Kern, großteils der hochsubventionierte Mais, weil sie dadurch schneller Gewicht zulegen und weil er billiger ist als Gras oder Heu, aber zu Gärungen in den Mägen führt. Dabei bilden sich häufig gefährliche Mutationen von Bakterien im Pansen, z.B. E-Koli 0157 H7, denn sie sind säurebeständig. Immer wieder tritt der „Hamburger Bug" auf, so dass Riesenmengen an Bratklopsen vernichtet werden müssen. Daran haben sich die Amis bereits gewöhnt. Nebenwirkung: Die Rindermägen müssen immer wieder aufgeschnitten werden, ein Rohr wird hineingeschoben, der Dreck entfernt. Dann wird wieder zugenäht, anzugucken in „Food, Inc.", s.u., wohl auch bei YouTube.

Das Vieh steht im Mist, die Felle sind mistbekleckert. Die Bänder in den Schlachthöfen laufen mit einer Irrsinnsgeschwindigkeit, so dass immer wieder Kost aufs Fleisch gespritzt wird. Die BPI, Beef Product Inc., mit 70 % Anteil am heimischen Hamburgermarkt, verwendet Ammoniak, also Ammoniumhydroxid zur Fleischdesinfektion, d.h. das Fleisch kommt in ein Ammoniakbad.

Nur 13 Schlachthöfe schlachten das Gros des Viehs in den USA. Bei Smithfield, Tar Heel, North Carolina, dem weltgrößten Schlachthof, schaffen die Bänder 32.000 Schweine täglich, 2000 pro Stunde. Bei Rindern sind's 400 die Stunde.

Die Industrie will sich schützen, in Colorado beispielsweise dadurch, dass der Staat (wem gehört er?) es verbietet, Lebensmittel zu „verunglimpfen", also z.b. Rinderhack zu kritisieren. In einigen Agrarstaaten soll die Veröffentlichung von Fotos von Lebensmittelfabriken und Mastviehhaltungen verboten werden. Gesetze gegen die Abbildung von Lebensmittelfabriken usw. sind in Vorbereitung.

Lesenswert der Klassiker des Enthüllungsjournalisten *Upton Sinclair* von 1906 „Der Dschungel" über die hygienischen Verhältnisse in den Chicagoer Schlachthöfen in den Zwanzigern. Das Buch wurde ein Renner, in viele Sprachen übersetzt und sorgte dafür, dass die ersten Verbraucherschutzgesetze erlassen wurden. Sinclair, der eigentlich auf die katastrophalen Arbeitsbedingungen in den Schlachthöfen hatte aufmerksam machen wollen, resümierte: "Ich habe auf das Herz der Amerikaner gezielt und nur ihren Magen getroffen."

Sehenswert:
„Superzise me" von Morgan Spurlock
Food, Inc. – Was essen wir wirklich?

Freizeit

Neben den Pflichten gegenüber der Familie steht dem Aupair Zeit zum Studieren, für Reisen und kulturelle Aktivitäten zur Verfügung.

Es ist wichtig, in der Freizeit auch einmal rauszukommen! Wenn man den ganzen Tag mit den Kindern zu Hause sitzt, fällt einem leicht die Decke auf den Kopf. Viele Aupairs fühlen sich isoliert und frustriert. Es ist daher wichtig, einen Ausgleich zwischen Daheimbleiben und Ausgehen zu schaffen.

Viele Aupairs haben tagsüber ein paar Stunden frei – z.B. wenn die Kinder in der Schule sind. Diese Zeit kann für den Besuch von College-Kursen genutzt werden, für Sport, Einkaufstouren oder Treffen mit Freunden – je nachdem, was einem Spaß macht. Es ist wichtig, sich mit Freunden zu treffen und richtige Gespräche zu führen. Nach einem Tag voller „Babytalk" braucht man ab und zu ein bisschen anspruchsvollere und vor allem gleichaltrige Gesprächspartner.

Leider neigen die Gespräche mit anderen Aupairs dazu, sich nur um das Leben mit der Gastfamilie zu drehen und mit einer Hervorhebung alles Negativen zu enden. Es ist sinnvoller, über andere Dinge zu diskutieren, um dem Alltag zu entfliehen.

Viele Aupairs besuchen in ihrer Freizeit regelmäßig ein Fitnessstudio oder Sportcenter. Zahlreich vertreten sind z.b. die Fitnessstudios der Kette YMCA. In den USA ist das Angebot in der Regel umfangreicher als hier in Europa. Meist findet man mehrere Turnhallen oder auch ein Hallenbad. Neben Krafttraining und Aerobic gehören normalerweise Basketball, Volleyball, Schwimmen und Turnen zum Sportangebot. Die Fitnessstudios übernehmen dabei die Funktion der Vereine, da es in den USA kein Vereinswesen gibt. Sie haben daher oft mehrere Wettkampfteams und stellen im Foyer stolz deren Pokale und Urkunden aus. Und die Studios dienen nicht nur dazu, Sport zu treiben, sondern auch um Kontakte zu knüpfen. Man lernt junge Leute im eigenen Alter kennen – vor allem auch einmal Nicht-Aupairs und Amerikaner.

Neue Freunde

Wenn man bei der Gastfamilie eintrifft, ist in vielen Fällen das Vorgänger-Aupair noch da. Von dessen Kontakten kann die Nachfolgerin profitieren. Ist man das erste Aupair oder ist das Vorgänger-Aupair bereits abgereist, hilft einem die beim örtlichen Betreuer erhältliche Adressenliste mit allen Aupairs in der Region weiter.

Nichts verbietet uns, diese Aupairs einfach anzurufen. Nur keine Scheu: Andere Aupairs wissen aus eigener Erfahrung, wie es am Anfang ist. Manche Aupairs, die bereits vor Ort sind, melden sich von sich aus bei den neu ankommenden Aupairs, um sie willkommen zu heißen. So findet ein neues Aupair in der Regel schnell neue Freunde für sich und mit den Pflegekindern der Aupairs eventuell sogar neue Freunde für die Kinder der Gastfamilie.

Andrea erzählt, welchen Rückhalt ihr die Aupairfreunde gaben:
Ein Aupair sollte jedoch darauf achten, nicht nur Freundschaften mit Aupairs zu schließen, und vor allem nicht nur mit Leuten aus dem eigenen Heimatland, denn ansonsten besteht die Gefahr, ständig die eigene Muttersprache zu sprechen. Es gibt tatsächlich Aupairs, die ihre Englischkenntnisse aus diesem Grund kaum vertieft haben.

Amerikaner sind kontaktfreudig und offen gegenüber Ausländern. Allerdings ist es für Aupairs mitunter schwierig, Amerikaner der gleichen Altersklasse zu treffen: Diese sind oft am College und wohnen deshalb nicht bei den Eltern. Am besten lernt man sie im Fitnessstudio, bei College-Kursen oder in Discos kennen.

„Man stellt sich das alles ein bisschen anders vor, so war es jedenfalls bei mir. Ich dachte mir immer: *Das muss ja toll sein, dann ein ganzes Jahr mit Amerikanern abzuhängen.* Naja, aber so einfach war es dann doch nicht … Das ist nicht

so wie bei uns in Österreich, wo man sich in ein nettes Café setzt und dann viele Leute trifft. Oder dass man durch Freunde andere Freunde kennenlernt.
Viele Aupairs finden, dass gleichaltrige Amerikaner und besonders Amerikanerinnen aufgrund ihrer Erziehung viel „kindischer" sind, und freunden sich deshalb eher mit Amerikanern an, die einige Jahre älter sind.

Aupair-Sport: „Lästern"

Die Gastmutter hat mal wieder morgens das Haus verlassen, ohne ihr Frühstücksgeschirr und die Zeitung wegzuräumen, weshalb das Aupair vor dem Frühstück der Kids erst einmal aufräumen musste. Dann wurde den ganzen Tag gearbeitet, ohne andere Gesellschaft als die der ewig fordernden Bälger. Aber nun ist endlich Feierabend, und alle Aupairs versammeln sich auf eine Cola oder ein Eis. Allen ging es tagsüber ähnlich, und so ist das Gesprächsthema schnell gefunden: die Gastfamilien!

Bei all den negativen Dingen, die jede(r) an seiner Gastfamilie finden mag, ist das Lästern darüber doch kaum hilfreich. Im Gegenteil: dadurch wird die Laune nur noch schlechter.

Äußerste Vorsicht, irdendwelche Interna ins Internet zu stellen, auf Foren, „sozialen" Medien usw. Alles wird gefunden werden! Das ist sicher.

Apropos Lästern: Was ordentlich auf den Keks gehen kann, ist die auffallende Nennung von Daten, Maßen und vor allem von Preisen usw., ein unglaublich platter Materialismus. So z.B. bei einer Führung, wo es dann heißt, das Gebäude habe soundsoviel Dollar gekostet, wiege soundsoviel Tonnen Stahl, soundsoviel Tonnen Zement usw. Was soll das? Woher rührt das? Als ob der Preis irgendeines Gegenstandes etwas über die Nützlichkeit, den Wert oder was auch immer aussagen könnte.

Geschichtlicher Exkurs

Die „weißen" Ursprünge

Die Geschichte der USA, wie wir sie heute kennen, begann mit der Besiedlung durch europäische Siedler ab Mitte des 16. Jahrhunderts. Das bedeutete gleichzeitig den schrittweisen Untergang der bisherigen Bevölkerung Nordamerikas, der verschiedenen Indianerstämme, die hier im Einklang mit *Father Sky* und *Mother Earth* gelebt hatten.

Bereits Mitte des 16. Jahrhunderts siedelten sich spanische Siedler an der Südküste des Landes an; gründeten St. Augustine im heutigen Florida (1565) und Santa Fe in New Mexico (1609). Zur selben Zeit besiedelten britische Einwanderer unter Sir Walter Raleigh die Ostküste des Landes, insbesondere die Gegend der Chesapeake Bay und um die heutige Stadt Jamestown, der ersten dauerhaften englischen Kolonie.

Die frühen Siedler hatten mit Krankheiten und Unterernährung zu kämpfen, und gerade zu Anfang kamen viele von ihnen in dem noch unbekannten Land ums Leben. Den „Hungerwinter" 1609/1610 beispielsweise überlebten nur 60 von 500 Siedlern.

So wie vorstehende wird die Geschichte meist dargestellt.

Es waren aber ihre indianischen Nachbarn, die die weißen Ankömmlinge vor dem Verhungern retteten, was die nichtindianische Gesellschaft natürlich nicht so gerne hört. Diese Geschichte ist der Ursprung des „Thanksgiving Days", von den Indianern heute als Trauertag betrachtet. Aber wer wüsste das noch? Häuptling Massaoit bewahrte die Siedler vor dem sicheren Tod in der Wildnis und ließ die Kolonie allmählich gedeihen.

Die viel zitierten Pilgerväter schließlich kamen 1620 mit der *Mayflower* und gründeten die Kolonie Plymouth und die *Massachussetts Bay Colony*. Sie emigrierten hauptsächlich aufgrund ihres puritanischen Glaubens, der in starkem Gegensatz zum römischen Katholizismus stand, der in ihrer Heimat praktiziert wurde. Doch die religiösen Konflikte setzten sich auch in der neuen Heimat fort, und nach kleineren und größeren Spannungen innerhalb der puritanischen Gemeinde spaltete sich diese in verschiedene Glaubensrichtungen auf.

Tatsächlich waren die ersten Einwanderer, die Pilgerväter (Puritaner), religiöse Verrückte, Extremisten, Fundamentalisten, die England verließen, weil ihnen die Reformation dort nicht weit genug gegangen war. Die Engländer waren froh, sie loszusein. Heute würden die Behörden ihnen hierzulande zumindest die Kinder wegnehmen, ihre Schulen schließen und sie, Eltern und Kinder, geeigneten, aber jeweils ganz anderen Institutionen überantworten ...

Kaum in Amerika niedergelassen, bekämpften sie die nachfolgenden Quäker, denn im Wahn über ihre „göttlichen Auserwähltheit" pflegten die gottesfürchtigen Krieger auch die Indianer zu massakrieren. Sucht man „Massachusett" bei Wiki, klickt auf die Karte, so springen einem im Siedlungsgebiet der Massachuseuck, Algonkin-Indianer gleich entgegen: Bloody Brook, Großes Sumpfmassaker ...

John Mason, Kommandant, schrieb nach einem Massaker:

"Gott kam über sie und hohnlachte über seine Feinde, die Feinde seines Volkes, und ließ sie zu einem Feuerofen werden... So richtete der Herr die Heiden, und häufte die Toten auf, Männer, Frauen, Kinder. Und so gefiel es denn dem Herrn, unsere Feinde ins Hinterteil zu treten, und uns ihr Land zum Erbteil zu geben."

Die Quäker hingegen bestanden nicht nur auf Glaubensfreiheit und sozialer Gerechtigkeit, sondern achteten auch die Rechte der Ureinwohner. Da sie diesen ihr Land zu "fairen" Preisen abhandelten, entstanden Spannungen mit den raffgierigen frommen "Pilgervätern". Ja, die Quäker wurden selbst von den Puritanern gefoltert und ermordet.

Im Übrigen ist es eine anscheinend unausrottbare Fabel, wie häufig zu lesen, dass die Pilgerväter in England verfolgt worden und ausgewandert seien, um Religionsfreiheit zu schaffen. Nein, ihnen war die relative Religionsfreiheit im damaligen in England ein Greuel. Sie wanderten nach Amerika aus, um dort religiöse Unfreiheit zu schaffen. Selbst als der Diktator Oliver Cromwell die Macht an sich gerissen und ein puritanischen Terrorregime geschaffen hatte, waren sie nicht nach England zurückgekehrt.

Warum nicht? Nun, Cromwell war ihnen noch viel zu lasch. Das beweinten sie in ihrer "Stadt auf dem Hügel" (City on the Hill), dem Bollwerk gegen Unglauben und falschem Glauben. Man suche im Internet „Jereminade".
Diese Geschichte braucht man Amerikanern bei Truthahnessen allerdings nicht aufzutischen ...

Spannungen zwischen den Kolonialmächten gipfelten 1756 im sogenannten Franzosen- und Indianerkrieg, nachdem britische Siedler in das von Franzosen beanspruchte Tal des Ohio eingedrungen waren. Briten und Franzosen bekämpften sich mit ihren jeweiligen indianischen Verbündeten bis zur alles entscheidenden Schlacht auf der Abraham-Ebene bei Québec im Jahr 1759, in der die Briten gewannen und die Franzosen in Folge all ihre nordamerikanischen Kolonien verloren.

Um die Stimmung zwischen britischen Siedlern und Indianern, denen die Franzosen als Handelspartner deutlich lieber gewesen waren, zu verbessern, erließ die britische Regierung Proklamationen wie die von 1763, die die weitere Besiedlung verlangsamen sollte und den Indianern gewisse Rechte zusprach. Gleichzeitig wurden Steuern in den Kolonien erhoben, um die durch den Krieg arg dezimierte Staatskasse wieder aufzufüllen. Dies führte zu Unmut unter den britischen Siedlern, insbesondere, da sie trotz der hohen Steuern nicht im englischen Parlament vertreten waren. Unter Parolen wie *no taxation without representation* kam es zu Protestakten wie der *Boston Tea Party* von 1763, bei der als Indianer verkleidete Siedler den zu besteuernden Tee ins Meer warfen – ganze 342 Kisten. Die britische Regierung reagierte mit verschärften Gesetzen und Zwangsverordnungen, während sich die Siedler formierten und zum Widerstand gegen Großbritannien und dessen *Intolerable Acts* aufriefen. Die Weichen waren gestellt für den Amerikanischen Unabhängigkeitskrieg, der seinen Anfang am 19. April 1775 mit dem Aufeinandertreffen britischer Soldaten und amerikanischer Bürgerwehr bei Lexington nahm. Unter Führung des damaligen Plantagen- und Sklavenbesitzers (!) George Washington stellten die Aufständischen eine Armee zusammen, während Thomas Jefferson – er hatte u.a. eine schwarze Geliebte, die

Sklavin Sally Hemings – an der *Declaration of Independence* bastelte. In ihr formulierte dieser Sklavenhalter einleitend, hier zitiert nach der deutschsprachigen Zeitung „Pennsylvanischer Staatsbote in Philadelphia":
„Wir halten diese Wahrheiten für ausgemacht, daß alle Menschen gleich erschaffen worden, daß sie von ihrem Schöpfer mit gewissen unveräußerlichen Rechten begabt worden, worunter sind Leben, Freyheit und das Bestreben nach Glückseligkeit".
„Alle" stand aber da, „alle" ... Die Indianer erhielten ihre Bürgerrechte übrigens erst in den dreißiger Jahren des 20. Jhs. Die Geschichte mit Sally Hemings wurde übrigens erst vor wenigen Jahren bekannt. Der weißen Linie der Jeffersons, die zur reichen Oligarchie der Ostküste zählt, ist das unsäglich peinlich. Sie meidet jeden Kontakt zu ihren schwarzen Verwandten.

Der rasch einberufene amerikanische Kongress billigte die Unabhängigkeitserklärung am 4. Juli 1776, womit sich auch das Datum des amerikanischen Nationalfeiertags erklärt. Nach zahllosen Schlachten gewannen die von den Franzosen unterstützten Amerikaner 1777 die entscheidende Schlacht von Saratoga und 1781 schließlich den Krieg gegen Großbritannien. Mit dem 1783 unterzeichneten *Frieden von Paris* waren die Vereinigten Staaten ein unabhängiges, freies Land geworden.

Mit seinem Neutralitätskurs legte Washington den Grundstein für den amerikanischen Isolationismus, mit dem die Staaten Konflikte in Europa und anderen fernen Ländern künftig weitestgehend ignorieren wollten.

Mittlerweile sah Spanien seine Position auf dem nordamerikanischen Kontinent geschwächt (es hatte durch das Unabhängigkeitsbestreben der lateinamerikanischen Länder anderswo die Hände voll), weswegen es 1819 Florida an die Vereinigten Staaten abtrat. Gleichzeitig strebten die Siedler weiter westwärts, und in den kommenden Jahren traten zahlreiche Staaten dem Bund bei: Indiana, Mississippi, Illinois, Alabama, Maine und Missouri. Durch die Sklavenhaltung in den Südstaaten entstand aber auch Uneinigkeit innerhalb des Staatenbundes.

In der ersten Hälfte des 19. Jahrhunderts durchlief das Land einen großen Wandel; größtenteils hervorgerufen durch die beginnende Industrialisierung, aber auch wegen des raschen Bevölkerungsanstiegs und Fortschritten in Landwirtschaft und Verkehrswesen. Die Zeit war geprägt von Wirtschaftswachstum. Gleichzeitig vergrößerte sich aufgrund der Sklavenfrage die Kluft zwischen Nord- und Südstaaten. Durch die föderalistische Regierungsform konnte jeder Staat in dieser Frage selbst entscheiden. Der industrialisierte Norden, in den die Immigranten nur so strömten, benötigte keine Sklaven und lehnte die Sklavenhaltung ab; im Süden mit seinen Baumwollfeldern und der harten Arbeit darauf erschien die Sklaverei den weißen Siedlern als unabdingbar. 1833 entstand im Norden die *American Anti-Slavery Society*.

In den kommenden Jahren traten mit Arkansas (1836) und Michigan (1837) jeweils ein Süd- und Nordstaat dem Bund bei, 1845 kam mit Texas ein weiterer

Südstaat hinzu. Unter der Parole der *Manifest Destiny* wurde die Expansion westwärts vorangetrieben. Der Journalist John L. O'Sullivan hatte die Doktrin geprägt, als er von der „offenkundigen Bestimmung" sprach, die, einem göttlichen Auftrag gleich, den USA die Aufgabe erteilte, den gesamten Kontinent einzunehmen. Die umstrittene, jedoch von vielen befürwortete Doktrin sprach den (weißen) Pionieren das Recht zu, die Ideale von Freiheit und ihrer Nation über die Landesgrenzen hinauszutragen und den gesamten nordamerikanischen Kontinent zu missionieren.

Sklaverei

Unterdessen verschärfte die Sklavenfrage weiter den Gewissenskonflikt zwischen Nord und Süd; angeschürt durch den mexikanisch-amerikanischen Krieg (1846-1848) und Gerichtsbeschlüsse wie den Fall *Dred Scott v. Sandford*, mit dem u.a. die Abschaffung der Sklaverei als verfassungswidrig erklärt wurde. Die Wahl des republikanischen Präsidentschaftskandidaten Abraham Lincoln (1860), einem erklärten Gegner der Sklaverei, war der Tropfen, der das Fass zum Überlaufen brachte. Die Südstaaten wollten sich vom Staatenbund abspalten – Geburtsstunde des Amerikanischen Bürgerkriegs, der auch Sezessionskrieg genannt wird. Den Anfang machte South Carolina; kurze Zeit später sagten sich auch Mississippi, Florida, Louisiana, Georgia und Alabama vom Staatenbund los. Sie gründeten die Konföderierten Staaten von Amerika (*Confederate States of America*), denen bald Texas, Arkansas, Virginia, Tennessee und North Carolina beitraten. In seiner *Gettysburg Address* sprach Lincoln Grundfragen der Demokratie an und erklärte den Konföderierten den Krieg. Nach mehreren Niederlagen des Nordens und um die Unterstützung des Südens durch den Handelspartner Europa zu erschweren, wurde die Sklavenfrage zur Rechtfertigung des Kriegs. Nachdem die Konföderierten 1865 kapitulierten, erhielten die Sklaven durch den 13. Zusatzartikel der Verfassung ihre Freiheit – gleiche Rechte wie den Weißen blieben ihnen aber weiterhin verwehrt. Die *Jim Crow*-Gesetze ab 1876 propagierten die Rassentrennung und beschränkten die Rechte der ehemaligen Sklaven.

Ihre heutige Position als Wirtschaftsmacht Nummer 1 etablierten die Vereinigten Staaten hauptsächlich in der „Zweiten Welle" der Industrialisierung von 1865 bis 1914. Rockefeller, Bell oder Edison waren nur einige der Großunternehmer, die in diesen Jahrzehnten mächtig profitierten. Es war die Geburtsstunde des Telefons, der Glühbirne und des Grammophons.

In diesen Jahren entstanden das Bündnis der NATO (*North Atlantic Treaty Organization*) und der UNO. Die kommenden Jahrzehnte waren geprägt von einem Gefühl der Desillusionierung und des Misstrauens gegenüber der Politik.

G.W. Bush

Die Amtsperiode des nun folgenden Präsidenten, George W. Bush, war geprägt von den Nachwehen der Terroranschläge des 11. Septembers 2001. Der Standort der beiden Türme des Word Trade Centers wurde mit „Ground Zero" bezeichnet. Den gab's schon mal: Es war die Brücke über den Fluss in Hiroshima, Ziel der Atombombe ... Mit dem W*ar on Terrorism* wurde der Krieg mit Afghanistan und dem Irak ausgetragen, unter weltweit wachsender Kritik. Empört über die ablehnende Haltung vieler europäischer Länder kam es zum Boykott bestimmter Waren, z.B. (französischem) Champagner. In einigen Fast-Food-Restaurants, angeführt von der Kantine der Republikaner, wurden die vormals *French fries* genannten Pommes frites in *Freedom fries* umgetauft, und *French toast* in *Freedom toast*. Die euro-amerikanischen Beziehungen haben sich seitdem jedoch gebessert, und einer der ursprünglichen Initiatoren der *Freedom fries*-Episode, der republikanische Abgeordnete Walter B. Jones, Jr., sprach vielen mit dem Wunsch aus der Seele, das Ganze sei nie passiert.

Bush ist übrigens Mitglied eines sehr seltsamen, geheimisvollen Vereins, der *Skulls & Bones*, der krakenartig die Politik und Schaltstellen der Macht durchwuchert, und von dem niemand so richtig weiß, was getrieben wird. Man suche mal im Internet. Bemerkenswert für eine Demokratie.

Der Abu-Ghuraib-Folterskandal diskreditierte das amerikanische Engagement im Irak vollends. Es kam heraus, dass Vizepräsident *Dick Cheney*, Justizminister *John Ashcroft*, sowie Verteidigungminister *Donald Rumsfeld* den Weg für die nach den Genfer Konventionen verbotenen Folterungen generell freigemacht hatten. Belangt wurden allerding nur niedrigere Ränge.

Ein anschließender Skandal, nämlich die Ermordung unbewaffneter Reuters-Journalisten im Irak durch einen amerikanischen Hubschrauber, wurde erst 2010 unter Obama bekannt.

Obama

Die Obama-Periode ließ sich zunächst hoffungsvoll an, fiel aber in die Zeit der Wirtschaftskrise mit Arbeitslosigkeit und vielen Problemen. Während Bush eine sehr schlechte Figur beim Wirbelsturm Katrina machte, zeigte sich Obama bei der Deepwater Horizon kompetenter. Die Umweltschäden mindern konnte auch er nicht. Die Fische in dem betroffenen Gebiet am und im Golf von Mexiko weisen Herzfehler und Verkrüppelungen auf.

Bald gibt es eine kleine Kraftprobe zwischen Obama und den Banken.
E bestellt sdie dreizehn wichtigsten Banker, darunter Lloyd Blankfein, 2009 zu sich und warnt sie vor einer öffentlichen Wut. „Draußen erwartet Euch das Volk mit Mistgabeln. Volk will Köpfe rollen sehen". Das Land steckt in der Rezession,

und die Banken überleben nur, weil der Staat öffentliche Gelder ins System pumpt. Nach einer kleinen Schockstarre machte der Chef von Goldman-Sachs klar, wer im Lande das Sagen hatte und glänzte durch Abwesenheit bei einem von Obama anberaumten Treffen höchster Bankvertreter im September desselben Jahres, wo Obama ihnen die Leviten lesen wollte.

Innenpolitische Versprechen wie die Gesundheitreform sowie die Schließung der Folteranstalt Guantanamo konnten nicht umgesetzt werden. Zwar erhielt Obama den Friedensnobel-Preis, aber niemand konnte so richtig erklären, warum ein Kriegsherr, der grade 30.000 zusätzliche Soldaten nach Afghanistan. geschickt hatte, einen Friedenspreis bekommen sollte. Der erste, der ihn erhielt, war immerhin der Schweizer *Henri Dunant* gewesen. Da wusste man noch weshalb. Bekämpft wurden die Taliban, die Obamas Vorgänger doch, im Widerstand gegen die russische Besetzung und seinerzeit noch unter anderer Bezeichnung, erst ausgebildet und bewaffnet hatten. Damals waren die kampflüsternem Mudschahedin in Tracht noch keine Terroristen, sondern ‚Freiheitskämpfer' mit lustigen ‚Freiheitshüten'.Bis heute sind die Raketenwerfer, die *Charlie Wilson* an die Mudschahidin liefern ließ, im Umlauf, und die CIA versucht verzweifelt, sie heimlich zurückzukaufen. Der Krieg gegen den Terrorism ist teils einer gegen die eigenen Ex-Kumpane. Nachzulesen in der WELT unter „Wie Afghanistan zum sowjetischen Trauma wurde". Der Spielfilm "Der Krieg des Charlie Wilson", mit Tom Hanks schildert diese Geschichte.

Im November 2010 veröffentlicht WikiLeaks Depeschen amerikanischer Botschaften, eine Sammlung von einer Viertelmillion interner Berichte und Lagebeurteilungen der US-Botschaften in aller Welt an das US-Außenministerium (Zeitraum (Dezember 1966 bis Februar 2010). Diese auch Cablegate genannte Aktion stürzte die USA weltweit in eine peinliche Lage und zeigte auch diverse Verbrechen auf., so 303 Fälle von Folter durch ausländische Einheiten im Irak im Jahre 2010. Der „Verräter", der US-Soldat *Bradley Manning* wurde zu 35 Jahre Freiheitsstrafe.verurteilt und war zeitweise in Isolationshaft. Zu den Dokumenten zählt auch Filme über den Beschuss und Tod irakischer Zivilisten sowie der erwähnte der Reuters-Journalisten durch einen amerikanischen Kampfhubschrauber im Juli 2007 in Bagdad, veröffentlicht von WikiLeaks unter dem Titel „Collateral Murder". Seit der Isolatationshaft tickt Manning leider wohl nicht mehr so richtig, behauptet er doch, eine Frau zu sein und „Chelsea" heißen zu wollen.

Innnenpolitisch war die Hinrichtung *Bin Ladens* ein Glücksfall, Balsam auf den wunden Seelen vieler Amerikaner, Streicheleinheiten für den Nationalismus. Die Aktion hier hieß „Geronimo", nach dem berühmten Indianerhäuptling. Wenn man die Geschichte kennt, so ist das genauso unpassend und entsetzlich peinlich wie die vorstehende „Ground Zero"-Bezeichnung. Man lese die Geschichte *Geronimos*, dieses gejagten, gequälten, Indianerhäuptlings, mal im Internet nach.

Bei vielen in Europa war Obama dann unten durch, als die weltweiten Abhörpraktiken der NSA durch die Enthüllungen *Edward Snowdons* ans Licht kamen. Bekanntlich wurde selbst das Handy von Merkel abgehört. Die Beziehungen waren gespannt, so dass die Diplomatin und Europaberaterin *Victoria Nuland* die EU sogar „ficken" wollte, s. auch den Abschnitt über das „Fluchen". Die Amerikaner blieben seltsam stumm und beschwerten sich gar nicht mehr, darüber abgehört worden zu sein. Bis weit ins Jahr 2013 warfen sie den Chinesen illegales Abhören vor, bis im März 2014 durch Snowdon herauskam, dass der US-Geheimdienst intensiv chinesische Politiker und Unternehmen ausgehorcht hatte.

Über die Amtseinführung Obamas schreiben zwei Aupairs:
„Einige Tage vor den Wahlen haben wir Pizza selbst gebacken, und mein Gastvater trug ein Shirt mit "Biden-Obama", von dem ich unbedingt ein Foto für Daheim machen sollte, damit jeder wusste, welcher Präsident der Richtige sei.
Bei der Amtseinführung ging ich zusammen mit meiner Gastmutter zur Seattle-Universität, wo sie arbeitet. In einem Hörsaal für ca. 200-300 Menschen wurde dort auf einer Großbildleinwand alles übertragen. Es war fantastisch mit anzusehen, wie stolz jeder auf den neuen Präsident war. Zu Ende, als Obama seinen Eid abgelegt hatte, waren alle unglaublich glücklich. Sie schrien, klatschten, umarmten sich, und das minutenlang. Ich habe alles auf Video aufgenommen und kriege heute noch eine Gänsehaut bei der Erinnerung.

Anders bei *Maria*, deren Gasteltern Republikaner waren und den Amtswechsel folglich nicht feierten.
Da sie sich das historische Ereignis aber nicht entgehen lassen wollte, fuhr sie mit einer Freundin zum "We are one"-Konzert nach Washington DC, das zwei Tage vor der Amtseinführung stattfand. „Das Konzert war großartig. Neben Auftritten von U2, Stevie Wonder, Bon Jovi und Bruce Spingsteen gab es viele Reden von Schauspielern und sonstigen Prominenten wie z.B. Samuel Jackson, Jack Black, Tiger Woods und Tom Hanks. Die aufregensten Minuten waren jedoch die Ansprache von Joe Biden sowie Barack Obama. Man konnte in der Menge soviel Freude und Hoffnung spüren – das war ein unbeschreibliches Erlebnis."

Na, ja, war es das, und dann?

Politische Struktur

Die Regierung in Washington hat wesentlich weniger Einfluss auf das alltägliche Leben der Amerikaner als gemeinhin angenommen wird; weit mächtiger ist die Landes- und Kommunalpolitik. Die einzelnen Staaten besitzen eine hohe Souveränität; der Bund ist hauptsächlich für Außenpolitik zuständig und übernimmt im Inneren nur wenige Aufgaben. Das zeigt sich schon allein daran, dass jeder Staat seine eigenen ID-Cards und Führerscheine herausgibt, eigene Heere und Luftwaffen hat sowie komplett eigene Rechtssysteme. Auf Staatenebene wird entschieden, ab wann Alkohol getrunken und der Führerschein gemacht werden darf und wer wen heiraten kann. Auch in Sachen Bildung und Gesundheit verfolgt jeder Staat eine eigene Politik. Jeder Staat und sogar jede Kommune setzt die eigenen Steuern fest, jede Stadt hat ihre eigene Polizei. Auch die Solidarität unter den Staaten ist sehr gering. Nie im Leben würde es einem Bundesstaat einfallen, Gelder zu Infrastrukturmaßnahmen wie bei uns beim „Aufbau Ost", Solidaritätszuschlag usw., bereitzustellen oder gar ihn vor der Pleite zu retten, wie es in Europa mit Irland, Griechenland usw. der Fall war.

Parteien

Einer der großen Unterschiede zwischen beiden Parteien ist der Wunsch nach mehr Autonomie bzw. Zentralismus, während die Teilung in Europa ganz anders verläuft, nämlich zwischen Links und Rechts.. Die Demokraten möchten der Regierung in Washington D.C. möglichst viele Kompetenzen zuweisen (insbesondere soziale), während die Republikaner stäker an der Selbstverwaltung der einzelnen Bundesstaaten interessiert sind und die Zentralmacht auf das Wichtigste beschränken möchte. Viele bei uns sehen den amerikanisch Präsidenten als „den mächtigsten Mann der Welt". Weit gefehlt. So drehten die Republikaner der Bundesregierung 2012 einfach mal wieder den Hahn zu, um Zugeständnisse u.a. bei der Gesundheitsreform zu erzwingen, so dass der Staat mal wieder pleite war und wochenlang nicht seine Angestellten bezahlen konnte.

Demokratische Partei

Die *Democrats* gelten als progressiver und weniger konservativ als die *Republicans* und. sind politisch eher links angesiedelt. Wähler der Demokratischen Partei kommen überwiegend aus den bevölkerungsreicheren Städten und Staaten des Nordostens, der Großen Seen und der Pazifikküste, sind „linke Intellektuelle" oder kommen aus der Arbeiterschicht. Die Partei setzt sich für Farmer, Arbeiter, Gewerkschaften und religiöse und ethnische Minderheiten ein.

Republikanische Partei

Die *Republicans* sind die andere große Partei in den USA und gelten als weit konservativer. Wähler der Republikaner stammen überwiegend aus kleineren Städten aus dem Süden oder aus dünn besiedelten Gebieten vom Land; aber auch von der in den Vorstädten großer Städte lebenden Mittelschicht. Die eher rechts angesiedelte Partei zählt auch die religiöse Rechte zu ihren Befürwortern. Politisch stellt sich die Partei gegen Abtreibung, die Gleichstellung homosexueller Paare und Restriktionen beim Waffenbesitz. Spenden erhält die Republikanische Partei vor allem von Seiten der Rüstungs-, Tabak- und Ölkonzerne.

Finanzierung – United Citizens

Ab den sechziger, siebziger Jahren wird die Politik zunehmend vom Geld und vom Kapital bestimmt. Wer gewählt werden will, muss in großen, teuren Medien präsent sein, so dass heute ungemein viele Millionäre im Kongress sitzen.

Im Januar 2010 verkündete der das Oberste Bundesgericht, der „Supreme Court" ein verheerendes Urteil. Das "United Citizens"-Urteil, erlaubt eine unbeschränkte Finanzierung von Parteien durch Unternehmen, Gewerkschaften und Privatpersonen. Damit ist das polititische System in eine andere Welt abgeglitten. Diejenigen, die am meisten Geld haben, haben nun entscheidenden Vorteil. Das Kapital bestimmt, wo´s langgeht.

Analysten fragen sich, ob das Land nicht zu einer Oligarchie bzw. Plutokratie geworden ist.

Feiertage

Valentine's Day

Anders als in Europa geht es in den USA nicht nur darum, seinem Liebsten etwas zu schenken. Vielmehr werden auch Familie und Freunde mit Karten bedacht, manchmal schenkt man ihnen auch eine Kleinigkeit.

In den Schulen und Kindergärten wird gebastelt. Die Kinder verteilen untereinander Valentine Cards. In den Läden kann man Valentinskarten von Disney oder Kinder-Fernsehserien etc. als „Klassensets" kaufen, mit einer kleinen Karte für jeden Klassenkameraden, in der man dann nur die Felder „from" und „to" ausfüllen muss, und einer etwas größeren Karte für den Lehrer/die Lehrerin.

Typische Sprüche für solche Karten sind:
„I'm glad we're friends"
„Just want you to know,
I'm as glad as can be
That someone like you
Is a friend to me!"
"Have a Great Valentine's Day!"

4. Juli – Nationalfeiertag

Bis heute ist dieser Tag der bedeutendste amerikanische Feiertag und wird ausgelassen gefeiert. Von „Rothäuten" allerdings vielleicht nicht so doll. Warum nur, warum? Jeder packt spätestens jetzt den großen Grill für eine Gartenparty aus, in den Straßen finden Paraden statt, große Sport-Events werden ausgetragen – kurz, fast alle sind auf den Beinen und feiern. Der Abend endet in den meisten Städten mit einem mehr oder weniger großen Feuerwerk. In den Großstädten wie beispielsweise New York City bezahlt die Stadt Pyrotechniker, die ein professionelles Feuerwerk an den Himmel zaubern.

Ein Aupair schreibt:

Bei diesem Spektakel herrschen natürlich die Farben der amerikanischen Flagge vor. In vielen Shops kann man alle möglichen Gegenstände mit dem Design der amerikanischen Flagge kaufen. Da gibt es Flaggen in allen Größen, Kleidung, Kekse und vieles mehr. Und auch Karten für Verwandte und Freunde sind im Angebot.

Gleichgültig wie lange man sich bereits in den USA aufhält, ob man schon fast wieder nach Hause fährt oder gerade erst angekommen ist, dieser Tag ist auf alle Fälle Teil der amerikanischen Kultur und sollte mit Amerikanern gefeiert werden.

Es ist schön, mitzukriegen, dass es auch Länder gibt, in denen die Bewohner noch stolz darauf sind, ein Teil davon zu sein, egal wie schwer die Zeiten sind und wer der Präsident ist.

Von diesem Feiertag war auch *Maria* beeindruckt, die den Tag mit ihrer Gastfamilie in deren Strandhaus in New Jersey verbrachte, in dem sie jedes Jahr eine große Party veranstalten. „Der 4. Juli ist wohl der größte Feiertag in Amerika – ich würde sogar behaupten, er wird viel mehr gefeiert als Thanksgiving und Weihnachten zusammen.

Wenige Tage davor gingen die Vorbereitungen los. Die ganzen Straßen, Geschäfte und Häuser wurden mit Fahnen ausgestattet – bzw. eben überall, wo vorher noch keine Fahne gehangen hatte. Riesige Plakate hingen in den Straßen mit Aufschriften und guten Wünschen für ein tolles Unabhängigkeitswochenende. Zu unserer Party am Strandhaus fanden sich viele Nachbarn und Freunde ein. Alle Kinder waren in Blau-Weiß-Rot gekleidet, und jeder hatte kleine Fähnchen und Sticker. Das Buffet reichte vom traditionellen amerikanischem Essen (Burger, Truthahn, Steaks, Pommes) über leckere Snacks (alle in Blau-Weiß-Rot) und einer riesigen Torte mit einer Widmung an das unabhängige Amerika. Während der Party wurde Karaoke gesungen; die meisten Hits waren patriotische amerikanische Lieder. Ich musste auch singen und entschied mich für das einzige deutsche Lied in der DJ-Playliste: Nenas *99 Luftballons*. Später am Abend gab es ein riesiges Feuerwerk am Strand, wunderschön und natürlich in den Farben der amerikanischen Flagge gehalten. Es war toll, mal wieder ein Feuerwerk zu sehen, da es dort sonst verboten ist, sogar zu Silvester. Ich finde den Nationalstolz der Amerikaner gut. Es war schön, am 4. Juli ein Teil davon zu sein."

Städte wie Boston und Philadelphia ziehen ob ihrer Bedeutung in der amerikanischen Geschichte besonders viele Besucher an. In Boston segelt alljährlich die USS John F. Kennedy zu den Klängen des Boston Pops Orchestra in den Hafen. In Philadelphia wird rund um die Independence Hall gefeiert, wo historische Szenen von Schauspielern nachgespielt werden und die Unabhängigkeitserklärung verlesen wird. In Flagstaff in Arizona findet jedes Jahr ein dreitägiges Indianer-Pow-Wow statt.

In New York City wird der Tag mit einer großen Parade am Nachmittag gefeiert. Der Abend allerdings gehört dem südlichen Zipfel Manhattans. Südlich der Brooklyn Bridge wird dort gegen 21 Uhr 30 ein Feuerwerk abgeschossen, eine bleibende Erinnerung. Pier 17 ist eine gute Adresse, um sich das Spektakel aus nächster Nähe anzusehen. Wer das Feuerwerk nicht von der letzten Reihe aus sehen will, muss sich allerdings spätestens drei Stunden vor Beginn seinen Platz dort sichern. Familien bringen Barbecues mit, grillen, machen Musik und vertreiben sich so die Zeit bis zum großen Feuerwerk, das sich ca. über eine halbe Stunde erstreckt.

Thanksgiving

Thanksgiving Day (am vierten Donnerstag im November) ist wohl einer der schönsten Feiertage der USA. Familien und Freunde treffen sich mit dem alleinigen Ziel, das gemütliche Zusammensein zu genießen. Der Geschenkestress der anderen Feiertage entfällt, stattdessen wird jede Menge gegessen.

Der November ist daher für amerikanische Hausfrauen und Hausmänner eine stressige Zeit. Schon Tage vor dem großen Fest wird geschmort, gebacken und gebraten. Und schließlich wird geschlemmt, dass sich die Tische biegen. Zum Truthahn gehören Kürbis, Mais, Preiselbeersoße, Kartoffeln und alles, was Küche und Keller sonst noch hergeben.

Das große Schmausen hat lange Tradition: Thanksgiving erinnert an das erste Erntedankfest der Pilgerväter (die ersten puritanischen Ansiedler in Nordamerika) im Jahr 1621. Diese waren allerdings nicht wegen religiöser Verfolgung mit der legendären Mayflower aus Europa nach Massachusetts geflohen, wie oft zu lesen, sondern weil sie als religiöse Verrückte, Extremisten galten, und nicht gerade besonders beliebt waren. Rund die Hälfte der Pilger überlebte den ersten harten Winter nicht. Doch im zweiten Jahr waren die Vorratskammern rechtzeitig gefüllt. Rettender Engel war ein englisch sprechender Indianer namens Squanto. Er zeigte den Städtern das Jagen, Fischen und Fallenstellen. Außerdem lehrte er die Einwanderer, welche Gemüsesorten und Früchte genießbar waren. Er brachte ihnen bei, Heilkräuter von giftigen Pflanzen zu unterscheiden, indianischen Mais anzubauen und den Sirup aus den Ahornbäumen zu zapfen.

Nach europäischer Tradition dankten die Pilger Mutter Natur für die reichen Gaben und luden dazu auch den Häuptling des Nachbarstammes ein. Die weißen Einwanderer erschraken nicht schlecht, als dieser mit 90 Gästen auftauchte. Die Indianer wollten nämlich ihr eigenes Herbstfest feiern – den Grünen Maistanz, ein Reinigungsritual. Dazu hatten sie Proviant mitgebracht: fünf ganze Rehe. So schlemmten und feierten 140 Menschen drei Tage lang und sorgten dafür, dass dieses Fest ein unvergessliches Ereignis in der Geschichte der Vereinigten Staaten blieb.

Den Indianern bekam der Kontakt mit den frommen Fundamentalisten wenig, wie erwähnt, denn bald begannen diese sie zu massakrieren.

Halloween

Der gruseligste und schaurigste Feiertag der USA ist zweifelsohne "Halloween"!

Der Begriff ist eine Abwandlung von „All Hallows' Eve" und bezeichnet den Abend vor Allerheiligen. Dieser Feiertag geht auf das keltische Fest zur Feier von Winter- und Jahresanfang zurück.

Traditionell ziehen die Kinder an dem Abend kostümiert von Haus zu Haus und rufen „trick or treat" (entweder Süßigkeiten oder ein Streich). Rücken die Bewohner nichts heraus,. so spielen die Kinder ihnen einen bösen Streich.

Es macht wirklich jede Menge Spaß, dort mitzulaufen. Wer das erste Mal Halloween feiert, sollte es sich nicht entgehen lassen, einen eigenen Kürbis zu dekorieren. Dazu den Deckel des Kürbisses abschneiden, aushöhlen und lustige oder gruselige Gesichter mit einem Messer oder einem Halloween Carving Set ausschneiden. Dann wird ein Teelicht eingesetzt und der Deckel wieder aufgesetzt. Aus den Kernen und dem eigentlichen Kürbisfleisch kann man tolle Gerichte herstellen.

Tipp: in den USA werden damit eher süße Dinge wie *Pumpkin Pie* hergestellt. Eine gute Kürbissuppe käme bestimmt nicht schlecht an! Dazu gewürfeltes Kürbisfleisch in Brühe weich kochen, pürieren und mit Gewürzen (Salz, Pfeffer, Muskatnuss) verfeinern sowie nach Belieben Sahne und/oder Weißwein.

Weihnachten

Auch der Weihnachtsbrauch wird hier ein wenig anders gelebt als bei uns in Europa. Das Christkind ist in den USA nämlich kein Thema. Geschenke gibt es nicht am Heiligabend, sondern erst am Weihnachtsmorgen. Meist liegen sie aber schon in den Tagen und Wochen davor verlockend verpackt unterm reich geschmückten Weihnachtsbaum. Auch Vorgärten, Hausdächer und die gesamte Stadt sind meist schon seit Halloween mit der Weihnachtsdekoration geschmückt – Lichterketten en masse, aber auch große leuchtende Plastikweihnachtsmänner, Rentiere mit blinkenden Nasen und glitzernde Sterne und Engelsfiguren. Für den europäischen Geschmack an Kitsch grenzend, sind die Amerikaner meist sehr stolz auf ihre festliche Dekoration.

In der Nacht vor Weihnachten, vom 24. auf den 25. Dezember, soll der Weihnachtsmann dann durch den Kamin kriechen. Deshalb stellen viele amerikanische Kinder einen Teller mit Keksen und ein Glas Milch ins Wohnzimmer, damit sich der Weihnachtsmann stärken kann. Oft werden auch ein paar Karotten oder Zuckerstückchen für die Rentiere Dasher, Dancer, Prancer, Vixen, Donder, Blitzen, Cupid, Comet und Rudolph dazugelegt. Der Weihnachtsmann revanchiert sich, indem er die zuvor am Kamin (oder Treppengeländer) aufgehängten Strümpfe (*Christmas-stockings*) der Kinder mit kleinen Geschenken und Süßigkeiten füllt. Der Jubel am nächsten Tag ist groß, besonders, da Santa Claus die Milch ausgetrunken und lediglich ein paar Kekskrümel hinterlassen hat.

Am 25. Dezember stehen deshalb sehr zum Ärger der meisten Eltern und wohl auch Aupairs die Kinder in aller Herrgottsfrühe auf und stürmen das Wohnzimmer. Dann wird den ganzen Tag ausgepackt, gespielt und gegessen.

Hanukkah

Hannukkah (auch *Chanukah* oder anders geschrieben) ist ein jüdisches Fest im Dezember. Da sich die jüdischen Feiertage nach dem Mondkalender richten, fallen die Termine jedes Jahr etwas anders. Hannukkah ist ähnlich wie Weihnachten bei den Christen das schönste und wichtigste jüdische Fest im Jahr. Und das allerschönste ist: es dauert acht Tage, und damit gibt es an acht Abenden Geschenke! Das ist wie eine Woche Weihnachten. Nur leider muss man deshalb für jeden mehrere Geschenke (es müssen nicht unbedingt ganze acht sein, aber in der Regel schenkt man mehrere Geschenke) lockermachen.

Über die Feiertage gibt es jeden Abend ein leckeres Essen. Anschließend werden Geschenke ausgepackt und traditionelle Spiele gespielt. Zu Hannukah gehört – wie bei den Christen der Weihnachtsbaum – die Menorah. Das ist ein achtamiger Kerzenleuchter. Jeden Abend wird eine Kerze mehr angezündet, bis am letzten Abend alle acht brennen.

Woran dieses Fest erinnern soll? Es waren einmal die Assyrer, die über Israel herrschten und dessen Bevölkerung unterdrückten. Die Assyrer wollten die Juden zur Aufgabe ihres Glaubens zwingen, indem sie deren Tempel dadurch schändeten, dass sie ihn in einen Viehstall verwandelten.

Die Juden setzten sich jedoch zur Wehr. Nach dem Sieg über die Assyrer wurde der Tempel wieder seiner einstigen Funktion geweiht. Es folgte die Herrschaft der Juden über das alte Israel, die über ein Jahrhundert andauern sollte. In den Geschichtsbüchern liest man über "das Wunder des Lichts". Im Tempel der Juden war nur noch Öl für einen einzigen Tag. Wie durch ein Wunder reichte das Öl jedoch über acht Tage, bis Nachschub aus Galiläa beschafft werden konnte.

An Hannukkah wird jedoch nicht nur dieses Wunders gedacht. Vielmehr geht es darum, in dunklen Zeiten Licht zu finden und Traditionen und Geschichte aufrechtzuerhalten.

Silvester

Besonders bekannt ist die New Year's Eve Party in New York, die seit 1904 am Times Square gefeiert wird. Damals weihte die New York Times ihr neues Firmengebäude am Times Square mit einem Feuerwerk ein. Kernstück der Zeremonie ist die beleuchtete Kugel, die sich alljährlich zum Jahreswechsel Kugel herabsenkt – ein Spektakel, das von mehr als einer Milliarde Fernsehzuschauer verfolgt wird. Ursprünglich war die Kugel aus Holz und Eisen, dekoriert mit 100 Glühbirnen. Die heutige Kugel wurde von Waterford Kristall entworfen, wiegt eine halbe Tonne und leuchtet und funkelt nur so, dank der 500 Kristalle und fast 1000 Glühbirnen, die sie zieren. Genau eine Minute vor Mitternacht beginnt der Kristallball, sich zu senken und alle zählen laut mit. Punkt Mitternacht, wenn die Kugel ihr Ziel erreicht hat, wird das Feuerwerk gezündet, und alle fallen sich in die Arme und wünschen sich "Happy New Year".

Tradition ist es auch, um Mitternacht das ursprünglich schottische Lied *Auld Lang Syne* zu singen.

Der eigentliche Feiertag ist dann der *New Year's Day*, auch "Football Day" genannt, da den ganzen Tag Sport übertragen wird und Football Parties stattfinden. Wem der ganze Football-Rummel auf den Geist geht, der sollte einfach shoppen gehen – die Malls werben mit Sonderangeboten für die "football widows". Das typische Neujahrsessen besteht aus herzhafter, einfacher Kost: Schinken (*ham*), Bohnen, Reis und gemischtes Blattgemüse (*collard greens*). Letzteres soll wegen seiner Farbe an die grünen Dollarscheine erinnern, die Schwarzaugenbohnen dagegen an kleine Münzen. Beides verheißt angeblich Wohlstand!

Ostern

Eine beliebte Tradition (von der zugegenermaßen nur ein geringer Prozentsatz der US-Regierung etwas hat) ist das Ostereiersuchen auf dem Rasen des Weißen Hauses, zu dem der Präsident alljährlich einlädt, der Easter Egg Roll. Die bis zu zwölfjährigen Kinder und ihre erwachsenen Begleiter suchen die Tausende von Eiern, die auf dem Gelände versteckt wurden, und inmitten der Suche tummelt sich auch immer ein Osterhase in Mannsgröße, ein unglücklicher Mitarbeiter des Weißen Hauses, der an diesem Tag hoppelnd seine Brötchen verdienen muss ...

Typisch sind auch die Oster-Paraden, von denen die größte in New York City in der Fifth Avenue stattfindet.

Eine besondere Ostertradition gibt es in Louisiana, das so genannte "egg tapping" oder „egg knocking". Der älteste dieser Wettbewerbe findet in Marksville statt, zum ersten Mal übrigens in den 1950ern. Ostersonntag versammeln sich die Wettbewerbsteilnehmer auf den Stufen des Gerichtshauses und klopfen zwei Eier gegeneinander. Wessen Eierschale knackst, hat das Ei verloren, was so lange wiederholt wird, bis nur noch das Sieger-Ei unversehrt ist.

Memorial Day

Der wegen der vielen Fahnen auch "Decoration Day" genannte Feiertag wird immer am letzten Montag im Mai begangen und ist der Tag, an dem der Toten gedacht wird, die in Kriegen der letzten Jahrhunderte „für ihr Vaterland gefallen" sind, wie es so schön heißt. Um drei Uhr nachmittags findet eine Gedenkminute statt.

Die US-Flagge wird allerorten auf Halbmast gehisst, Soldatengräber werden besucht und mit Blumen, Kerzen und Fähnchen geschmückt. Außerdem gibt es viele Paraden. Gleichzeitig ist der bundesweite Feiertag eine gute Gelegenheit für Familien und Freunde, am ersten langen, warmen Wochenende des Jahres gemeinsam den Sommer einzuläuten – am liebsten natürlich beim Barbecue.

St. Patrick's Day

St. Patrick ist eigentlich der irische Schutzpatron; da aber ca. ein Fünftel der weißen US-Bürger irische Wurzeln hat, wird der Feiertag am 17. März auch in den USA gefeiert. Es ist ein Volksfest, bei dem sich alle grün anziehen und ordentlich betrinken. Überall sind auch Kleeblattsymbole zu sehen, das Symbol der heiligen Dreifaltigkeit. Grün symbolisiert dagegen die grüne Natur Irlands. In Chicago wird seit 1962 der Fluss grün gefärbt – ursprünglich eine Idee der Kanalarbeiter, die die grüne Pflanzenfarbe nutzten, um Rohre zu überprüfen. Die Idee wurde von anderen Städten übernommen – in Indianapolis wird der Hauptkanal grün gefärbt, in Savannah und Columbia sind es die städtischen Brunnen, in Jamestown in New York ist es der Fluss Chadakoin. Im Nordosten der USA werden am St Patrick's Day traditionellerweise Erbsen gepflanzt.

Die großen Einwanderungswellen aus Irland fanden zwischen 1820 und 1880 statt, nachdem mehrere Kartoffel-Missernten bis zu 3,5 Millionen hungrige irische Landpächter ihre Heimat verließen. In den USA arbeiteten die irischen Einwanderer zunächst vor allem als einfache Hilfskräfte, im Eisenbahnbau und in Fabriken. Nach und nach ergriffen immer mehr Iren auch den Beruf des Polizisten oder Feuerwehrmanns – noch heute sind die Iren in diesen Berufsgruppen überdurchschnittlich stark vertreten.

Manuskripte gesucht!
Wir suchen laufende interessante Manukripte zu Sachthemen

info@interconnections.de

AUPAIR UND JUSTIZ

Ein tragischer Vorfall

Trauriger Tiefpunkt in der Geschichte des Aupair-Programms ist der Prozess um den Tod eines kleinen Babys im Alter von acht Monaten, der monatelang die amerikanische Öffentlichkeit beschäftigte und zu einem der berüchtigtsten Gerichtsverfahren in der jüngeren amerikanischen Geschichte wurde. Der kleine Matthew starb an den Folgen einer Kopfverletzung im Krankenhaus, wenige Tage nachdem das Aupair während ihrer Arbeitszeit den Notruf alarmiert hatte, weil das Baby Atemschwierigkeiten hatte.
Der Name des wegen Mordes angeklagten Aupairs aus Großbritannien, Louise Woodward, ist seither unweigerlich mit dem Aupair-Programm verknüpft. Der Prozess wurde live in den Medien übertragen und auch im Ausland mit großem Interesse verfolgt.

Anschuldigungen

Bis heute konnte nicht genau geklärt werden, woher der kleine Matthew die Kopfverletzung hatte, die letzlich zu seinem Tod führte.
  Louise Woodward wurde vorgeworfen, die Geduld verloren zu haben, da Matthew an dem Tag seiner Krankenhaus-Einlieferung den ganzen Tag quengelig gewesen war und nicht aufhören wollte zu weinen. Laut der Anklage schüttelte sie Matthew daraufhin heftig, um ihn zum Schweigen zu bringen. Danach soll sie das Baby auch gegen eine harte Oberfläche – vermutlich auf den Boden – geschlagen haben.
Woodwards Verteidiger behaupteten dagegen, dass sich das Baby wohl in den Tagen vorher den Kopf gestoßen gehabt und auf Grund dieser Verletzung den ganzen Tag geweint habe.

Zusätzlich wurden Hypothesen aufgestellt, der Kleine habe von Geburt an einer Missbildung des Schädels gelitten, die die schwere Kopfverletzung verursachte, oder der ältere Bruder des Kleinen, der zur gleichen Zeit zu Hause war, habe dem Baby die tödliche Verletzung zugefügt.

Ablauf

Eines Abends im Februar 1997 rief Louise Woodward die Polizei an und behauptete, Matthew habe Atemprobleme. Das Baby wurde daraufhin mit einer kleinen Kopfverletzung ins Krankenhaus gebracht. Vier Tage später, am 9. Februar, verstarb er im Krankenhaus. Bei der Autopsie des Babys wurde außerdem festgestellt, dass das Handgelenk des Säuglings schon seit mehreren Wochen gebrochen war.

Die Sanitäter, die nach dem Notruf im Haus der Gastfamilie eintrafen, gaben an, dass dem Säugling die Augen aus den Augenhöhlen hervorgetreten sein, ein möglicher Hinweis auf das Shaken-Baby-Syndrom.

Nach dem Tod des kleinen Matthews wurde Louise Woodward verhaftet.

Der Prozess

Im Oktober 2004 wurde in Massachusetts der Prozess gegen Louise Woodward eröffnet, der sich insgesamt über drei Wochen erstrecken sollte und für viel Wirbel sorgte.

Am ersten Prozesstag wurden neben den Eröffnungsplädoyers von Anklage und Verteidigung auch die ersten fünf Zeugen vernommen.

Von der Anklage wurde Louise als ein Aupair dargestellt, das weit mehr am Nachtleben als an der Betreuung der beiden Kinder der Gastfamilie interessiert sei. Louise habe zwar nicht geplant, das Baby umzubringen, sei aber für dessen Tod verantwortlich, da sie das Baby aus Frust über dessen nicht enden wollendes Geschrei heftig geschüttelt habe. Dabei müsse sie gewusst haben, dass ihr heftiges Schütteln dem Baby lebensgefährliche Verletzungen zufügen würde.

Die Verteidigung dagegen behauptete, Louise habe das Baby niemals heftig geschüttelt oder gegen eine harte Oberfläche geschlagen.

Unter den Zeugen des ersten Prozesstages waren auch die Polizisten, die auf den Notruf von Louise hin zum Haus der Familie gekommen waren. Sie bestätigten, dass Louise ihnen erzählt hatte, das Baby habe bereits den ganzen Abend geschrien, nicht gegessen und sich erbrochen. Die Polizisten hatten auch beobachtet, dass die Pupillen des Kindes geweitet waren und es schwer atmete.

Der ebenfalls vernommene Arzt aus der Notaufnahme des Krankenhauses bestätigte, dass der Zustand des Säuglings bei der Einlieferung von einer Kopfverletzung her rührte. Er gab jedoch auch an, dass das Baby keine weiteren Verletzungen wie blaue Flecken an Armen oder Schultern aufwies, die auf eine Misshandlung wie heftiges Schütteln des Babys hingewiesen hätten.

In den folgenden Prozesstagen ließen Anklage und Verteidigung Experten und Ärzte auftreten, die unterschiedliche Aussagen über die Kopfverletzung von Matthew machten.

Einerseits wurde bestätigt, dass die Kopfverletzung und andere Symptome eindeutig auf das Shaken-Baby-Syndrom und eine erst kürzlich entstandene Kopfverletzung hinwiesen. Andere Experten dagegen glaubten, dass die Kopfverletzung schon mehrere Tage alt gewesen sei und die Eltern diese nur nicht bemerkt hätten.

Außerdem versuchte man zu rekonstruieren, wie lange das Baby geschüttelt wurde und ob man ein so schweres Baby überhaupt über längere Zeit heftig schütteln kann. Ebenso wurde über das Zustandekommen der Kopfverletzung diskutiert: Hatte Louise das Baby tatsächlich fallen lassen und so die Verletzung hervorgerufen?

Die Verteidigung ließ neben Experten auch Zeugen wie Lehrer aus Großbritannien und Mitarbeiter eines Museums, bei dem Louise ehrenamtlich mit Kindern gearbeitet hatte, in den Zeugenstand rufen. Daraus ging hervor, dass Louise in deren Augen eine nette und freundliche Person war.

Auch der Vater von Louises erster Gastfamilie in Boston sagte aus, dass sie mit ihrer Arbeit zufrieden gewesen seien. Louise hatte die Familie verlassen, weil sie nicht damit zurecht kam, wochentags um 23 Uhr zu Hause sein zu müssen.

Gegen Ende des Prozesses trat Louise Woodward selbst in den Zeugenstand, was mit großem Interesse erwartet wurde. Gleich zu Beginn ihrer Aussage verneinte sie die Frage, ob sie Matthew jemals geschüttelt, geschlagen oder fallen gelassen habe.

Unter Tränen beschrieb Louise den Tag, an dem Matthew in das Krankenhaus eingeliefert wurde. Matthew habe schon seit dem Morgen des Tages geweint und nichts gegessen. Sie beschloss im Laufe des Tages, das Baby zu baden, aber auch das beruhigte das Kind nicht. Daraufhin legte sie Matthew in seine Wiege. Nachdem sie anschließend mit ihrer Freundin telefoniert hatte, sah sie nach dem Kind und stellte fest, dass es nicht reagierte, unregelmäßig atmete und glasige Augen hatte. Seine Gesichtsfarbe war leicht bläulich. Louise beschrieb, wie sie erschrak und Matthews Namen rief. Sie schüttelte ihn leicht, um zu sehen, ob er reagierte. Das Baby erbrach sich, reagierte aber trotz Louises Bemühungen nicht weiter. Daraufhin versuchte sie erfolglos, ihre Gasteltern zu erreichen und rief schließlich den Notruf an.

Am 30. Oktober verkündete die Jury aus neun Männern und drei Frauen nach drei Tagen Beratung ihr Urteil. Sie sprachen Louise Woodward des Mordes zweiten Grades an Matthew schuldig. Die Geschworenen befanden es als erwiesen, dass Louise das Baby aus Frust und Ungeduld zunächst heftig geschüttelt und dann seinen Kopf auf eine harte Oberfläche geschlagen hatte. Die Staatsanwaltschaft hatte Louise Woodward als frustriertes junges Mädchen dargestellt, das ständig Streit mit ihren Gasteltern hatte. Sie befanden eine Gefängnisstrafe von mindestens 15 Jahren, jedoch nicht mehr als 20 Jahren angemessen. Louise brach in Tränen aus.

Der Schuldspruch kam sehr überraschend, da viele auf Grund der Zweifel an Louises Schuld und widersprüchlichen Aussagen über die Kopfverletzung mit einem Freispruch gerechnet hatten.

Am Tage der Urteilsverkündung am 31. Oktober bekräftigte Louise Woodward noch einmal ihre Unschuld: "I don't know what happened to him. I didn't kill Matthew Eappen."
Louise Woodward wurde zu einer lebenslangen Freiheitsstrafe mit der Möglichkeit zur Begnadigung nach 15 Jahren verurteilt.

Wenige Tage nach der Urteilsverkündung, als Louise bereits ihre lebenslange Freiheitsstrafe verbüßte, kam es zu einer Anhörung der Verteidigung, die das Gericht davon zu überzeugen versuchte, das Urteil zu überdenken. Der Richter kündigte an, dies zu tun.

Zum ersten Mal in der Geschichte wollte ein Richter seine Entscheidung per Internet verkünden. Als Ursache gab man an, der Richter wolle auf Grund des großen Interesses der Öffentlichkeit eine Belagerung des Gerichts durch die Medien verhindern.

Am 10. November wurde die Entscheidung bekannt gegeben, mit der der Fall zu einem einvernehmlichen Ende gebracht werden sollte.
Das Urteil gegen Louise Woodward wurde von Mord zweiten Grades auf Totschlag reduziert und eine Freiheitsstrafe von 279 Tagen verhängt. Dies entsprach genau der Zeit, die Louise Woodward bereits im Gefängnis verbracht hatte. Damit war Louise Woodward frei und konnte nach Großbritannien zurückkehren. Obwohl die Strafe vermindert wurde, lautet das Urteil des Gerichtes weiterhin: schuldig.

Reaktionen und Diskussionen

Die Meinungen darüber, ob Louise Woodward den Tod des kleinen Matthews tatsächlich verursacht hatte oder ob die Kopfverletzung schon länger bestand, bleiben gespalten. Die Wahrheit wird wohl nie geklärt werden, obwohl der medizinische Experte der Anklage, Dr. Patrick Barnes, mit der Erklärung überraschte, sich vielleicht geirrt zu haben, so dass der Tod des kleinen Matthews möglicherweise tatsächlich durch eine ältere Verletzung eingetreten sein könnte, wie die Verteidigung stets behauptet hatte.

Eines ist jedoch in dem Prozess klar geworden: Dass das Aupair mit der Situation überfordert war und sie wahrscheinlich nicht die Einzige war und ist, die mit der Betreuung eines Kleinkindes nicht zurechtkommt.

Während des Prozesses beklagten die Gasteltern sich unter anderem darüber, dass Louise mehrfach morgens kaum aufstehen konnte, um sich um die zwei Söhne der Familie zu kümmern. Die Ursache: Sie war in der Nacht zuvor sehr spät vom Feiern mit Freunden nach Hause gekommen. Außerdem fand der Vater eines Abends seine beiden kleinen Kinder unbeaufsichtigt vor, als er von der Arbeit nach Hause kam. Die Eltern stellten Louise daraufhin vor die Wahl, sich besser um die Kinder zu kümmern oder die Familie zu verlassen. Außerdem wurde sie dazu verpflichtet, ab sofort ein Curfew zu befolgen, obwohl sie genau aus diesem Grund ihre erste Gastfamilie verlassen hatte. Louise sah jedoch ein, dass es nicht anders ginge und die Familie berechtigte Gründe für diesen Schritt hatte.

Die Vorwürfe über Louises mangelndes Pflichtbewusstsein wurden bestätigt: In einem Kreuzverhör gestand Louise, ihre Pflichten als Aupair öfter vernachlässigt zu haben, da ihr das Ausgehen mit ihren Freunden wichtiger war als die Kinderbetreuung.

Über das Programm entbrannten hitzige Diskussionen in den Medien und bei Eltern. Es wurde hinterfragt, ob es sinnvoll sei, jungen Männern und Frauen kleine Kinder anzuvertrauen, die kaum gelernt haben, Verantwortung für sich selbst zu übernehmen.

Das Aupair-Programm litt einige Zeit sehr unter den Geschehnissen. Die Bewerbungen von Aupairs gingen spürbar zurück. Viele befürchteten, dass während der Arbeitszeit etwas mit den Kindern passiere und sie – vielleicht sogar unschuldig – im Gefängnis landen würden. In Großbritannien gab es durch den Medienrummel so gut wie keine Bewerber mehr für das Programm.

Der Vorfall war auch der Auslöser dafür, dass sich die amerikanische Regierung wieder mit dem Aupair-Programm beschäftigte. Für einige Monate wurde es ausgesetzt, und es konnten keine Aupairs in die USA einreisen, da über die Fortführung des Programms entschieden werden musste.
Wieder wurde zugunsten des Kulturaustauschs entschieden, jedoch mit verschärften Auflagen.

Aupairs, die in ihrer Gastfamilie Kinder unter zwei Jahren betreuen, müssen seither 200 Stunden Erfahrung mit Betreuung von Kindern unter zwei Jahren nachweisen. Ebenso müssen sich die Aupairs nun während dem Bewerbungsverfahren einem psychometrischen Test unterziehen.

Überforderung und das Shaken-Baby-Syndrom

Vor dem Prozess kannte kaum ein Aupair diesen Begriff, inzwischen werden alle Aupairs darüber informiert.

Überforderung ist normal, Babys schütteln dagegen tabu!
Es gibt weder perfekte Eltern noch das perfekte Aupair. Für beide Seiten ist normal, sich gestresst und überfordert zu fühlen. Besonders Situationen, in denen ein Baby den ganzen Tag quengelt, schreit und weder isst noch schläft, zehren an den Nerven. Dies darf jedoch auf keinen Fall dazu führen, dass man die Geduld

mit dem Kind verliert. Vor allem sollte folgender Grundsatz stets eingehalten werden: Ein Baby darf auf keinen Fall heftig geschüttelt werden!

Die Verletzung

Das "Shaken-Baby-Syndrom" wird durch heftiges Schütteln eines Kleinkindes an Armen, Schulter oder Brust verursacht.
Das Schütteln kann Blutungen im Gehirn- oder Augenbereich auslösen und somit zu Bewusstlosigkeit oder zu Anfällen führen. Mögliche bleibende Schäden sind:

Gehirnschäden
Blindheit
Epilepsie
Sprachstörungen
Lernschwächen
Störungen in der Motorik

Im schlimmsten Fall kann es zum Tod des Kindes kommen.

Kleinkinder sind im Kopfbereich besonders empfindlich, da dieser im Verhältnis zum Körper groß, die Nackenmuskulatur jedoch recht schwach ist. Dadurch schlägt der Kopf beim Schütteln unkontrolliert vor und zurück. Dies führt dazu, dass das Gehirn des Babys im Schädel hin und her schlägt und dabei Schaden nimmt. Außerdem sind die Blutgefäße und das Gehirn eines Kleinkindes noch sehr empfindlich. Blutgefäße können leicht platzen und Gewebe kann durch heftiges Schütteln leicht beschädigt werden.

Bei älteren Kindern ist diese Gefahr ebenfalls gegeben. Sie sind jedoch im Kopf- und Nackenbereich bei weitem nicht so empfindlich wie Babys.
Verletzungen dieser Art können ebenfalls entstehen, wenn ein Baby in die Luft geworfen wird. Toben mit kleinen Babys sollte daher sehr umsichtig und mit Rücksicht auf deren Kopf erfolgen.

Umgang mit Überforderung

Stößt ein Aupair im Umgang mit einem Baby sehr oft an seine Grenzen, so sollte ein Familienwechsel zu einer Familie mit älteren Kindern in Betracht gezogen werden. Die ist für beide Seiten besser – das Aupair wird seine Arbeitszeit sicherlich mehr genießen können, wenn es sich nicht überfordert fühlt.

Wenn das Baby schreit und schreit

Schreit ein Baby ohne Grund und ohne sich durch Tragen, Füttern oder Wiegen beruhigen zu lassen, so kann die Regung aufkommen, das Baby einmal kräftig zu schütteln. Dies sollte man jedoch wie gesagt auf keinen Fall tun, sondern eine der folgenden Möglichkeiten in Betracht ziehen.

Sich die Situation bewusst machen
Man sollte bedenken, dass alle Babys solche Tage haben, an denen sie scheinbar ohne Grund und ohne Ende schreien. Dies ist völlig normal.
Ebenso normal ist, dass man selbst mit Frust und Wut auf diese Situation reagiert. Das Baby schreit jedoch nicht aus bösem Willen oder um Eltern und Aupair zu ärgern. Das Baby schreit, weil etwas nicht in Ordnung ist und es noch keine andere Möglichkeit hat, dies auszudrücken. Auch für einen erwachsenen Menschen ist es normal, sich an manchen Tagen nicht wohl zu fühlen; er hat nur andere Reaktionsmöglichkeiten.

Pause
Das Baby kann an einen sicheren Ort, zum Beispiel in sein Bettchen gelegt werden. Danach eine kleine Pause einlegen und zum Beispiel in der Küche eine Tasse Tee trinken. Ein Anruf bei einer vertrauten Person, mit der man das Problem besprechen kann, hilft ebenfalls, die Nerven zu beruhigen. Schokolade oder Obst verschaffen Ablenkung und das Gefühl, gestärkt zu werden.
Reichen wenige Minuten Ruhepause nicht aus, so sollte alle paar Minuten nach dem Baby gesehen und entsprechend eine längere Pause eingelegt werden. Das Baby sollte jedoch nicht zu lange alleine gelassen werden.

Nanny Cam

Gerade nach dem Woodwardprozess fällt es vielen Eltern schwer, ihre Kinder Fremden anzuvertrauen. Es existieren leider auch genug negative Beispiele. So wurde im Juli 2009 ein Aupairjunge in England verhaftet, weil er seinen zweijährigen Schützling sexuell missbraucht hatte. Im selben Monat kam es in den USA zur Anklage gegen eine Nanny, die den ihr anvertrauten Kindern pornografische Bilder gezeigt haben soll.

Verständlich, dass viele Eltern nervös werden bei dem Gedanken, ihre Kinder einer fremden Person anzuvertrauen. Viele greifen dabei zu Methoden, die einem Spionagethriller entsprungen zu sein scheinen: Versteckte Kameras in Pflanzen oder Teddybären, mit einer in der Nase eingebauten Linse und einem Mikrofon im Brustkorb. Immer öfter wird mittlerweile eine so genannte *Nanny Cam* installiert, eine verborgene Kamera im Heim der Gastfamilie, die das Aupair bei seiner Arbeit aufnimmt. Technischer Fortschritt macht's möglich: die Kameras sind immer kleiner, immer unauffälliger. „Videowanzen" mit 10 cm² kleinen Platinen und fingerkuppengroßen Objektiven mit stecknadelkopfgroßen Linsen machen ein heimliches Aufnehmen immer einfacher. Seit die Geräte nicht mehr dem Geheimdienst vorbehalten sondern frei im Handel erhältlich sind, bekommen immer mehr Computer, Bilderrahmen und Aschenbecher plötzlich Augen ... Bei Preisen zwischen 100 und 500 US$ sind die kabellosen kleinen Kameras auch gar nicht so unerschwinglich. Allein in Deutschland sind derzeit mindestens 500.000 dieser Geräte im Einsatz; in den USA liegen die Zahlen ungleich höher.

Wer sich nun fragt, ob eine heimliche Aufzeichnung nicht die Persönlichkeitsrechte des Aupairs verletzt: es ist in allen fünfzig Staaten *legal*, jemanden ohne sein Einverständnis im eigenen Heim zu filmen, außer im Bad oder im eigenen Zimmer. Illegal ist es lediglich in den folgenden Staaten, Unterhaltungen aufzunehmen, also mit Ton zu filmen: Kalifornien, Connecticut, Delaware, Florida, Hawaii, Illinois, Louisiana, Maryland, Massachusetts, Montana, Nevada, New Hampshire, Oregon, Pennyslvania und Washington.

Besorgte Eltern begründen die Installation der *Nanny Cam* mit der Tatsache, man werde heutzutage an vielen Orten ohne vorheriges Einverständnis eh gefilmt: Beim Einkaufen, in der Bank, in öffentlichen Gebäuden, etc. Viele Kindertagesstätten werben mittlerweile sogar damit, Kameras installiert zu haben, mit denen Eltern im wahrsten Sinne des Wortes jederzeit nach ihrem Kind sehen können.

So sei die Nanny Cam im eigenen Heim auch einfach eine gute Möglichkeit für die Eltern, nach dem Kind zu sehen und so an seinem Alltag teilzunehmen. Gerade bei diesem Argument ist Heimlichtuerei aber überflüssig: Wer seine Nanny oder sein Aupair im Vorfeld aufklärt und ihm klarmacht, dass die Installation einer versteckten Kamera nicht wegen mangelnden Vertrauens geschieht, sondern hauptsächlich, um mit dem Kind in Verbindung zu bleiben, stößt meist auf Bereitwilligkeit. Schließlich hat man hoffentlich nichts Böses zu verbergen, sondern möchte nur nicht unwissentlich beim Nasebohren oder sonstigen peinlichen, aber harmlosen Aktivitäten gefilmt werden. Besorgte Eltern der misstrauischen Sorte haben mit dem Prinzip Ehrlichkeit auch keine schlechten Karten: schließlich weiß Nanny oder Aupair dann auch, dass alles aufgenommen wird, und verhält sich schon aus dem Grund einwandfrei. Allemal besser, als wenn eine Gewalttat zwar aufgenommen wird, aber nicht mehr verhindert werden kann.

Aupairs stehen dieser Entwicklung eher skeptisch gegenüber. So meint *Mariska* dazu: „Wenn man sich ein Aupair ins Haus holt, ist man eben im Risiko, dass es nicht immer der oder die Richtige sein kann. Aber ich denke nicht, dass eine Cam die richtige Entscheidung ist – entweder man hat Vertrauen, oder nicht. Ich bin der Meinung, dass Kinder genug Zeichen setzen, wenn etwas nicht so läuft, wie es laufen soll.

Meine Gastfamilie vertraute mir da relativ schnell. Ich bekam direkt zu Beginn die Kreditkarte meiner Gastmutter zum Einkaufen gehen, und ich wäre ja sehr blöd gewesen, wenn ich damit Dinge eingekauft hätte, die normal nicht im Budget drin sind. Ich möchte schließlich in Amerika eine schöne Zeit haben, und dies gelingt natürlich nur, wenn ich einigermaßen im Einklang mit meiner Gastfamilie bin und sie mir vertrauen."

Schon vor vierzig Jahren sprach sich der Bundesgerichtshof in Deutschland gegen eine heimliche Überwachung aus, die dem Überwachten "das lähmende und seine Menschenwürde beeinträchtigende Gefühl eines Preisgegebenseins" aufdrückte. In Zeiten von Big Brother und anderen Realityshows ist ein Leben ohne versteckte Kameras jedoch wohl undenkbar. Was nicht heißt, man müsse sich mit dem Gedanken abfinden, als Aupair bei der Arbeit heimlich gefilmt zu werden – zumal das Haus der Gastfamilie ja auch für ein Jahr zum eigenen Heim wird. Und wer möchte schon gerne unwissend im eigenen Heim gefilmt werden?

Tipp: auch einer der Punkte, die im Vorfeld mit der Gastfamilie abgeklärt werden sollten. Haben sie eine Nanny Cam installiert? Ist mir das recht, da ich ohnehin nichts zu verbergen habe? Oder fühle ich mich unwohl, wenn ich weiß, dass ständig eine oder mehrere Kameras auf mich gerichtet sind?

Es bleibt zu hoffen, dass auch bei der Gastfamilie Ehrlichkeit das höchste Gebot ist, denn entdeckt ein in allen Belangen korrektes Aupair dann doch eine Kamera, obwohl ihr versichert wurde, es gebe keine, ist der Ärger berechtigterweise groß.

USA - Auswanderung auf Zeit
Skurriles, Amüsantes und Liebenswertes aus unserer Zeit mit den Eingeborenen

Der Autor war auf Zeit mit seiner Familie an die Ostküste ausgewandert und beschreibt mit Staunen, Humor und viel Verständnis seine Erlebnisse unter lauter Amerikaner.

Im Shop bei interconnections-verlag.de oder im Buchhandel

Interessante Beobachtungen?

Anmerkungen, Verbesserungen?

Schreibt uns an info@interconnections.de

ERFAHRUNGEN

Mein Aupair-Jahr

Erfahrungsbericht

Die Entscheidung

"Dienst am Kind" ...
Eigentlich kann ich mich gar nicht daran erinnern, wann ich mich entschied, ein Aupair zu werden. Sicher ist nur, dass ich im Abiturjahr noch nicht 100% wusste, was ich nach dem Abi machen wollte, abgesehen davon, dass es nichts Gewöhnliches sein sollte – und so kam ich auf Aupair.

Als Älteste von vielen Kindern in meiner Verwandtschaft habe ich schon immer mit Kindern zu tun gehabt und mich mit ihnen auch gerne beschäftigt. Überdies ist der Freundeskreis meiner Eltern sehr groß, weshalb es auch da nicht an Kids mangelt.

Da man das alles aber nicht unbedingt als Babysitting-Erfahrungen bezeichnen kann, hörte ich mich um, wo ich denn babysitten könnte. Freunden meiner Eltern kam das ganz gelegen, und ich hatte mir bald eine Referenz erarbeitet. Außerdem tat mir meine Cousine einen Gefallen und bekam ein Baby, das ich von kurz nach der Geburt bis zur Abreise stundenweise betreut habe. So habe ich auch meine Kleinkind-Erfahrungen gesammelt. Ich machte noch ein dreiwöchiges Kindergartenpraktikum, da man dort viele Ideen bekommt, was man so mit den Kids machen kann, z.B. Basteln oder Outdoor- und Indoor-Spiele.

Nachdem ich vier Referenzen zusammen hatte und mir von einer Lehrerin des Kindergartens eine Charakterreferenz hatte schreiben lassen, konnte ich schließlich die Bewerbung abschicken. Natürlich inklusive der ganzen anderen Unterlagen, wie Fotocollage/ Family Letter usw. Das Interview mit meiner Organisation war auch gut verlaufen, so dass meinem Aupairjahr nichts mehr im Weg stand.

Ein paar Tage später hatte meine Organisation auch meine Referenzen geprüft und ich erhielt die offizielle Bestätigung über die Aufnahme im Programm. Ich habe einen Freudensprung gemacht, als ich den Brief las. ‚Na ja', dachte ich mir, ‚mal sehen, wie lange es dauert, bis sich eine Familie bei mir meldet.'

Eine Woche später war es soweit: meine Organisation teilte mir mit, dass sich eine Familie für mich interessierte, und gab mir die ersten Daten durch: drei Kinder (4 und 2 Jahre und 9 Monate), Vorstadt von Boston. Als erstes kontaktierte mich ihr damaliges Aupair am Wochenende, da die Familie selbst verreist war. Sie erzählte mir schon einmal ein bisschen etwas über die Familie. Alles, was ich hörte, klang gut und ich freute mich schon darauf, mit ihnen selbst zu telefonieren.

Als es dann soweit war, hatte ich kaum Fragen, da mir meine Vorgängerin fast alles erzählt hatte. Aber trotzdem telefonierte ich mit meiner Gastmutter eine Stunde und zwischendrin auch kurz mit meinem Gastvater sowie dem ältesten Sohn. Der fragte mich "Do you like to dig?" – nur konnte ich damit überhaupt nichts anfangen. Mein Wörterbuch half mir auf die Schnelle auch nicht weiter, so dass ich einfach ja sagte und meine Gastmutter danach fragte. Es stellte sich heraus, dass Zach ganz einfach wahnsinnig gerne mit seinem Bagger und sonstigen Baufahrzeugen spielt und fast den ganzen Garten umgräbt. Ach so! Umherbuddeln im Garten würde ich auch noch hinbekommen.

Zach ging von 8-11 Uhr 30 in die Schule, so dass ich während dieser Zeit nur die beiden Kleinen zu betreuen hatte. Ich fuhr Zach zur Schule und holte ihn dort auch ab. Zwischendurch hatten die Kleinen an drei Vormittagen in der Woche entweder Turnen oder Beethoven-Kurs (eine Mischung aus Musik, Tanz und Basteln). Zach nahm zweimal wöchentlich an einem Karate-Kurs teil. Es war einfach typisch amerikanisch!

Ich könnte jetzt lange erzählen, wie stressig es manchmal war, wenn ich Zach abliefern musste, dann zu irgendeinem Kurs hetzte, dabei einen von den beiden Kleinen für die Stunde beim Babysitting ablieferte und dann wieder Zach abholte. So richtig anstrengend wurde es, als Zach auch noch Schwimmkurs hatte und ich ihm beim Aus- und Anziehen helfen musste, wobei ich den Kleinsten ständig auf dem Arm hielt, da er sonst überall und nirgends gewesen wäre. Kat konnte ich mal für ein paar Minuten an die Seite stellen, aber Matt?! Nein, das war ein richtiger kleiner Teufel – aber ein süßer! Einmal Knuddeln mit ihm hat mich dafür entschädigt.

Und ab geht's

Alles in allem war mir die Familie sehr sympathisch, daher entschied ich mich für sie. Keine anderthalb Monate später sollte es losgehen. Der Abschied von Familie und Freunden fällt natürlich schwer, aber umso neugieriger ist man auf die neue Familie und überhaupt auf alles, was auf einen zukommt.

Richtig schlimm war es beim Abflug auf dem Flughafen. Da kommen dann Zweifel am eigenen Handeln auf. Aber ich war zum Glück nicht alleine auf dem Flughafen und erkannte gleich „Leidens"-Genossinnen an Anhängern von meiner Organisation. Wir hatten Plätze nebeneinander bekommen, so dass wir uns während des langen Fluges ablenken konnten.

Am späten Nachmittag landeten wir in Newark, und nach Übergabe unserer Koffer hielten wir nach der Verantwortlichen meiner Organisation Ausschau. Sie war bereits da: eine typische "wohlbeleibte" Amerikanerin. Jeder sah sich sofort in sämtlichen Vorurteilen bestätigt.

Es ging per Bus quer durch New York zum College, in dem wir untergebracht waren. Das Gefühl war unbeschreiblich: da passierte man mal eben die 5th Avenue. Gigantisch!

Die Schule war ok, irgendwie wie ein Schullandheimaufenthalt. Im Unterricht sprach man Englisch und ansonsten Deutsch. Spitze war natürlich die obligatorische New York City-Tour.

Ankunft bei der Familie

Am Freitag ging es dann per Bus in Richtung Boston. Kurioserweise hatten die Aupairs, die nur zum nächsten Flughafen mussten, die tollsten Busse, wir Bostoner hingegen ein abgewracktes Ding. Auf den Zwischenstopps beobachtete man genau, wie sich Aupair und Gastfamilie begrüßten, und den Rest der Fahrt über grübelte man immer mehr nach. Langsam verstummten die Gespräche, jeder hing seinen Gedanken nach. Nach knapp fünf Stunden erreichten wir dann unser Ziel, und ich sah meine Familie schon draußen warten.

Nachdem ich alle begrüßt und umarmt hatte, ging es mit dem Auto in Richtung "Heimat für ein Jahr". Der Kleinste weinte die ganze Zeit. Das fing ja gut an! Zach verriet mir, dass mich zu Hause ein Geschenk erwarte. Ich war mittlerweile so müde, dass ich am liebsten sofort eingeschlafen wäre. Das Geschenk war ein Tagebuch für ein Jahr, ein Kalender, in den man Fotos einkleben konnte, Briefpapier und ein Schreibset.

Ein Aupair bekam während der Einführungswoche einen Blumenstrauß von ihrer Gastfamilie an die Aupair-Schule gesandt – da waren wir anderen aber neidisch!

Das Aupairdasein

Die ersten paar Tage blieb meine Gastmutter zu Hause, um mir alles zu zeigen. Wir beantragten einen Sozialversicherungsausweis, eröffneten ein Konto und sie zeigte mir die wichtigsten Örtlichkeiten. Den Rest der Woche half mir noch die Großmutter aus. Der Anfang war also recht locker.

Die Kinder mussten sich erst noch an mich gewöhnen, und ich musste mir Dinge anhören wie: "I don't like you, go back to Germany!", "We don't have to do that!" Ich habe ihnen klar gemacht, dass ich jetzt ihr Aupair war und dass sie mich erst in einem Jahr loswerden würden.

Es dauerte ungefähr einen Monat, bis ich mich eingewöhnt hatte, die Kids mich akzeptierten und ich wusste, wo es lang geht – auch auf den Straßen.
Neue Freunde fand ich sehr schnell. Gleich am Abend meiner Ankunft rief mich mein so genannter „Buddy" an; ein Aupair aus meiner Gruppe, das sich um mich kümmern sollte und mir die anderen vorstellte. Seltsamerweise handelte es sich nicht um das Aupair, das gegenüber wohnte. Am nächsten Abend gingen wir dann gleich ins Kino und anschließend zu Bertucci's, einem Italiener. Da gab es tatsächlich warme Brötchen, einer der Gründe, weshalb wir dort im Lauf meiner Aupair-Jahres ziemlich oft waren.

In meiner Gruppe waren von insgesamt 14 Mädels neun Deutsche, drei Schwedinnen, eine Tschechin und eine Polin. Es bildeten sich Ländergruppen. Als später fünf Schwedinnen dabei waren, blieben diese immer unter sich, und wir Deutsche ebenso. So kam es, dass ich relativ viel Deutsch gesprochen habe. Schlimmer noch: es wurde mit der Zeit ein deutsch-englisches Mischmasch daraus. Jedes Wort, das man neu gelernt hatte, wendete man auch dann an, wenn man gerade Deutsch sprach. Manche der Wörter ließen sich freilich nicht übersetzen: Es gab einfach keinen passenden deutschen Begriff.

Die Kinder hielten mich ganz schön auf Trab – vielleicht der Grund, warum ich während meines USA-Jahres nicht zugenommen habe. Der Älteste war höchst intelligent. Er hatte ein fotografisches Gedächtnis, wie ich es bis heute nicht mehr erlebt habe. Ich war baff, als er mir mit seinen gerade mal fünf Jahren von van Gogh erzählte.

Die Mittlere war eine verrückte Gans. Sie war am einfachsten zu beschäftigen und einfach nur goldig. Nach einem halben Jahr hatte ich allerdings die Nase dermaßen voll – im wahrsten Sinne des Wortes –, ihr ständig die Windeln zu wechseln, dass ich sie „potty-trained" habe. Nach zwei Wochen war sie trocken und ich dementsprechend stolz auf mich. Nur selten passierte noch ein Missgeschick.
Der Kleinste war am schwierigsten. Als ich ankam, konnte er nur krabbeln. Man glaubt gar nicht, wie fix so ein kleines Kerlchen ist! Als er dann zu laufen begann, nahm das Unheil seinen Lauf. Nichts, aber auch gar nichts war vor ihm sicher! Meine Gastmutter hatte ein paar Bonsais auf einer Blumenbank stehen. Kaum stand Matt auf beiden Beinen, landeten die Bonsais eine Etage weiter unten. So schnell konnte man gar nicht schauen, wie er etwas angestellt hatte. Das Erstaunliche dabei war, dass er sich durch Pannen und Verletzungen keineswegs beirren ließ.

Tagesplan

Mein Durchschnittstag lief folgendermaßen ab:

7.15 Uhr:gemächlich aufstehen

8 Uhr: Kinder versorgen
8.10 Uhr: Zach zur Schule fahren
9-10 Uhr :Turnen Kat oder Matt
10 Uhr: Zurück nach Hause oder einkaufen
10.55 Uhr: losfahren, um Zach wieder abzuholen
11.30 Uhr: kurz spielen
11.45/ 12 Uhr: Mittagessen
12.30 Uhr: Kat und Matt Mittagsschlaf
12.30-13 Uhr: Zach irgendwie beschäftigen, eventuell noch Wäsche in die Waschmaschine oder in den Trockner
13-13.30 Uhr: Zach durfte eine Sendung schauen, meist Madeline. Für mich eine kleine Pause
13.30-14.30 Uhr: Beschäftigung, Kat wurde meist gegen 14 Uhr wach
14.30 Uhr: Matt wecken, gegebenenfalls kleiner Snack, fertig machen für Karate oder Schwimmen
14.45 Uhr: losfahren
15-16 Uhr: Karate oder Schwimmen, Zach abgeben und mit den Kleinen spazierengehen
16-17 Uhr: zurück nach Hause, ein Snack (ich lernte in den Staaten, dass Crackers ein Snack sind und kein Partyknabbergebäck)
17 Uhr: frei, restliche Tätigkeiten wie Wäsche wegräumen oder aufräumen, eventuell auch Abendessen vorbereiten, wenn Gastmami im Stau steckte.
Was man nicht unbedingt zeitlich einordnen kann, ist die Reinigung dessen, was die Kids beschmutzt haben, das Betten machen und alles, was irgendwie mit den Kindern zu tun hatte.

18.30 Uhr: gemeinsames Abendessen, beim Abräumen helfen
19.30 Uhr:Bibliothek – im Internet surfen und chatten
21 Uhr: Bibliothek zu. Mit Freundin in Dunkin Donuts einen Boston Cream essen und heiße Schokolade trinken
21.45 Uhr:TV schauen
22.30 Uhr:Bett ruft
23 Uhr: Licht aus

Ich hatte von meiner Familie ein Curfew von 23 Uhr unter der Woche, aber wie ihr seht, wäre die bei mir gar nicht notwendig gewesen. Im Gegenteil, ich war abends todmüde und mein Bett mein bester Freund! Sollte es doch mal später werden, fragte ich meine Gasteltern, ob ich länger wegbleiben konnte, und es war meist kein Problem.

Auto

Ich nutzte den Van zur Beförderung der Kinder, für eigene Touren den Volvo meiner Gastmutter. Allerdings war die Nutzung etwas eingeschränkt, denn erstens musste ich fragen, und zweitens durfte ich ihn nicht das ganze Wochenende haben. Das war aber bei mir auch kein Problem. Da meine Freundinnen auch alle ein Auto hatten, haben wir uns immer abgewechselt mit dem Fahren. Manchmal sind wir aber auch zum Bahnhof gelaufen, um nach Boston zu fahren. Sage und schreibe eine halbe Stunde waren wir unterwegs und wurden regelmäßig von unseren Gasteltern für verrückt erklärt. So etwas kennen die Amis nicht: spazierengehen?

Probleme

Meine Gasteltern und ich hatten wenig Austausch miteinander. Sie fragten mich beispielsweise nicht, was ich am Wochenende gemacht hatte. Mir erschien es aber wichtig, so dass ich selbst davon angefangen habe und es nach ein paar Wochen nicht mehr tat, bis sie mich von sich aus fragten.

Auch fiel es uns schwer, ein Gesprächsthema zu finden. Ich finde es toll, wenn ich von Aupairs höre, man hätte zusammen Fernsehen geschaut oder über Gott und die Welt geredet. Ein Rat von mir ist: wenn die Gasteltern nicht von sich aus kommen, selber Gespräche anfangen! Das fällt schwer, wirkt aber! Meine Gasteltern wollten, dass ihre Sprösslinge mit anderen Kindern spielen. Gegenüber wohnte eine Familie mit drei Kindern im gleichen Alter wie unsere und einem deutschen Aupair. Kein Wunder, dass die Kinder die dicksten Freunde waren und oft miteinander spielten. Ich fand es albern, drei Tage vorher bei einer Mutter anzurufen und ein playdate zu verabreden. Aber wenn sie das wollten, klemmte ich mich eben ans Telefon: "Hi, this is Zach's Aupair calling, he wants to play with Tom. Do you have any plans for Thursday?" - "So Tom can come over?" Ich habe das gehasst. Zumal Zach die Angewohnheit hatte, sich anfangs darauf zu freuen und kurz davor zu kontern: "Actually Melanie, I don't want to play with Tom". Ich habe dann ewig mit ihm diskutiert und letztlich abgesagt, und dann kam wieder ein "I want to", was mich viele Nerven gekostet hat.

Familie allgemein

Größere Probleme traten nicht auf, und was die kleineren Unstimmigkeiten betrifft: Die halte ich sogar für selbstverständlich. Immerhin treffen zwei Welten aufeinander.

Bei Geburtstagen, Feiertagen wie Ostern, Weihnachten, Halloween und Thanksgiving war ich immer mit ihnen zusammen. So lernte ich auch den Rest der Familie kennen und war dort immer mit eingeladen. Die Wochenenden verbrachte ich meist mit meinen Freundinnen und genoss die Zeit ohne die Kinder. Wenige Male musste ich samstagabends babysitten, aber das stellte auch kein Problem dar. Meist gab es Pizza, danach ein Video, kurz in die Badewanne und ab ins Bett.

Die letzten Monate vor meiner Abreise ging es dem Vater meiner Gastmutter sehr schlecht, so dass es immer einmal vorkommen konnte, dass sie kurzfristig weg musste, obwohl ich frei hatte. Aber schließlich war ich Teil der Familie, und solche Vorfälle sind nicht planbar. Eine Woche lang stand es so schlimm um ihn, dass sie mich gebeten hatten, abends doch bitte zu Hause zu sein oder sie wissen zu lassen, wo ich bin, da sie mit dem Schlimmsten rechneten und ich in dem Fall auf die Kids hätte aufpassen sollen. Zum Glück besserte sich seine Lage, und er konnte bald aus dem Krankenhaus entlassen werden. In solch einer Situation halte ich es für unangebracht, wenn Aupairs auf ihren 45 Stunden Arbeitszeit pro Woche bestehen. Es war für mich selbstverständlich, in dieser Situation hilfreich zu sein, und es wurde mir mit einem Bonus wie Geld oder mehr Freizeit gedankt. Oder durch ein einfaches: "Thanks for all your help around here."

Sofern ich zu Hause war, nahm ich stets am Abendessen teil und half bei der Vorbereitung und danach beim Abräumen.

Urlaub haben wir getrennt verbracht, denn mitunter brauchte ich Erholung und wollte für mich sein, genau wie meine Gasteltern die Kids einmal ganz für sich haben wollten.

An die perfekte Gastfamilie glaube ich nicht, denn jede meiner Freundinnen hatte in irgendeiner Art einmal ein Problem. Aber auch dies macht das Jahr aus; die Suche nach Kompromissen sollte eine Selbstverständlichkeit sein.

Heimweh

Heftiges Heimweh hatte ich nie. An Geburtstag, Weihnachten und Ostern denkt man natürlich öfters an die Lieben daheim, aber dadurch, dass ich immer von Freundinnen umgeben war und wir uns ein wenig deutsche Kultur schufen, hatte ich nie das Bedürfnis, abzureisen. Sobald nur ein wenig Heimweh aufkam, telefonierte oder traf ich mich mit einer Freundin oder lenkte mich irgendwie ab. Und sobald ich mit den Kindern zusammen war, konnte ich mir sowieso nicht vorstellen, sie zu verlassen.

Mein Rat: Wer Heimweh hat, ruft oder schreibt seine Lieben daheim an, dass man sie lieb habt und vermisst. Trotzdem sollte man etwas mit den neuen Freunden unternehmen, um sich abzulenken und daran zu erinnern, warum man in den Staaten ist!

Ich hatte in meinem Zimmer viele Bilder von meiner Familie und meinen Freunden, um mich in ihrer Nähe zu fühlen.

Reisen

Da Boston nur wenige Kilometer entfernt war, haben meine Freundinnen und ich sehr viel dort unternommen. Die Stadt hat ein wenig europäischen Charme und ist ebenso wie Cambridge, wo die berühmte Uni Harvard und das MIT liegen, einfach nur traumhaft.

Die erste von meinen beiden Urlaubswochen verbrachte ich mit zwei Freundinnen in Fort Lauderdale (Florida). Wenn wir nicht gerade faul am Strand lagen, besuchten wir Miami, die Everglades und die Westküste von Florida. Der Strand dort ist fantastisch!!

Die zweite Woche kamen mich meine Eltern besuchen. Wir nahmen uns zwei Tage Zeit für Boston, fuhren dann per Greyhound-Bus nach New York City und verbrachten dort weitere zwei Tage. Dann ging es mit dem Mietauto zurück. Eineinhalb Tage verbrachten wir noch in Newport, RI und dann hieß es schon wieder Abschiednehmen.

New York City habe ich mit Freundinnen mehrmals unsicher gemacht, Washington D.C. wurde während eines Wochenend-Trips erkundet. Ein Tipp an alle Besucher: Wenn möglich, sollte man während der Kirschblüte nach Washington DC fahren!

Im September verbrachten wir ein Wochenende an den Niagara-Fällen, mit Stippvisite in Toronto. Alle unter 21-jährigen sollten auf jeden Fall auf der kanadischen Seite übernachten! Erstens kann man endlich wieder in die Clubs und zweitens mal wieder einen Cocktail schlürfen.

Im November ging es für ein Wochenende nach Montreal: Party ohne Ende! Meinen 13. Monat habe ich mit Suntrek verbracht. Zwei Wochen ging es von San Francisco über Los Angeles, San Diego, Grand Canyon, Death Valley, Las Vegas und Yosemite wieder nach San Francisco. Sehr eindrucksvoll! Ich kann nur jedem Aupair raten, unbedingt Geld beiseite zu legen und die Zeit zu nutzen, um die Staaten kennenzulernen.

Abschied

Ich hatte drei Monate vor Ende meines Jahres schon mein Rückflugticket. Für mich ein Schock. Ab diesem Zeitpunkt fing ich auch an, meine Kinder langsam auf den Abschied vorzubereiten. Besonders Zach tat sich schwer mit dem Abschied nehmen, weshalb ich ihm meine Nachfolgerin "schmackhaft" gemacht habe – so schwer es mir als altem Aupair auch fiel.

Am schwersten war der Abschied von dem Kleinen, denn ihn hatte ich als Baby kennengelernt und seine ersten Lauf- und Sprechversuche miterlebt. Kat, meine „silly goose", hatte auch sichtlich Probleme zu akzeptieren, dass ich bald nicht mehr bei ihr sein würde. Zusammen haben wir uns oft verkleidet und geknuddelt.

Von meinen Gasteltern erhielt ich immer Unterstützung: Wenn ich "Nein" sagte und die Kinder bei ihnen Hilfe suchten, wurde nachgefragt und mein Verbot bekräftigt. Es ist äußerst wichtig, dass die Gasteltern nicht die Autorität des Aupairs untergraben.

Nachdem ich die zwei Wochen an der Westküste umher gereist war, kam ich abends wieder bei meiner Familie an. Am nächsten Morgen waren nur die Großmutter und Matt da. Der Kleine hat mich gleich wieder erkannt und war überglücklich. Ich hätte heulen können! Ich dachte, sie hätten sich schon an meine Abwesenheit gewöhnt.

Zwei Tage später stand meine Abreise an, und ich wurde am späten Nachmittag zum Flughafen gebracht. Eine Szene, ähnlich wie ein Jahr zuvor, nur fährt man nicht ins Unbekannte, sondern zum Alten, Vertrauten zurück. Es ist jedoch viel schlimmer, wenn zu Hause alles beim Alten ist!

Der Abschied fiel uns allen schwer, und wir versprachen, in Kontakt zu bleiben. Bei vielen Familien ist dies nicht der Fall, aber wir stehen immer noch ständig in Kontakt. Meine Gastfamilie hatte nach mir mit zwei Aupairs ziemliches Pech, so dass sie sich entschlossen haben, nur noch deutsche Aupairs zu nehmen. Und sobald sie Bewerbungen erhalten, komme ich wieder ins Spiel. Dann muss ich den Aupairs etwas von der Familie aus meiner Sicht erzählen und für Fragen zur Verfügung stehen. Natürlich achte ich auch ein wenig darauf, ob sie die Richtigen sind, denn meine Familie will sich sicher sein, dass die Mädels nicht in die USA kommen, um Partys zu feiern.

Zurzeit mailen wir uns fast täglich oder telefonieren. Leider war es mir bis jetzt nicht möglich, meine Gastfamilie wieder einmal zu besuchen, aber ich spare fleißig und hoffe, dass es bald so weit sein wird.

Fazit

Wenn man die Möglichkeit dazu hat und sich über Erfahrungsberichte Einblick in das Aupair-Leben verschafft hat, steht einem Aupair-Aufenthalt nichts im Wege!

Aupair ist eine einmalige Chance, unzählige Erfahrungen zu sammeln, die Sprache fließend sprechen zu lernen und ein tolles Land zu bereisen.

Die Arbeit mit den Kindern ist nicht immer einfach, man muss ab und zu auch die Zähne zusammenbeißen, aber diese Zeit kann durch nichts ersetzt werden. Man zehrt davon ein Leben lang, und das verschafft einem neben persönlichen Vorteilen auch bessere Chancen im späteren Berufsleben.

Zwei gegensätzliche Gastfamilien

Erfahrungsbericht

Mein Aupair-Jahr verbrachte ich in New York, davon sechs Wochen in Manhattan und die übrige Zeit ca. 30 Min. außerhalb von New York City im Bundesstaat New York.

Ich wollte schon immer ins Ausland. Meine Kusine war Aupair in Frankreich. Eines Tages lag bei uns in der Schule ein Heft von einer Organisation aus. Das habe ich gelesen und mir gedacht: "Das mache ich!" Meine Eltern meinten ich solle es langsamer angehen, aber ich war fest entschlossen. Ich habe dann die Kurzbewerbung abgeschickt, im November fand das Interview statt und im Januar wurden meine Bewerbungsunterlagen in die USA geschickt. Ich war also sehr früh dran.

Im April, mitten im Abitur, rief die erste Familie an. Ich war gerade aus England zurückgekommen, und meine Mutter sagte: "Da spricht jemand Englisch am Telefon!" Ich rechnete mit einem Anruf aus England, und dann kam plötzlich: "Hi, I am Karen from New York." Ich war sprachlos. Ich erhielt innerhalb von drei Tagen drei Anrufe – von drei Familien aus New York. Ich habe mich meinem Gefühl nach für die erste entschieden. Sie berichteten, sie wohnten in einer tollen Neighborhood, und erzählten viel Positives über ihre Kinder.

Orientation in New York

Kurz vor der Abreise gab es von der Organisation noch eine Orientation in Heidelberg, in den USA dann eine dreitägige Orientation in Manhattan. Der Sinn dieser Orientation sei dahin gestellt. Es war von Vorteil, Leute kennenzulernen. Mit einem der Mädchen bin ich immer noch befreundet. Was den Inhalt der Seminare betrifft ... Viel gebracht hat es nicht. Manche Themen waren äußerst banal – zum Beispiel ging es mit Anweisungen zum Händewaschen los.

Erste Familie

Meine Familie wohnte an der Upper West Side, direkt neben dem Central Park. Ein aufregendes Umfeld ...

Ich hatte zwei Kinder zu betreuen, Julia (vier Jahre) und Robert (sechs Jahre). Sie waren typische New Yorker Upper Westside verwöhnte Kinder. Vor allem die Kleine: "Mommy, can I have a present?" So ging das jeden Tag, und sie hat immer ihr "present" bekommen – während meines Aufenthalts z.B. drei Halloweenkleider und andererseits Stofftiere.

Die Familie war ziemlich reich. Die Gasteltern waren beide Anwälte. Er arbeitete im Rockefeller Center, und sie wollte gerade wieder anfangen zu arbeiten, war aber noch recht oft zu Hause. Ich betreute die Kinder eigentlich nur, wenn sie im Fitnessstudio war, ihre Nägel machen ließ oder sich mit Freundinnen traf.

Ich habe die Kinder von der Schule abgeholt und bin mit ihnen auf Playdates gegangen – mehr nicht. Ich hatte viel Freizeit, und demensprechend viel habe in dieser Zeit von New York gesehen! Aber ich bin froh, nicht auf Dauer geblieben zu sein, denn der Familienzusammenhalt ließ zu wünschen übrig.

Schon am ersten Abend nach meiner Ankunft hatten sie Nudeln gekocht und glaubten, es sei etwas ganz Besonderes, dass sie heute einmal gekocht hatten. Tatsächlich haben sie das fast nie getan. Die Mutter zeigte mir, wie man die Macaroni and Cheese-Packung für die Mikrowelle öffnet – mehr haben sie nicht gemacht. Die Eltern aßen immer auswärts, und ich kochte abends für die Kinder Macaroni and Cheese, Hamburger oder Hot Dog. Andere Gerichte haben die Kinder überhaupt nicht gegessen.

Ich habe in diesen Wochen ziemlich viel abgenommen, weil es nie ein gemeinsames Essen gab. Ich glaube, ich wäre beinahe das erste Aupair geworden, das richtig abgenommen hätte. Beinahe ...

Mit den Kindern lief es prima. Vor allem mit dem Jungen – ein richtig Lieber. Die Kleine war eher verzogen. Ein authentisches amerikanisches Fernsehkind. Wenn ich morgens um sechs Uhr aufstand, saß sie schon vor dem Fernseher. Man konnte mit ihr nichts anfangen, außer ihr die Videokassette einzulegen. Morgens war sie in der Schule, mittags war sie auf irgendwelchen Playdates – bei denen es ihretwegen ständig Zank gab –, und wenn wir abends nach Hause kamen, schaute sie Video.

Ich war in vielen stinkreichen New Yorker Familien, wie man sie im Fernsehen sieht. Bei meiner Ankunft kamen sofort mehrere Dienstboten auf mich zu. Ich wusste oft gar nicht, wem die Wohnung gehörte, und kam mir mitunter selber wie einer der Dienstboten vor. Die Kinder wurden gemeinsam vor den Fernseher gesetzt, die Jungs spielten außerdem am Computer. Ich war mit den Dienstboten in der Küche. Es hieß dann: "Hier steht die Pizza, hier ist etwas zu trinken – bitte bediene Dich!" Eine seltsame Lebensweise ...

Während der ersten vier Wochen hatte ich kein Heimweh. Es war alles neu und aufregend. Ich möchte diese Erfahrung nicht missen, aber im Rückblick bin ich froh, noch etwas anderes erlebt zu haben.

Im Haushalt musste ich lediglich die Wäsche der Kinder erledigen. Zwei Mal die Woche kam eine Putzfrau für den ganzen Tag. Sie kümmerte sich um alles, hat geputzt, gekocht, die Kinder gebadet ... Das war einer der Gründe, weshalb die Gasteltern zu dem Schluss kamen: eigentlich bräuchten wir dich hier ja gar nicht ständig.

Englisch

Englisch war für mich überhaupt kein Problem. Es wurde auch immer zu mir gesagt: "Your English – it's perfect! It's perfect". Ich will nicht wissen, wie es sich am Anfang angehört hat, aber ich hatte überhaupt keine Hemmungen zu sprechen. Das war nie ein Problem.

Freizeit

Ich habe gleich anfangs zwei Freundinnen kennengelernt. – eine Deutsche und eine Schwedin, auch Aupairs. Sie waren von der gleichen Organisation und haben mich immer angerufen. Wir sind viel shoppen und abends in irgendwelche Bars gegangen. Ich durfte nach Hause telefonieren, wann immer ich wollte, auf Kosten der Familie – mir ging es also in New York nicht schlecht. Für eine kurze Zeit war das wunderbar! Und dann kam der Urlaub auf Long Island ...

Familienwechsel

Ich war das erste Aupair der Familie. Eine Schwägerin oder Bekannte der Familie hatte auch ein Aupair. Es war einfach gerade schick in dieser Gegend – nach dem Motto „Wir wollen jetzt mal ein bisschen Kulturaustausch und kein schwarzes Kindermädchen, wie es die anderen haben". Nach vier Wochen haben sie aber gemerkt, dass sie keinen ständigen Gast in der Wohnung haben möchten.

Wir waren dann im Urlaub auf Long Island. Eines Morgens kamen sie und erklärten, sie müssten mit mir reden. Ich habe mir nichts dabei gedacht, bis der Gastvater mir knallhart sagte, worum es ging. Es sei nichts gegen mich, sie seien immer mit mir und meiner Arbeit und wie ich mit den Kindern umging zufrieden gewesen, aber ein Aupair sei nichts für sie. Für mich brach zunächst eine Welt zusammen. Ich hatte vorher nichts geahnt, gar nichts. Ich fing an zu heulen. Der Gastvater konnte damit nicht umgehen und fragte: "Why are you crying?" Sie haben mich in diesem Moment überhaupt nicht verstanden.

Sie haben es mir freigestellt, ob ich mit ihnen noch in Long Island bleiben will oder in die Stadt zurückfahren möchte. Ich bin nach New York zurückgefahren. Und meine Freundin, die ich auf der Orientation kennengelernt hatte, kam mich besuchen.

In den ersten zwei bis drei Tagen dachte ich: Um Gottes Willen, wie soll es jetzt nur weiter gehen. Die Gasteltern haben nach unserem Gespräch mit der Betreuerin telefonieren. Diese hat mich angerufen, als ich wieder in New York war, um mich am Telefon zu trösten – ich solle jetzt nicht aufgeben, ich würde auf jeden Fall eine neue Familie bekommen und wenn es mir schlecht ginge, könne ich gerne abends zu ihr kommen. Das habe ich aber nicht gemacht, denn mir ging es bereits wieder besser.

Innerhalb einer Woche habe ich zwei Angebote bekommen, von einer Familie in New Jersey und einer Familie aus New York State. Das erste Angebot kam von einer alleinerziehenden Mutter, die den ganzen Tag zu Hause Gesangsunterricht gab. Da ich an ein ruhiges Haus gewohnt war, war mir die Vorstellung nicht geheuer. Die andere Familie hatte drei Jungs und erwähnte gleich, dass sie ziemlich anstrengend wären. Diese Familie wählte ich aus – warum, ist mir selbst ein Rätsel. Es war eine spontane Entscheidung. Danach ging alles ganz schnell. Sie verkündeten: "Gut, wir holen dich am Sonntag ab". Ich habe das noch einmal mit meiner Councelorin abgesprochen, und sie riet mir dazu; es sei eine nette Familie. Die alte Familie kam während der Woche aus Long Island zurück und war noch zwei Tage um mich. Das war komisch, denn ich fragte mich ständig: ‚Liegt es jetzt an mir?' Sie hatten wohl ihrerseits ein schlechtes Gewissen.

Meine neue Familie

Meine neue Gastfamilie wohnte eine halbe Stunde von New York City entfernt im Bundesstaat New York. Meine Freundin von der Orientation wohnte nun auch ziemlich nah. Die neue Familie hatte drei Jungs: Gaby (3) Oliver (6), Sebby (10) – richtig hieß er Sebastian –, und die Oma wohnte im selben Haus.

Der erste Abend war sehr seltsam. Die ganze Verwandtschaft war zu Besuch. An diesem Abend habe ich mich richtig unglücklich gefühlt – ohne zu wissen, warum. Ich dachte, hier würde ich es kein Jahr aushalten. Alle waren sehr nett zu mir, aber alles wirkte fremd. Am nächsten Tag fuhren wir an den Strand, und es wurde ein wahnsinnig netter Nachmittag – auch die Kinder verhielten sich freundlich.

Ich war wieder das erste Aupair in der Familie. Die Gastmutter war Lehrerin, der Gastvater war selbständig und hatte ein Reise- und Versicherungsbüro. Ob er damit aber wirklich Geld verdient hat, weiß ich nicht. Eigentlich war die Gastmutter diejenige mit gesichertem Einkommen. Die Oma arbeitete mit ihren 75 auch noch. Sie meinte, sie müsse arbeiten, damit das Haus erhalten bleibt.

Die Familie war relativ knapp bei Kasse. Als nach einem halben Jahr die Oma starb, wurde es wirklich schwierig. Von dem Haus mussten die Geschwister ausbezahlt werden. Die Gasteltern haben ihre Geldprobleme zwar nie direkt angesprochen, aber wenn sie mich zum Einkaufen geschickt haben, haben sie mir zum Beispiel gesagt, ich solle nur die billigste Wurst und den billigsten Saft kaufen. Daher habe ich es eher hintenherum mitbekommen.

Ich habe mich in der neuen Familie ziemlich bald wohl gefühlt. Sie waren auch wirklich sehr nett. Die Gastmutter blieb während der ersten Woche zu Hause und unternahm sehr viel mit den Kindern und mir. Mit meiner Freundin von der Orientation habe ich jedes Wochenende etwas auf die Beine gestellt. Unter der Woche hatte ich kaum Zeit, denn ich hatte College-Kurse, war im Fitnessstudio, Squashen und habe zusätzlich bei Nachbarn babygesittet. Das hat sich sehr schnell herumgesprochen - ich war das einzige Aupair in dem Ort und bald bekannt als "the German Nanny". Ich wurde von allen möglichen Leuten angerufen, ob ich denn bei ihnen nicht auch babysitten könnte. Irgendwann musste ich einen Schlussstrich ziehen, denn ich hätte wirklich das ganze Jahr jeden Abend babysitten können.

In der zweiten Familie habe ich wieder zugenommen – da ging es mit dem Gewicht ständig bergauf. Meinen Höhepunkt hatte ich im Februar mit sechs Kilo mehr als bei der Abreise. Danach habe ich versucht, wieder abzunehmen. Aber das Essen! Am Abend aß man immer warm, tagsüber hielt man sich mit irgendwelchen Snacks über Wasser und aß mit den Kindern – Snacks, Cookies, cereals ... Ich ging ab dieser Zeit einmal die Woche in das Fitnessstudio und einmal die Woche squashen. So habe ich tatsächlich ein wenig abgenommen. Meine Eltern kamen im April und haben sofort erkannt, dass ich zugenommen hatte. Meine Mutter erzählte mir später, bei meinem Anblick am Flughafen habe sie gedacht: "Oje!"

Mein Aupair-Tag

Ich bin meist kurz nach 7 Uhr aufgestanden und habe den Kindern Frühstück gemacht; die Mutter ging um 7 Uhr 30 aus dem Haus. Der Große ging zur gleichen Zeit auf den Schulbus, und der Mittlere wurde um 8 Uhr 10 vom Schulbus abgeholt. Er wollte aufgrund seiner Schulangst aber oft nicht gehen; daher gab es morgens häufig regelrechte Kämpfe mit Heulen und Toben auf seiner Seite, so dass er oft den Bus verpasste und ich ihn in die Schule fahren musste. Manchmal wurden wir sogar aus der Schule angerufen: "Wo bleibt er denn?" Im Auto weinte er dann die ganze Fahrt lang. Worin diese Angst begründet lag, fanden wir nicht heraus. Da die Lehrerein einen eher positiven Eindruck hinterließ, vermute ich, dass er einfach Angst vor dem Leistungsdruck hatte. Er war nicht so sonderlich gut in der Schule – im Gegensatz zu den anderen konnte er noch nicht lesen, das Schreiben fiel ihm schwer und er bekam zusätzlich Nachhilfe.

Der Kleine blieb von 13-16 Uhr in der Vorschule.

Von 1315 Uhr 30 hatte ich frei. In dieser Zeit konnte ich telefonieren, Wäsche waschen oder einkaufen gehen – was man eben so zu erledigen hat. Ich war oft auch morgens mit dem Kleinen unterwegs, denn er war wirklich umgänglich. Manchmal hatten wir auch Playdates. Am Anfang war das aufgrund seiner Schüchternheit problematisch. Es war einfacher, wenn Leute zu uns kamen, denn in seiner gewohnten Umgebung taute der Kleine leichter auf. Mit den Nachbarskindern verstand er sich gut.

Mit den beiden jüngeren Kindern, Gaby und Oliver, bin ich bestens ausgekommen. Der Kleine war rundum süß und auf Anhieb anhänglich. An Oliver störte mich nur dieses Schulproblem.

Die beiden Großen hatten nachmittags Kurse. Der Große war Boy Scout und spielte Hockey und Saxophon. Überdies hatte er jede Woche zwei Termine bei einer Psychologin, weil er ein bisschen "wunderlich" war: Er hatte aufgrund seiner Kontaktschwierigkeiten nur einen Freund und verhielt sich mitunter auffällig.

Die Gastfamilie hatte mir das am Anfang überhaupt nicht erzählt. In der ersten Woche musste ich ihn zu der Psychologin fahren, aber die Gastmutter hat nur gesagt: "You have to take him to the doctor." Ich erfuhr lediglich, wo das war und dass ich ihn einfach dort rauslassen solle. Ich habe ihn bei dem Doktor abgeliefert und nach einer halben Stunde wieder abgeholt. Auf meine Frage: "Was hat denn der Doktor gesagt? Was hast Du denn?" erwiderte er "Magenschmerzen, Grippe". Nach drei Tagen musste ich ihn wieder zu diesem ominösen Doktor fahren. Ich fragte danach: "Und? Geht es Dir jetzt besser?" und er: "Ja, alles in Ordnung." Aber eines Abends sagte die Gastmutter: "I have to talk to you" und erzählte mir die Wahrheit.

Der Junge kam oft von der Schule nach Hause, ohne ein Wort zu sagen. Wenn ich zum Beispiel fragte: "Wie geht es dir?", antwortete er nicht, sondern warf mir nur einen bösen Blick zu, als wollte er sagen: was willst Du hier?

Er hat anfangs weder meine Präsenz noch meine Autorität akzeptiert. Er sagte öfter: "You're not my mother!" Er schreckte vor Beleidigungen nicht zurück: "You're a bitch", oder er rief bei seinem Vater an: "I hate her! I hate her!", und verleumdete mich. Für seinen Vater war er trotz allem SEIN Sohn, während ich nur ein fremdes Mädchen war. Obwohl Ersterer dies nie zur Sprache brachte, habe ich es ihm oft angesehen. Ich erklärte ihm am Abend immer, was wirklich los war. Die Mutter stand immer hinter mir und wies die Kinder auch oft zurecht, aber der Vater äußerte sich nie dazu. Es mangelte ihm wohl an Durchsetzungsvermögen. Er hat den Ältesten nie angemotzt, wenn er etwas angestellt hatte.

Der Große behauptete einmal, ich hätte ihn geschlagen. Da ging dann der Familienrat am Abend los. Ich hatte eigentlich einen Fitnesstermin und wollte diesen nun absagen, aber mein Gastvater riet mir zu gehen. Es herrschte für zwei Tage eine Krisenstimmung. Die Mutter hat noch einmal mit mir geredet und mir auch geglaubt. Der Gastvater hat nichts mehr gesagt, und ich weiß bis heute nicht, wem er glaubte. Die Oma hat immer zu mir gehalten. Mein Wort war für sie wie das Amen in der Kirche.

Auch am Wochenende, wenn ich spät nachts nach Hause kam und meine Freundin mitbrachte, fing sie an: "Was wollt ihr denn noch essen?" Aber an den zwei Tagen der Beklommenheit wirkte sie ratlos und schien an mir zu zweifeln – obwohl sie selber manchmal die Jungen schlug. So schlimm, dass wir die Betreuerin hätten einschalten müssen, war der Vorfall jedoch nicht.

Aber in solchen Problemfällen fragt man sich: "Was mache ich eigentlich hier?" Ich saß abends völlig frustriert in meinem Auto und dachte: "Was mache ich hier? Warum tue ich mir das an?" Insgesamt war es aber wirklich nicht schlimm; die Gasteltern waren nett, und ich hatte ein echt tolles Jahr. Selbst die schwierigen Momente sind Erfahrungen, aus denen man lernen kann. Dadurch gewinnt man an Selbstvertrauen.

Freizeit und College-Kurse

Die Gastmutter kam frühestens um vier Uhr nach Hause. Es konnte aber auch mal sieben werden – je nachdem, was sie in der Schule noch vorbereiten musste. Es war so geregelt, dass ich frei hatte, wenn sie nach Hause kam, aber das konnte eben mal um vier und mal erst um sieben sein. Im Schnitt bin ich trotzdem innerhalb meiner 45 Stunden geblieben. Feiertags musste ich nie arbeiten, und ich habe eine Woche länger Urlaub bekommen.

Am Wochenende unternahmen wir nicht so viel miteinander, da ich immer unterwegs war. Mit der Mutter bin ich unter der Woche ab und zu ins Kino gegangen, im Sommer an den Strand, oder wir sind zusammen in die Mall gefahren und durch die Läden gezogen.

Am Wochenende war ich oft in New York City. An Feiertagen sind wir meist über das Wochenende weggefahren. Wir waren in Washington DC, Boston, Philadelphia, Niagara Falls ... Nach Washington ging's mit dem Zug, und die anderen Ziele haben wir mit dem Greyhound-Bus angefahren. Während meines Urlaubs im Frühling war ich 14 Tage mit meinen Eltern unterwegs, und gegen Ende bin ich noch eine Woche in San Francisco gewesen. Meinen 13. Monat verbrachte ich in San Francisco mit einer Freundin aus Deutschland und mit Conny, der Freundin aus New York. Wir waren dort am Strand – ausspannen und relaxen.

Mein erster College-Kurs hieß "Aupair series". In dem Kurs waren 15 Aupairs. Wir haben über Amerika, Geografie und Kultur gesprochen oder uns mit Kindererziehung beschäftigt –alles Sachen, die Aupairs interessieren sollten. Es war auch wirklich nett gemacht. Die Lehrerin hat immer etwas typisch Amerikanisches als Snack mitgebracht – Banana Bread, Marshmallows etc. ...
Zweitens habe ich einen Englischkurs gemacht. Ich war im höchsten Level, und es wurden Lektüren gelesen, zum Beispiel „Lord of the Flies". Außerdem haben wir Internet Research betrieben, Essays geschrieben und am Ende je ein Referat gehalten. Der Kurs war wirklich gut, und wir hatten eine tolle Lehrerin.

Neue Freunde

Die meisten Freunde habe ich über die Adressenliste der Organisation kennengelernt, oder durch den College-Kurs. Amerikaner habe ich kaum getroffen. Man kommt wenig in Kontakt, da man meist mit seiner Aupair-Gruppe glücklich ist. Dort kann jeder sich auslassen: "Meine Kinder waren heute schrecklich! Wie waren Deine?" Zu der Nachbarin hatte ich ein hervorragendes Verhältnis, sie war meine beste Freundin vor Ort. Mit ihr habe ich mich besser verstanden als mit meiner Gastmutter. Sie rief oft an, um zu fragen: "Na, wie sind sie heute?", oder wir aßen zusammen lunch.

Schönste Momente

Ich hatte sehr viele schöne Momente mit den Kindern – wenn es keinen Streit gab. Und natürlich in der Stadt. In New York muss man nur dastehen und die Leute anschauen, um sich zu unterhalten. Ich hätte nie gedacht, dass diese Stadt so toll wäre. Mein Bruder behauptete, wenn ich dort im Dunkeln rausginge, würde ich sofort erschossen werden.

Schlimmste Momente

... waren der Tag, an dem mir gesagt wurde, dass ich wechseln müsse, der Tag, als der Große mich zu Unrecht beschuldigte, und der Abschied. Die Mutter ist mit den Kindern drei Tage vor meinem Abflug in den Urlaub gefahren. Das war komisch. Der Kleine hat das überhaupt nicht verstanden. Er war nur aufgeregt, dass er jetzt in den Urlaub durfte. Die Mutter meinte am Flughafen: "You have to say goodbye to Nicole!" Und er sagte einfach: "Bye bye!" Das fand ich wirklich deprimierend. Ich war völlig geknickt.

Was hat das Jahr gebracht?

Zunächst einmal bessere Englischkenntnisse, was heute sehr wichtig ist. Ich habe dieses Aupair-Jahr nie bereut und würde es jederzeit wiederholen. Ich habe für mich selbst unglaublich viel dazugelernt, bin selbstbewusster geworden und habe vor nichts mehr Angst.

Gute Beiträge belohnen wir mit einem Buch aus unserem Programm
interconnections-verlag.de
info@interconnections.de

Zwischen Traum und Alptraum

Erfahrungsbericht

Ankunft in den USA

Erfahrungsbericht
Überwältigend waren zunächst einmal die Wolkenkratzer und die Hektik. Allein der Weg zum Hotel war ein Abenteuer für sich. Gemeinsam mit den anderen Aupairs, die ich schon im Flugzeug kennengelernt hatte, starrte ich aus dem Fenster des Mini-Vans und staunte über die hohen Häuser und vielspurigen Straßen.

Die Ankunft im Hotel war sehr ernüchternd. Wir waren die letzten, der Unterricht hatte schon lange begonnen und an Stelle einer kurzen Pause auf dem Hotelzimmer wurden uns die Koffer in der Eingangshalle abgenommen: Einer konnte mit aufs Zimmer genommen werden, der andere kam mangels Platzes in ein Lager.

Und ehe wir uns versahen, waren wir auch schon im „Klassenzimmer" mit den anderen Aupairs und unserem Lehrer, der uns nur kurz begrüßte und sofort mit dem Unterricht fortfuhr.

Völlig verschüchtert saßen wir nun da und waren gespannt auf die nächsten Tage. Und die hatten es in sich: Der Unterricht war sehr abwechslungsreich. Es ging von Kindererziehung über Erste Hilfe, Spiele mit Kindern, Sicherheit von Kindern über Vorträge von Polizei und Feuerwehr bis hin zu Reisetipps für Wochenenden und den 13. Monat.

Die Abende verbrachten wir in der City. Wir liefen herum, den Kopf immer schön nach oben gestreckt, den Wolkenkratzern entgegen, besuchten ein Musical und gingen essen. Alles in allem überwältigende Tage.
Am letzten Abend machten sich schon die ersten zu ihren Familien auf, und unsere Gruppe wurde auseinandergerissen. Ich hatte mich mit einigen der Mädchen schon angefreundet und war sehr traurig, als alle in ihre Flugzeuge nach Houston, Oakland und Chicago stiegen. Nur eine Freundin blieb bei mir. Sie sollte in einen Ort kommen, der nur 10 Min. von meinem entfernt war.

Ankunft in der Gastfamilie

Am Freitag morgen holte mich das ‚alte' Aupair mit mehreren seiner Freundinnen (alles Aupairs) am vereinbarten Treffpunkt ab. Meine Gastfamilie war nämlich in den Urlaub gefahren und kam erst am Sonntag zurück. So konnten wir ungestört feiern.

Am Montagmorgen, meinem ersten Arbeitstag, begegnete ich zum allerersten Mal meiner Gastmutter Patrice – bereits in großer Eile, zur Arbeit zu kommen – sowie dem Kleinsten der drei Kids, dem dreijährigen Julian, der krank war und daher kaum Interesse zeigte. Kaum hatte Patrice sich vorgestellt, fuhr sie auch schon davon. Der Vater hatte bereits um sechs das Haus verlassen, Aidan (5) und Alexandra (7) waren mit den Großeltern noch eine Woche im Urlaub geblieben. So stand ich dann etwas enttäuscht da, denn die Begrüßung hatte ich mir, ehrlich gesagt, etwas anders vorgestellt. Da ich eben erst angekommen war, habe ich alles auf die andere Kultur geschoben und nicht wahrnehmen wollen, dass bei mir alles anders war als in den Familien der Aupairs, die mir meine Vorgängerin vor ihrer Abreise vorgestellt hatte.

Unglücklich in der Familie

Schon nach kurzer Zeit war klar, dass die Familie mich als billige Babysitterin und vor allem als Putzkraft benutzte und vom Familienanschluss rein gar nichts zu bemerken war.

Es war schlichtweg chaotisch. Die Kinder waren unmöglich, noch viel schlimmer, als ich es je gefürchtet hatte. Sie spuckten mir ins Gesicht, schlugen um sich, provozierten mich, wo es nur irgend ging, und da ihnen die Eltern weder Grenzen setzten noch mich bei meinen Erziehungsversuchen unterstützten, tanzten sie mir bald auf der Nase herum. „Bei unseren Eltern dürfen wir das auch" – welches Aupair hat nicht unter diesem Satz gelitten?

Ich begann, viele Süßigkeiten zu essen, denn ein geregeltes Abendessen war unbekannt. Kein Wunder, denn der Kühlschrank war stets leer. Oft hatte ich Mühe, den Kindern etwas zuzubereiten. Alles Reden mit Patrice half nichts, weder füllte sie den Kühlschrank, noch existierte eine Haushaltskasse, mit der ich hätte selber einkaufen gehen können. Wenn es dann etwas zu essen gab, sorgte Patrice dafür, dass es genau für ihre Familie reichte. Für mich blieb nie etwas übrig.

Das versprochene Benzingeld für das Fahren der Kinder blieb schon nach der ersten Zahlung aus, und da ich das Auto auch privat benutzen durfte, zahlte ich eben den Sprit selbst, was nicht allzu teuer war.

Allerdings hatte ich nun nie Geld, denn das Aupair-Gehalt ist nicht dafür vorgesehen, um das Essen und den Sprit zu bezahlen.
Die Familie fuhr wieder in den Urlaub und hielt es nicht einmal für nötig, es mir mitzuteilen, geschweige denn, mich mitzunehmen. 20 Minuten vor ihrer Abfahrt am Samstag morgen kam ich zufällig in die Küche und sah, dass sie packten. Erst da erwähnte Patrice beiläufig, dass sie die nächsten fünf Tage nicht da seien, die neue Waschmaschine aber geliefert werde und ich doch daheim bleiben sollte, schon wegen des Meerschweins, das die Cousine vor einigen Wochen hier abgeladen hatte. Und weg waren sie.

Entschluss zum Wechsel

Heulend fuhr ich zu meiner besten Freundin und dachte zum ersten Mal über einen Wechsel nach, zu dem mir meine Freundinnen dann am Abend in einer Krisensitzung einstimmig rieten. Doch so einfach war das nicht. Es bedurfte noch vieler Gespräche mit der besorgten Mama zu Hause, meinen Freunden in Deutschland und New Jersey und meinem mittlerweile in den USA eingetroffenen Freund, bis ich mich endlich dazu durchgerungen hatte, meine Betreuerin anzurufen und ihr zu erzählen, wie unglücklich ich mit meiner Familie war. Die wiederum musste natürlich versuchen, mich zum Bleiben zu überreden, doch dazu war es fast schon zu spät. Also kam sie zu uns nach Hause. In einem langen Gespräch zusammen mit meinen Gasteltern vereinbarten wir, dass wir es noch einen Monat probieren wollten, ich aber bei andauernden Schwierigkeiten wechseln könne.

Der Monat verging rasch, und nichts hatte sich geändert. Meine Gastfamilie erhielt Bewerbungen von neuen Aupairs; ich telefonierte mit sieben neuen Gastfamilien, besuchte zwei davon und entschied mich für die dreiköpfige Familie in Connecticut, mit der ich mich auf Anhieb verstand.

Umzug in die neue Familie

Die Wochen bis zum Wechsel waren eine Qual. Es gab Tage, an denen alles toll schien und ich meine Entscheidung schon fast bereute. Doch an vielen Tagen war ich froh, endlich umziehen zu können. Mein letzter Arbeitstag bestätigte mich dann noch einmal in meiner Entscheidung. Ich durfte nämlich arbeiten, bis das neue Aupair zur Tür hereinkam. Erst dann konnte ich gehen und war froh, dieses Haus nach vier Monaten für immer zu verlassen.

In meinem neuen Zuhause in Connecticut habe mich vom ersten Tag an wohl gefühlt. Anne und Ralph, meine neuen Gasteltern, nahmen mich auf wie eine Tochter und vermittelten mir von Anfang an das Gefühl, dazuzugehören. Die Begrüßung war so, wie ich es mir schon vier Monate vorher gewünscht hätte – herzlich und nett.

Maureen, mein dreijähriger Schützling, war sehr süß, wenn auch anfangs etwas schüchtern. Ich unternahm viel mit der Familie und fand durch das einzige Aupair in meiner Umgebung auch schnell neuen Anschluss.

Kurzum, plötzlich gefiel es mir richtig gut in den USA. Anne und Ralph fragten mich grundsätzlich, ob ich mit ihnen mitwolle, egal, wohin sie gingen. Dass ich während meiner Anwesenheit an den Mahlzeiten teilnahm, war selbstverständlich; auch bei einem Glas Wein im Wohnzimmer war ich stets willkommen. Oft saßen wir ganze Nächte lang da und redeten oder sahen fern. Plötzlich ging ich nicht mehr jeden Abend weg, genoss das Daheimsein und das Gefühl, ein angenehmes Zuhause zu haben.

Alltag mit einem Baby

Zwei Tage nach Weihnachten bekam Maureen dann ein Schwesterchen und ich ein ‚neues Kind', Julia (‚the Sleeping Giant', wie wir das 55 cm große, 4395 g schwere, neue Familienmitglied scherzhaft in Anlehnung an den Hügel in der Nachbarschaft nannten).

Viel hatte ich am Anfang nicht zu tun mit diesem süßen Wurm. Mama Anne war daheim und kümmerte sich um Julia. Das führte natürlich zu großen Eifersuchtsszenen, während derer ich Maureen kaum von der Mama wegreißen konnte, und als Anne begann, zu Hause wieder zu arbeiten (sie hat dort ein Büro und arbeitet nur einmal in der Woche außer Haus), nahmen wir Julia mit auf unsere Unternehmungen oder gewährten ihr Zutritt zum Allerheiligsten, dem ‚playroom'.

So süß Julia war, merkte ich doch bald, dass ihre Präsenz eine Menge mehr Arbeit bedeutete. Sie war nämlich keines der Babys, die den ganzen Tag schlafen. Im Gegenteil, 20 Minuten waren die Regel, dann war sie wieder fit. Zum Glück war sie ein sehr fröhliches Baby und weinte nur, wenn ihr wirklich etwas fehlte.

Ein Tiefpunkt

Trotz Julias fröhlicher Art war die Zeit, die ich vorher neben dem Spielen mit Maureen noch für Wäsche, Kochen, … gehabt hatte, auf ein Minimum geschrumpft. Oft machte ich die Wäsche nun abends in meinem Zimmer, während ich fernsah. Ich merkte auch, dass ich seltener Lust hatte, abends noch wegzugehen und mich mit meinen Freunden zu treffen.

Und so befiel mich die Ungeduld, wieder nach Hause zu kehren; alles nervte mich: Maureen, die immer noch nicht ins Töpfchen machte, Julia, die nie schlief, … Auf einmal vermisste ich meine Familie und meine Freunde in Deutschland, und das Aupair-Jahr erschien mir als Fehltritt. Ich fragte mich, warum ich hier, wo ich mich doch so wohl gefühlt hatte, wieder nicht glücklich war. Obwohl die Familie nett zu mir war – der Bruder von Anne nahm mich sogar mit, wenn er abends wegging –, fehlte mir etwas.

Raus aus dem Gefühlstief

Dann begann ich wieder, mehr zu unternehmen, meine Freunde in New Jersey zu besuchen und viel Sport zu machen. Das half mir über diese deprimierende Phase hinweg und bescherte mir viele tolle Erinnerungen an Musicals, Events, nette Abende mit Freunden und lange Gespräche mit meiner Gastfamilie.

Stressig blieb mein Job mit Maureen und Julia zwar bis zum Schluss, aber man kann Kindern nicht böse sein, wenn sie schon wieder in die Unterhosen gemacht haben, obwohl sie einem gerade erst versichert hatten, nicht auf die Toilette zu müssen, und später freut man sich mit ihnen, wenn das erste große Geschäft eben dort landet statt in der Windel, und schon ist alles andere vergessen.

Als ich dann Ende Juni das Rückflugticket von der Organisation bekam, wäre ich lieber länger geblieben oder hätte wenigstens die Kinder mit nach Deutschland nehmen wollen ...

Soviel hatte ich mit den Kindern erlebt: Maureen lernte lesen, sprach Deutsch mit mir und sagte mir jeden Tag, wie sehr sie mich liebe. Julia, die ein richtiger Wonneproppen war, bekam bald ihre ersten Zähnchen, und ihre langen Haare konnte man wunderbar frisieren.

Ende des Jahres

Ehe ich mich versah, flog ich zusammen mit meinem Freund nach Seattle. Die drei Wochen Abschlussurlaub im Westen der USA waren nun fällig.

Und schon am zweiten Tag vermisste ich meine Kids, aber die hatten bereits eine neue Babysitterin, an die sie sich in den letzten Wochen gewöhnt hatten. Getrost konnte ich meinen Urlaub genießen, allerdings nicht ohne ihr Bild im Geldbeutel und einen blauen Fingernagel (Maureens neuer Nagellack, den sie mir noch zeigen und natürlich an uns beiden testen musste, bevor ich flog).

Ebenso schnell waren die drei Tage, die ich nach dem Urlaub noch mal in Connecticut verbrachte, vorbei. Ich saß verheult im Flugzeug in Richtung Europa, eine Packung Oreo-Kekse auf meinem Schoß, und schon war ich wieder daheim.

Jetzt, mit einigen Monaten Abstand, kann ich sagen, dass dieses Jahr für mich, trotz der schlechten Erfahrungen in den ersten vier Monaten, eine Bereicherung war, und ich es auf keinen Fall bereue, diesen Schritt gemacht zu haben. Ich kann einen Aupair-Aufenthalt also nur empfehlen.

Rundum glücklich

Erfahrungsbericht

Ein ganz normaler Aupair-Tag...
Ich bin gerade 20 geworden und das Aupair von Brian (6), Michael (4) und Daniel (2). Es ist ein ganz normaler Morgen, an dem die drei mit ihrem Schlafanzug

bekleideten, verstrubbelten kleinen Jungs von mir für den kommenden Tag fertig gemacht werden sollen. Ich bin gerade in eine Diskussion mit Brian verstrickt, weil er bei 5°C Außentemperatur unbedingt eine kurze Hose anziehen möchte – ich bekomme wieder einmal zu hören, dass ich das schrecklichste Aupair auf Erden sei –, Michael will sein Frühstück nicht essen und Daniel weint auf meinem Arm, weil er gerade hingefallen ist und sich gestoßen hat. Ein Blick auf die Uhr sagt, dass wir in fünfzehn Minuten alle im Auto auf dem Weg zu Brians Schule sitzen sollten ... öööö

So sieht mein Alltag als Aupair aus. So nett und friedlich wie auf den Bildern der vielen Broschüren, die ich vor meinem Aupair-Jahr von den verschiedenen Organisationen bekommen hatte, geht es nur in den wenigen Stunden zu, in denen ich mit Daniel allein zu Hause bin und er seinen Mittagsschlaf macht.

Die drei halten mich schon den ganzen Tag auf Trab. Trotzdem bringt mich dieses Durcheinander längst nicht mehr aus der Ruhe. Fröhlich fordere ich Brian zum hundertsten Mal an diesem Morgen auf, sich endlich zu beeilen, und er entschuldigt sich ganz lieb bei mir – inzwischen etwas einsichtiger hinsichtlich der Hosen – für seine ausfälligen Worte. Ich versuche, Michael beim Essen zu ermuntern, und wische Daniel seine Tränen und seine sirupverklebten Mund und Hände ab. Tatsächlich sitzen wir am Ende alle pünktlich im Auto, und wieder einmal ist ein hektischer Morgen überstanden.

Danach geht es mit gehörigem Eifer an die vielen Spielsachen in unserem großen Spielzimmer. Wie ich dieses Tohuwabohu jeden Tag überstehe und trotzdem sagen kann, dass mir meine Arbeit Freude bereitet und ich mein Aupair-Jahr in vollen Zügen genieße? Ich habe sie eben lieb gewonnen, meine drei kleinen Jungs!

Ich bin nicht immer so gut gelaunt. Auch mein Aupair-Jahr hat seine Höhen und Tiefen, und an manchen Tagen würde ich die Drei am liebsten gegen die Wand schleudern. Ich habe lernen müssen, mit meinem Aupair-Alltag umzugehen. Dabei habe ich gemerkt, dass man sich auch anstrengen und ab und zu Fantasie zeigen muss. Das war die bisher schwierigste Herausforderung für mich, und ich finde es traurig, dass die meisten Aupairs anscheinend nicht in der Lage sind, sich ihren Alltag angenehm zu gestalten. Stattdessen verbringen sie ihre Zeit am liebsten in tiefstem Selbstmitleid und wissen nichts Besseres, als in der Freizeit über ihre Gastfamilien zu lästern. Auch das hat mir in den ersten beiden Monaten meines Aufenthaltes ganz schön zu schaffen gemacht. Mein Gott, ich bin doch nicht hergekommen, um mich ein Jahr lang abzuquälen! Schon die Frage nervt, wenn man wieder einmal ein anderes Aupair kennenlernt: "Na, wie ist denn deine Familie so?" – mit dem Unterton: "Na, wo tickt es denn bei deiner Familie nicht richtig?" Meine Familie ist super!

Am Anfang habe ich viele Fehler gemacht. Ich war damit beschäftigt, an alles zu denken und meinen Alltag in den Griff zu kriegen. Langweile gab es nicht. Aber mit der Zeit habe ich mich dann an alles gewöhnt, und allmählich hatte ich das Gefühl, mir fiele die Decke auf den Kopf. Ich war ein wenig traurig darüber, noch keine richtige neue Freundin gefunden zu haben – ich werde eben nicht nach 5 Minuten mit jemandem warm. Am Anfang hatte ich aufgrund der ungewohnten Situation einfach nicht die Energie, abends auch noch wegzugehen und neue Leute kennenzulernen. Aber das ließ sich ja ändern! Inzwischen gehe ich sehr viel aus, habe viele Leute kennengelernt und auch gute Freunde gefunden. Angefangen habe ich mit Fitness und Collegekursen. Dem YMCA ist es wohl auch zu verdanken, dass ich im Gegensatz zu den meisten Aupairs nicht zugenommen habe. Am örtlichen College habe ich einen Zeichenkurs, Stepptanz und Spanisch belegt.

Ich bin so beschäftigt, dass die Zeit zu fliegen scheint! Auch am Wochenende bin ich meist in New York City unterwegs. Dabei will ich gar nicht daran denken, dass ich in ein paar Monaten wieder nach Hause muss!

Aus aller Welt - Aupairs berichten
Tolle Erfahrungen, Chaos, Überstunden, rollige Gastväter

Aupairs, die in diversen Ländern und Kontinenten tätig waren, berichten von ihren Erfahrungen: Alltag, Skurriles, Schwierigkeiten und Lösungen, Höhen und Tiefen. Worauf ist zu achten, was erwartet einen? Wie stellt man es an, das beste aus seinem Einsatz zu machen?

Animation - Traumjob oder Vagabundentum?
Morgenmeeting, Nachtproben und glühende Kurven

Animateure stehen mitten im Leben und haben etwas zu erzählen.
Hier plaudert ein ehemaliger Animateur aus dem Nähkästchen, Höhen und Tiefen des Animateur-Daseins und sehr gute Beschreibungen, dessen, was eine Tätigkeit als Animateur ausmacht.

Beide Titel bei
interconnections-verlag.de
Oder im Buchhandel

MÄNNLICHE AUPAIRS

Männliche Aupairs – leider immer noch recht allein auf weiter Flur, auch wenn die Zahlen langsam ansteigen. Dazu trägt unter anderem ein neuer Trend bei, der sich nicht nur in Hollywood breit macht: die bzw. der *Mannie*. Eine männliche Nanny eben. Stars wie Madonna, Britney Spears und Gwyneth Paltrow haben gemerkt, welche Vorteile ein männliches Kindermädchen so mit sich bringt: mal abgesehen davon, dass Jungs auch mal was schleppen können und häufig noch immer geschickter in handwerklichen Belangen sind, tendieren sie eher dazu, das Jahr durchzuziehen. Warum? Wer sich erstmal durch alle Vorurteile und über alle Hürden gekämpft hat, ist einfach richtig motiviert und überzeugt vom Aupairjob. Das bestätigt auch eine Agentur: „Wir vermitteln auch männliche Aupairs. Erfahrungsgemäß sind diese bestens qualifiziert, aber leider sehr viel schwerer zu platzieren. Der Bedarf ist nicht so groß. Sind sie aber einmal platziert, sind es i.d.R. ganz wunderbare Aupairs. Viele Familien nehmen dann immer wieder gerne ein männliches Aupair."

Noch aber hat man als männlicher Bewerber größere Hürden zu überwinden, und manche Agentur vermittelt sogar nur weibliche Aupairs.

Wie kommt man als Junge auf die Idee, einen "Mädchenjob" wie Aupair auszuüben? Henning, der als Aupair in die USA ging, erzählt:
»Erstmal muss man den Gedanken ablegen, dass dies ein Mädchenjob ist. Nur weil es deutlich mehr weibliche Teilnehmer gibt, heißt das nicht, dass man als Kerl nicht genauso gut geeignet wäre dafür. Also, wie kam ich dazu, Aupair zu werden? Ich habe im Alter von 14 Jahren angefangen, mit Kindern zu arbeiten. Damals waren es diverse Konfirmationsfreizeiten, die ich begleitete, und es kam auch ein Babysitterjob dazu. Warum das alles? Man muss sich als Junge schon selber eingestehen können, dass man gerne mit Kindern arbeitet und den "Stolz" aufgeben, sich damit eventuell vor seinen Freunden zu blamieren, weil es kindisch sei. Es ist meiner Meinung nach aber etwas völlig Normales, und ich habe schon viele Jungen kennengelernt, die wirklich begabt im Umgang mit Kindern sind.

Nachdem Henning sich für das Aupair-Dasein entschieden hatte, überlegte er sich, wer ihm bei diesem Schritt helfen könnte.

»Nun, entweder man traut sich selber, in den Weiten des Internets nach Hilfe zu suchen, oder man sucht sich die Hilfe in Form eines Buches oder eines ehemaligen Aupairs. Meine Freundin hat mir ihre Agentur empfohlen, die sich auch gut um mich kümmerte. Anmeldung und Bewerbung waren wirklich einfach. Nachdem ich alles beisammen und abgeschickt hatte, begann das so genannte "Matching", d.h. meine Angaben wurden mit denen aller Familien in einem Computer verglichen, und das Match, das die meisten Übereinstimmungen hatte, wurde mir dann vorgestellt. Ich hatte z.B. angegeben, dass ich sehr viel Sport mit Kindern mache, viel draußen bin, gerne an die Ostküste möchte, tierlieb bin und auch gerne koche.

Nach den ersten E-Mails mit meiner Match-Familie folgte schon die Einladung zu einem Telefongespräch. Keine Angst davor; ich war auch furchtbar nervös: Sind sie nett? Ist mein Englisch gut genug? Was werden sie fragen? Aber ob man es glaubt oder nicht – die Hostfamilie ist genau so gespannt und aufgeregt wie man selber! Auch das mit dem Englischen regelte sich von alleine; mein Gegenüber war da wirklich sehr geduldig und wusste, dass ich eben kein Amerikaner war. Man sollte sich auf jeden Fall nicht scheuen, den Gasteltern zu sagen, bitte langsamer zu sprechen oder sich zu wiederholen.«

War es schwieriger, als männliches Aupair vermittelt zu werden?

»Als männliches Aupair kann es durchaus sein, dass das erste Matching ein wenig länger dauert (2-4 Wochen), da leider immer noch weibliche Aupairs bevorzugt werden. Ich persönlich finde das Quatsch, denn unsereiner ist mindestens genau so qualifiziert für den Job. Es ist und bleibt letztlich das Klischee, das einem diese längere Wartezeit aufzwingt.«

Bevor er in seine Familie kam, ging Henning noch auf die Aupair-Schule in New York.

»Kaum hatte ich es wirklich begriffen, saß ich auch schon im Flugzeug Richtung Amerika. Wenn man am Flughafen nicht weiß, was zu tun ist, muss man einfach nur der Masse an Mädels folgen. Die Aupairschule ist als Junge echt ein Highlight: 300 weibliche Aupairs auf durchschnittlich 10-15 männliche. Mir persönlich hat die Bekanntschaft mit den ganzen Jungs viel mehr Spaß gemacht, weil wir auf einem Zimmer wohnten und so automatisch kommunizierten.«

Dann endlich sollte es in die Gastfamilien gehen.

»Ich war aufgeregt, als das erste Treffen anstand. Ich persönlich bin mit dem Zug von der Aupair-Schule nach NYC gefahren und habe dort meinen Gastvater getroffen! Das war schon sehr aufregend, weil ich ganz alleine vor dem McDonalds stand und die ganze Zeit rumschaute: *Wer könnte es sein?* Spätestens da habe ich gemerkt, dass es wirklich kein Problem ist, einfach Leute anzusprechen und zu fragen, ob man hier richtig sei oder wie spät es sei, etc., da fast alle Amerikaner unglaublich nett und hilfsbereit sind.

Nach meiner Ankunft in meiner neuen Familie wurde ich natürlich erstmal rumgeführt; das Grundstück, die Räume und all sowas. Um die Kontaktaufnahme mit den Kindern braucht man sich gar keine Gedanken zu machen; es kommt ganz von alleine. Meine wollten mir einfach mal ihren super Spielplatz zeigen und wie gut sie doch skaten konnten. So kommt man auf die ersten Hobbys und

weiß, was die Kinder mögen und wie sie mit einem reden. Das, was mir am meisten beim Einleben geholfen hat, war ganz klar die Kommunikation. D.h. man sollte nicht nur über das reden, was die Pflichten betrifft, sondern über jegliche Art von Alltag, die Familie und Freunde zuhause, die Hobbys, die Arbeit der Gasteltern, usw. Es findet sich wirklich immer was zum Unterhalten.«
Henning ließ sich alles genau zeigen und in seine Pflichten einweisen.

»Ich habe immer nachgefragt, wie genau sie es sich vorstellen, und zur Not wird es einfach einmal vorgeführt! Falls man dann im Laufe der ersten Woche etwas vergisst, ist das gar kein Problem, schließlich muss man ja erstmal in die Routine reinkommen und den Jetlag verarbeiten. Ich hatte wirklich Glück mit meiner Familie, denn die Einführung war einfach klasse: Wir sind auch direkt am ersten Samstag in einer wunderschönen Gegend wandern gegangen.«

Sein Aupairalltag blieb im Laufe der Zeit im Wesentlichen gleich.
»Meine Aufgaben waren immer übersichtlich. Ich weckte die Kinder, machte ihnen Frühstück und ihr Lunchpaket für die Schule und brachte sie dann zum Schulbus oder fuhr sie selber. Danach machte ich die Betten und schaute nach schmutziger Wäsche und/oder ging in die Küche und machte mir Frühstück. Das Saubermachen gehört für mich persönlich zu einer Selbstverständlichkeit; ich wische eigentlich immer Arbeitsflächen ab, sobald ich sie benutzt habe. Danach hatte ich auch schon Freizeit, die ich verbringen konnte, wie ich wollte. Ich durfte dafür sogar das Auto benutzen – das ist jedoch keine Selbstverständlichkeit in allen Familien. Wenn die Kinder aus der Schule kamen, wurden natürlich erstmal die Hausaufgaben erledigt und manchmal ein kleiner Snack gegessen. Was dann kam, hing von mir oder den Kindern ab, das war wirklich meist spontan. Abends kochte ich immer für die Kinder und den Papa – das muss nicht jedes Aupair, aber ich machte es gerne. Wenn die Küche dann sauber war, war es das auch schon für mich für diesen Tag, weil die Eltern dann gerne Zeit mit den Kindern verbrachten. Manchmal setzte ich mich dazu, oder ich traf mich mit anderen Aupairs bzw. war am Laptop. Ich erlebte so viel, wie ich selber erleben wollte (das ist ein wirklich wichtiger Grundsatz!), und integrierte mich so weit ich es wollte in die Familie, denn letzten Endes war es meine Freizeit, und die Familie fragte zwar, was ich damit anfangen wollte, schrieb mir aber nicht vor, was ich zu tun habe.«

Gute Tipps, Beobachtungen, Berichte, honoriert der Verlag mit einem Buch aus dem Programm
interconnections-verlag.de
info@interconnections.de

Bücher

Kultur und Reise

📖 Let's Go Roadtripping USA
Let's Go Publications

Dies ist der englischsprachige Reiseführer für alle, die mit kleinem Geldbeutel reisen. Er wurde ursprünglich von Studenten für Studenten und alle anderen jungen Globetrotter mit Abenteuerlust, aber ohne viel Geld geschrieben. Er wird jedes Jahr komplett neu aufgelegt, so dass man nie vor geschlossenen Türen steht, weil sich Öffnungszeiten geändert haben.

Neben klassischen Highlights aller größeren Städte in den USA enthält dieser Führer für jede Stadt wirklich gute Geheimtipps, die sehenswert sind.

Hilfreich sind vor allem die gelisteten Unterkünfte und die Restaurants inklusive der Preise – denn wenn man kein großes Budget, dafür aber Hunger hat und zudem ein Dach über dem Kopf braucht, sind solche Tipps einfach unbezahlbar. Der Reiseführer enthält weder Hochglanzfotos noch ausschweifende, schwärmerische Texte, sondern alle praktischen und wichtigen Angaben auf engem Raum zusammengefasst. Er ist daher kein Buch, mit dem man sich abends hinsetzt, um sich mit schönen Texten auf das Ausflugsziel einzustimmen. Er ist die Ressource mit allen Informationen, die man braucht, um zu planen. Hier erfährt man, wo man vorher anrufen und reservieren muss, wann man am besten was besichtigt, um Schlangestehen zu vermeiden, was man sich schenken kann und wo man extra Zeit einplanen muss – alles wirklich gute Insidertipps. Das Buch hat schon vielen Aupairs bei der Planung von Urlauben und Wochenendausflügen geholfen.

📖 KulturSchock USA
Reise Know-How Verlag Rump

Ein Kulturschock bleibt keinem Aupair erspart. Sich in das Gastland einzuleben und die Kultur und Lebensweise anzunehmen, gehört zu einem Austausch einfach dazu. Das fällt nicht immer leicht, und man wundert sich doch über die eine oder andere allgemeine Meinungsrichtung oder generelle Wertvorstellung, an die man sich nicht so leicht anpasst. Auch wenn man denkt, dass die USA nicht grundverschieden von europäischen Kulturen sind, wundern sich dann doch viele darüber, dass man mit einer ganz anderen Welt konfrontiert wird.

Das Buch setzt sich mit den kleinen und großen Unterschieden auseinander und hilft schon vor dem Aufbruch in die Ferne dabei, sich darauf einzustellen. Das Buch kann den Kulturschock nicht verhindern und auch die Erfahrung am eigenen Leib nicht ersparen, aber es hilft einem, alles besser zu verstehen und nicht zu verzweifeln.

Aupair und Austausch

📖 Das Au-Pair Handbuch

Georg. Beckmann

Soll ich mich wirklich als Aupair in ein fremdes Land trauen? In welches denn? Mit oder ohne Organisation? Das sind Fragen, die im Buch behandelt werden. Der Begriff Aupair wird erklärt und die Aufgaben eines Aupairs erläutert. Es sind Erfahrungsberichte enthalten, die zum Nachdenken anregen. Im Länderteil werden einzelne Länder demographisch kurz vorgestellt und Organisationen aufgelistet, die Aupairs vermitteln. Hinweise zu den rechtlichen Grundlagen und dem Thema Versicherung runden das Informationspaket ab.

Kinder

📖 Das große Ravensburger Buch der Kinderbeschäftigung

Bertrun Jeitner-Hartmann

Ravensburger Buchverlag

Dies ist der Klassiker für Aupairs – vor allem vor der Abreise! In diesem Buch findet man tolle Vorschläge für die Beschäftigung mit Kindern, sortiert nach Themen wie: Sprache, Musik, bildnerisches Gestalten oder Basteln. In jeder dieser Kategorien sind die Beschäftigungen geordnet nach den Altersstufen.

📖 Von Kindern selbstgemacht – Allererstes Basteln mit Lust, Spiel und Spaß

Gisela Walter

Das Buch bezieht sich im Gegensatz zum Ravensburger Buch nicht nur auf die Beschäftigung mit Kindern. Vielmehr geht es hier um die ganz grundlegenden Techniken beim Basteln wie Kleben, Falten und Kneten. Das Buch ist laut Titel zwar für jüngere Kinder im Kindergartenalter geeignethttp://images-eu.amazon.com/images/P/3931902846.03.LZZZZZZZ.jpg, aber man darf nicht vergessen, dass in den USA Basteln im Gegensatz zum Lernen nicht so gefördert wird. Deshalb passt das Buch auch für Grundschüler in den USA bestens.

📖 Knaurs großes Buch der Kinderspiele
Martin Stiefenhofer, Wolfgang Freitag

In dieser wunderschön illustrierten Sammlung von Kinderspielen findet sich ein reichhaltiger Fundus klassischer und neuer Spielideen für Kinder aller Altersstufen.

📖 Schöne alte Kinderspiele
Gisela Dürr, Martin Stiefenhofer

Von Schnitzeljagd und Hahnenkampf über Knobeln und Murmelschießen bis zu »Hänschen, piep mal« und Kettenfangen – dieses reizend illustrierte Buch enthält über 170 alte Kinderspiele für alle Altersgruppen. Kniereime, Abzählverse und Rätsel, Sing- und Tanzspiele, Ball- und Seilspiele, Gedächtnis- und Sprachspiele, Versteck- und Laufspiele und vieles mehr. Ein Spieleschatz, der die Fantasie und die Entwicklung der Kinder fördert und unerschöpfliche Anregungen gibt für alle, die gern mit Kindern spielen.

Romane

📖 Die Tagebücher einer Nanny
Englisches Original: The Nanny Diaries

Emma McLaughlin, Nicola Kraus, Regina Rawlinson

Die Autorinnen waren alle Kindermädchen in New York und haben die kleinen und großen Höhen und Tiefen, die man in dieser Position miterlebt, am eigenen Leib erfahren.

In der Geschichte des Kindermädchens Nan haben sie nun all ihre komischen, traurigen und alltäglichen Erlebnisse verarbeitet.

Auch wenn die Gastfamilie toll war - jedes ehemalige Aupair kommt an vielen Stellen des Buches einfach nicht darum herum, lauthals zu lachen und zu denken: ja, so war das bei mir auch!
Leser, die sich einen englischsprachigen Roman zutrauen, sollten das Buch in der Originalsprache lesen – es macht die ganze Geschichte noch authentischer.

📖 Streiflichter aus Amerika
Englisches Original: Notes from a big country

218 // Männliche Aupairs

Bill Bryson, Goldmann

Nach über 20 Jahren kehrt Bill Bryson mit seiner Familie aus Europa in die USA zurück. Dabei erlebt er das, was auch Aupairs nach einem Auslandsaufenthalt erleben: man empfindet viele alltägliche Dinge aus der Heimat plötzlich als seltsam und ist verwundert, warum sich die Menschen so verhalten.

So erhält der Leser die Gelegenheit, sich gemeinsam mit Bryson über die Amerikaner zu wundern – ein etwas anderer Einblick in die amerikanische Lebensweise.

📖 Aberwitziges Amerika: Eine Erkundungsreise durch Small-Town-America

Bill Geist (Autor), Gabriele Zelisko (Übersetzer), Beschreibung:

Bill Geist hat sich auf die Suche begeben und das kleinstädtische Amerika jenseits der Glitzerpaläste Las Vegas' und Hochhaussilhouetten Chicagos gesucht – und auch gefunden. Seine Erlebnisse – skurril, liebenswert, schrullig – präsentiert er in Aberwitziges Amerika auf 250 kurzweiligen Seiten.

Er entdeckt den Präriehundestaubsauger, der im Four Corners, dem Grenzgebiet zwischen Colorado, Arizona, New Mexico und Utah, die den Farmern lästigen Buddler einfach aus ihren Löchern saugt. Ganz im Sinne der Globalisierung werden sie im Anschluss an reiche New Yorker und andere Exzentriker verkauft, die die Tierchen als exotische Haustiere halten.

In einem Buch über die Kleinstädte der Vereinigten Staaten darf Monowi in Nebraska nicht fehlen. Hier besucht Geist Elsie Eiler, die Monowis Bürgermeisterin, Gemeinderätin, Schatzmeisterin, Leiterin der Bücherei, Kneipenwirtin, Köchin, Putzfrau und Polizeichefin in einem ist – und einzige Einwohnerin des Städtchens. Ihre Kneipe, in der es noch Kaffee für 10 Cent gibt, ist rege besucht von den Farmern der Umgebung.

Es sind Personen wie diese, Schicksale, die mit dem Glitzerimage Hollywoods rein gar nichts zu tun haben, die das Buch zu einer ebenso spannenden wie notwendigen Lektüre machen.

📖 Dr. Oetker German Cooking Today

Als angehendes Aupair steht man vor dem Problem: was schenke ich meiner Gastfamilie?

Das vorliegende Buch eignet sich hervorragend als Gastgeschenk, sind doch sowohl die Rezepte auf Englisch als auch die Mengenangaben auf deutsche und amerikanische Art angegeben, also cm und in (für inch) oder g, ml und oz (für ounce). Auch bebilderte Einschübe wie z.B. der über die vielen verschiedenen Fleischarten (Chateaubriand, topside fillet, knuckle, loin, chine) sind anschaulich und besonders vor dem Besuch eines Steakhauses nützlich.

Das Buch listet Klassiker der deutschen Küche auf, wie Semolina Dumplings, Lentil Soup with Smoked Sausage, Goulash, Sauce Hollandaise, Rösti, Spätzle oder Maultaschen.

📖 Original Schwäbisch: The Best of Swabian Food

Hermine Kiehnle, Monika Graff

Wer die schwäbische Küche mit Spätzle, Maultaschen und Zwiebelkuchen auch unters amerikanische Volk bringen möchte, der ist mit diesem zweisprachigen Geschenkband gut beraten, der nach einer allgemeinen Einführung übers Schwabenländle die beliebtesten regionalen Gerichte auflistet.

📖 Original Badisch: The Best of Baden Food

Monika Graff, Heidi Knoblich

Kratzede, Schäufele mit Kartoffelsalat, Brägele, Bibbeliskäs .... wer auf diese köstlichen badischen Spezialitäten auch in den USA nicht verzichten möchte, der legt sich am besten dieses zweisprachige Kochbuch zu. Wie beim schwäbischen Pendant geht es mit einer Einführung über das Badner Land los, um über die oben genannten Leckereien bis zum Hildabrötchen und der Schwarzwälder Kirschtorte zu führen.

📖 Traditional Austrian Cooking

Im kompakten Taschenbuchformat werden auf 80 Seiten die beliebtesten österreichischen Küchenklassiker vorgestellt, natürlich auf Englisch.

📖 Cuisines of the Alps

Gleich mehrere Fliegen mit einer Klappe schlägt man mit diesem englischsprachigen Kochbuch, das die Küchen von Frankreich, der Schweiz, Liechtenstein, Italien, Deutschland, Österreich und Slowenien vorstellt. Mit dabei: Leckerli wie Schweizer Käsefondue, bayrische Semmelknödel, italienisches Risotto, österreichische Sachertorte, und und und.

Webseiten

Kultur und Reise

ReiseTops.com
www.ReiseTops.com

Reiseführer zu vielen Ländern, auch den USA. Teils ganz amüsant geschrieben und informativ

About the USA

http://german.germany.usembassy.gov/

„About the USA" ist eine Webseite des Information Ressource Centers/ U.S. Diplomatic Mission to Germany. Sie beinhaltet eine Sammlung von Materialien zur amerikanischen Gesellschaft, Kultur und Politik. Die Themen reichen von der Geschichte der Deutsch-Amerikanischen Beziehungen, Regierung und Politik, bis hin zu Reisen, Feiertagen und Sport.

All 50 American States

www.globalcomputing.com/states.html

Wissenswertes zu allen amerikanischen Staaten mit Verlinkung zu den offiziellen staatlichen Webseiten.

USA Erklärtxa4

http://usaerklaert.wordpress.com

In diesem Blog wird (von einem in Berlin lebenden Amerikaner) erklärt, wie die USA funktioniert – „was eine Nationalgarde ist, wie man Sheriff wird, was Root Beer ist"! Witzig, einfühlsam, umfassend.

A Place For All Things German in NYC

www.germanyinnyc.org

Für alle Aupairs, die zwischendurch das Heimweh nach ein bisschen Deutschland packt.
New York City war früher das Tor nach Amerika für viele deutsche Einwanderer. Es ist zwar heute nicht mehr viel übrig von Klein-Deutschland in der Lower East Side, aber trotzdem findet sich noch alles mögliche Deutsche in der Stadt! Vom guten deutschen Bier (aber erst ab 21!!!) und herzhafter deutscher Hausmannskost, deutschen Rockbands und Schuhplattler über Orchester und Ballett Ensembles – auf GermanyInNYC.com erfährt man, wo in der City etwas Deutsches los ist.

MapQuest.Com Maps, Directions and More

www.mapquest.com

Steht die Gastfamilie fest und somit auch der Ort in den USA, an dem man ein Jahr lang leben wird, so ist Mapquest die Anlaufstelle für Informationen zur neuen Heimatstadt. Mit Postleitzahl, Name des Ortes und einem Mausklick gibt es jede Menge zu erfahren.

Place the State

www.sheppardsoftware.com

Es heißt immer, die Amerikaner seien geographische Nieten – hier wird der Spieß einmal umgedreht und man muss die einzelnen Staaten, die nur als Umrisse angezeigt werden, auf der Gesamtkarte der Vereinigten Staaten "einpflanzen". Gar nicht so einfach, aber definitiv eine gute Übung! Man kann sich auch auf Flüsse oder Ozeane testen lassen, was aber nicht unbedingt einfacher ist ...

Adventure Holidays

http://www.intrepidtravel.com/
http://www.suntrek.com/
www.culturalhiways.net
www.greentortoise.com

Die Reiseanbieter arbeiten alle nach demselben Konzept und sind bei Aupairs sehr beliebt. Sie bieten interessante Abenteuerurlaube, um die USA kennenzulernen – für den 13. Monat oder zum Urlauben zwischendurch. Mit einem Kleinbus geht es auf der gewählten Reiseroute zu den größten Highlights der USA. Übernachtet wird dabei je nach Tour – und damit auch je nach Preislage - im Zweimann-Zelt, im Kleinbus oder im Hotel. Touren werden ab zehn Tagen bis zwölf Wochen angeboten.

Trekamerica ist dabei der älteste und bekannteste Anbieter auf dem Markt. Cultural Hi-ways wurde von einer Gastmutter ursprünglich nur für Aupairs gegründet und bietet daher auch speziell auf Aupairs zugeschnittene Touren an – so zum Beispiel Silvester in Kanada, wo man auch unter 21 kräftig auf das neue Jahr anstoßen kann.

Kochbuch Online

www.cuisine.at

Zum Aupair-Programm gehört es auch ein wenig dazu, der Gastfamilie die Kultur des eigenen Landes näher zu bringen. Was ist da schöner als typisches Essen. Viele Gastfamilien freuen sich, wenn das Aupair ab und zu einmal eine Kleinigkeit aus der Heimat zubereitet oder bäckt. Das muss wirklich nicht kompliziert sein; auch die einfachsten Dinge wie Obstkuchen, Pfannkuchen oder Spätzle mit Soße begeistern Kinder und Gasteltern. In den USA ist leider nur oft kein deutsches Kochbuch zur Hand. Cuisine.at ist eine Rezeptedatenbank mit 70.000 deutschsprachigen und 130.000 englischsprachigen Rezepten – inklusive Suchfunktion. Ergänzt wird das fantastische Angebot durch ein nettes Küchenlexikon.

www.usa-kulinarisch.de
Umgekehrt lohnt auch die amerikanische Küche das Nachkochen und Stöbern in Rezepten. Es gibt hier zwar mehr Fastfood-Tempel als irgendwo sonst auf der Welt, und Mikrowellendinner erfreuen sich immer noch großer Beliebtheit, aber die USA warten auch mit einer reichen Küche auf, mit Gewürzen und Kochstilen aus aller Welt und so vielfältig und bunt zusammengewürfelt wie das Völkchen selbst. Da ist die französisch inspirierte Cajun-Küche der Südstaaten, viel Hühnchen und Fisch und atemberaubende Gewürzkombinationen. Da ist die Barbeque-Kultur mit den unzähligen Steaksoßen, Marinaden und Gewürzmischungen, da sind die herzhaften Eintöpfe, wie sie von den Cowboys auf offenen Lagerfeuern gekocht wurden, die deutsch-schweizerisch-elsässisch inspirierte Küche der Amish mit Knedel, Saumagen und Fasnachts(-Krapfen) oder die scharf-würzige Tex-Mex-Küche mit Guacamole, Refried Beans und Tacos.

Da sind saisonale Spezialitäten wie das traditionelle Thanksgiving-Dinner Truthahn und Süßkartoffelpüree, Kürbis-Pie oder Klassiker wie Bagels, Brownies und Blueberry Muffins.

Die Seite wartet zusätzlich mit einer interessanten Linkliste auf, beispielsweise zum Umrechnen von Maßen, zur Warenkunde und zum Küchenenglisch.

Online-Shops

www.importladen.de
Wer nach der Rückkehr Gelüste nach den typisch amerikanischen Getränken und Lebensmitteln hat, wird hier fündig: Cherry Coke, viele verschiedene Chipssorten, Oreokekse, Erdnussbutter, Beef Jerky, Butterfinger, Jelly Beans, Pancake-Mix, Jell-O, und und und!

www.usa-food.de/Lebensmittel
Fündig wird man auch bei diesem Onlineshop. Es gibt Backmischungen für Chocolate Chip Cookies, Brownies, Blueberry Muffins oder Cheesecake, außerdem Salatsoßen wie Ranch Dressing oder Chunky Blue Cheese, zudem verschiedene Senfarten, Gewürze, Chips. etc. Neben Lebensmitteln sind auch weitere Artikel erhältlich, etwa Cowboyhüte und -stiefel, Westerngürtel und -schnallen, Bücher, Grillzubehör, etc.

Aupair und Austausch

Bureau of Educational and Cultural Affairs

exchanges.state.gov

(„J1 Exchange" bzw. „Aupair Program" anklicken)

Dies ist die offizielle Webseite der Amerikanischen Regierungsbehörde "Department of State" (vergleichbar mit dem Außenministerium) zu Bildungs- und Kulturaustauschprogrammen, die von der amerikanischen Regierung derzeit durchgeführt werden. Hier finden sich zum Beispiel die aktuellen Richtlinien zum Aupair-Programm und eine Liste der Aupair-Organisationen in den USA – jedoch nicht die Vertretungen in den einzelnen Ländern aus denen die Organisationen Aupairs vermitteln.

Besonders interessant sind auf dieser Webseite die Artikel zur Geschichte des Aupair-Programms, der Berechnung des wöchentlichen Taschengeldes eines Aupairs und die letzten Änderungen im Programm. Ein wichtiger Artikel, den eigentlich jedes Aupair und jede Gastfamilie einmal lesen sollte, ist die Broschüre „What you should know", der sowohl an Gasteltern als auch an Aupairs gerichtet ist. In diesem Artikel werden noch einmal wichtige Fragen zum Programm beantwortet und der Sinn und Zweck vonm Aupairwesen wird erklärt.

Wer sich auch für andere Austauschprogramme wie Summer Work and Travel, Teachers Exchange oder Camp Councellor interessiert, wird hier ebenfalls fündig.

Au-pair Box

www.Aupair-box.com

Die Aupair Box bringt Gasteltern, Aupairs und Agenturen in Kontakt. Neben einer sehr umfangreichen Adressliste der Aupair-Agenturen in Deutschland, Österreich und der Schweiz sowie vieler weiterer Länder steht ein Forum für den Meinungsaustausch und mit Aupair-Erfahrungsberichten zur Verfügung. Außerdem kann über die Seite eine Anforderung über Informationsmaterial über das Aupair-Programm abgesendet werden. Die Information wird an entsprechende Aupair-Organisationen weitergeleitet, die dann die Möglichkeit haben, Infomaterial an die angegebene Adresse zu senden.

Aupair Family

Das Projekt wurde von einer Gastmutter mit dem Ziel gestartet, Gastfamilien und Aupairs eine Plattform zum gemeinsamen Austausch zu bieten. Wöchentliche Umfragen, Berichte von Gastfamilien und Aupairs, Artikel über die kleinen und großen Problemchen, die während eines Jahres zwischen Gastfamilien und

Aupairs auftreten können, machen diese Webseite zu einer wertvollen Ressource mit vielen Aspekten des Aupair Programms, die man nicht von einer Organisation gesagt bekommt. Für Aupairs ist hier besonders wertvoll, auch einmal einen Einblick in die Gastfamilienseite des Programms zu bekommen.

Kinder

Die Spielekiste
www.spielekiste.de

Für viele Gelegenheiten findet man hier Ideen für Groß und Klein! Mit Spielideen aus Kategorien wie Kindergeburtstag, Fangspiele, Bewegungsspiele und vielen mehr können hier sinnvolle, spaßige oder sportliche Beschäftigungsvorschläge für Kinder recherchiert werden.

ZapZapZebra – Das Web-Magazin für Kinder
www.labbe.de/zzzebra

zzzebra ist ein Web-Magazin des Labbe-Verlages für Kinder und alle, die mit ihnen gemeinsame Sache machen – das können zum Beispiel Eltern, Lehrer oder auch Aupairs sein.

Das wohl umfangreichste deutschsprachige Angebot an Spiel- und Beschäftigungsideen für Kinder. Dazu gehören auch ausgefallene Kategorien wie „Spiele zum Gesund werden" für kranke Kinder oder „Auf der Fensterbank" mit Ideen für den eigenen kleinen Zimmergarten für Kinder.

Und damit es auch richtig Spaß macht und nichts das Spielvergnügen stört: die Webseite ist absolut werbefrei!

Kidsweb
www.kidsweb.de

Immer zur Jahreszeit passende, ausgewählte Bastelideen – die meisten davon sind einfach umzusetzen und faszinieren Kids!

Haring Kids
www.haringkids.com

Berühmte Zeichnungen des Künstlers gibt es hier als Malvorlagen zum Ausdrucken. So kann man Kinder klassisch beschäftigen und gleichzeitig zum modernen Künstler machen.

Die Webseite zur Sendung mit der Maus

www.wdrmaus.de

Wer kennt sie nicht – die Lach- und Sachgeschichten aus der Sendung mit der Maus! Auf der offiziellen Homepage zur Sendung gibt es neben Themen aus den vielen Ausstrahlungen auch jede Menge Rezepte, Malvorlagen, Bastelideen und Geschichten für Kinder.

Zinis Kinderspiele

www.zinis-kinderspiele.de

Die private Homepage bietet echt alles, was ein Aupair braucht, um die Kinder mit viel Spaß zu beschäftigen. Hier sind vom altbekannten Topfschlagen bis hin zu Spielen im Regen für jeden Geschmack ein paar Spiele zu finden.

Volkis Spielecke

www.volkis-spielecke.de

Dies ist eine private Homepage mit Links zu allen möglichen Themen. Ob Piratenfeste, Papierfliegeranleitungen oder Links zur Papierherstellung. Hier findet man alles.

Praktika - bei EU, UN und Internationalen Institutionen

Voraussetzungen, Bewerbung, Adressen, Chancen

Versammelt sind hier Einrichtungen der EU. So werden zunächst die Ämter zur Personalauswahl der EU-Einrichtungen (EPSO und das Praktikantenbüro) vorgestellt, danach die einzelnen Organe, Finanzinstitutionen, interinstitutionellen Einrichtungen und Agenturen.

Ansprechende Praktikumsangebote auch bei der NATO oder bei Nichtregierungsorganisationen wie dem Roten Kreuz, Amnesty International, Brot für die Welt, Terre des Femmes u.a.

Viele Tipps zu Bewerbung sowie Erfahrungsberichte.

Im Shop bei interconnections-verlag.de
oder im Buchhandel

ADRESSEN

US-Botschaften

Deutschland
Embassy of the United States, http://german.germany.usembassy.gov/
Zuständig bei Visafragen sind die einzelnen Konsulate, in Düsseldorf, Frankfurt, Hamburg, München, Leipzig, gleich rechts oben auf der Seite oder unter "Visainformationen"

Österreich
Botschaft der Vereinigten Staaten Wien, http://german.austria.usembassy.gov/

Schweiz
Embassy of the United States Bern, http://bern.usembassy.gov

Botschaften in den USA

Deutschland
Embassy of the Federal Republic of Germany, www.germany.info

Österreich
Österreichische Botschaft, www.austria.org

Schweiz
Embassy of Switzerland,
www.eda.admin.ch/eda/en/home/reps/nameri/vusa/wasemb.htm

Amerika-Häuser

Amerika-Häuser sind von der amerikanischen Regierung betriebene Informationszentren. Sie dienen dazu, das Verständnis für die politischen, wirtschaftlichen und sozialen Angelegenheiten der USA zu fördern und Diskussionen zwischen

Deutschen und Amerikanern anzuregen. Um dies zu ermöglichen, finden Veranstaltungen wie Konzerte, Seminare, Vorträge und Diskussionsrunden statt.

Man findet sie alle versammetl bei Wiki unter „x Amerika-Haus"

Deutsch-Amerikanische Institute

Diese sind zu finden bei
http://german.germany.usembassy.gov, dann „USA erleben"

Andere

APA Secretariat, www.iapa.org
Die IAPA wurde 1994 während der *World Youth and Student Travel Conference* in Vancouver, Kanada gegründet, um junge Menschen, die im Ausland arbeiten wollen sowie Gastfamilien, die ein Aupair benötigen, mit Richtlinien und dem Zugang zu einem Netzwerk von professionellen Organisationen, die diese Services anbieten, zu unterstützen. Seit ihrer Gründung hat die IAPA Standards für die Qualität des Aupair-Marktes gesetzt.

Der Hauptsitz der Gesellschaft ist in Kopenhagen in Dänemark. Heute ist die IAPA die globale Handelsgesellschaft für qualifizierte Aupair-Organisationen und Firmen, die aktiv am Aupair-Markt beteiligt sind.

Erklärtes Ziel ist es, die Rechte der Aupairs und Gastfamilien zu schützen und zur gleichen Zeit international geltende Regeln für Aupair-Programme aufzustellen. Es gibt immer mehr Organisationen, weil die Nachfrage immer größer wird. Je größer jedoch der Markt, desto größer wird auch das Bedürfnis nach Gesetzen auf internationalem Level. Die IAPA will diese Bedürfnisse befriedigen, indem sie ein System der Selbstregulierung entwickelt und professionelle Standards vorstellt.

Derzeit hat die Gesellschaft 151 Mitglieder in 41 Ländern rund um den Globus, deren gemeinsame Ziele folgende sind:

Schutz der Aupair-Interessen und Gastfamilien durch den von der IAPA international anerkannten „Code of Conduct"

Überwachung der Arbeit der Aupair-Organisationen
unabhängige Beratung für Aupairs und Gastfamilien
Bekanntmachung des Aupair-Programms unter jungen Menschen in der ganzen Welt, um die Weiterentwicklung von friedlichen Beziehungen aber auch die kulturellen Bande zwischen den Ländern zu verstärken

Mithilfe beim Aufbau von Aupair-Programmen in Ländern, in denen sie noch nicht existieren, und Sicherstellung, dass sie als kulturelle Austauschprogramme anerkannt werden.

Sicherstellung eines gemeinsamen Verständnisses zwischen allen Mitgliedern der Gesellschaft, inkl. Konferenzen, Seminare sowie Literatur- und Informationsaustausch

Unterstützung der Regierungen, die Aupair-Programme als kulturelle Austauschprogramme anzuerkennen, damit Aupairs und ihre Gastfamilien von der Erwerbssteuer befreit sind

Entwicklung von Verhaltensrichtlinien zwischen den Mitgliedern und zur Behandlung von Aupairs

Überwachung des Verhaltens der Mitglieder der Gesellschaft und Stärkung des Bewusstseins der Professionalität der Mitgliedsorganisationen

Einmal pro Jahr wählt die Organisation das Aupair des Jahres!

Aktion Bildungsinformation e.V.,
Lange Straße 51, 70174 Stuttgart,
Tel. 0711 22021630 (Zentrale), Fax 0711 22021640
info@abi-ev.de, www.abi-ev.de

Die Aktion Bildungsinformation e.V. wurde im Herbst 1966 von Studenten badenwürttembergischer Universitäten gegründet und ist heute eine gemeinnützig arbeitende Verbraucherschutzeinrichtung in Bildungsfragen. Finanziert wird die ABI durch öffentliche Zuschüsse, Spenden, Beiträge von Mitgliedern, die z.B. aus Industrie und Verwaltung kommen, und Eigenleistungen.

Aufgaben sind:

Marktbeobachtung, Presse, Information
Auskunft in Bildungsfragen
Recht (Hilfe für den Bürger)
Förderung / Betreuung
Broschüren / Dokumentation

Au-Pair-Box.com
Familien, Aupair, Agenturen,
Kostenloser Eintrag

Nützliches

Flüge

Mietwagenanbieter, Buchungsmaschinen Flüge, und Reiseveranstalter gibt es zuhauf, sowohl international oder auch zu inneramerikanischen Flügen. Die Angebote wechseln ständig, so dass sich auch kaum Empfehlungen geben lassen.

Maße und Umrechnungstabellen

Längenmaße, Gewichte, Temperaturen, Konfektions- und Schuhgrößen, finden sich auch überall eim Internet und lassen sich aufs Handy laden.

Notrufnummern

Folgende Telefonnummern sollten bei der Arbeit im Notfall griffbereit sein:

Notruf in der USA: 911
(Krankenwagen, Polizei, Feuerwehr)
Poison center: 1-800-222-1222

Ferner: "Kids' paediatrician hospital", "Mom at work", "Dad at work", "neighbours", "close relatives", "Kids' school/ preschool", "Kids' bus company".

Manche Nummern scheinen auf den ersten Blick unnötig, aber man kann im Notfall doch froh sein, wenn zum Beispiel eines der Kinder kurzfristig nicht zur Schule gehen kann und man Schule und Busfahrtgesellschaft benachrichtigen muss, oder man Verbandsmaterial nicht finden kann und man die Hilfe der Nachbarn braucht ...
Ist man über mehrere Tage allein zu Hause, wenn Gasteltern oder die ganze Familie verreist ist, kann man auch zusätzlich noch nach der Nummer der Gas-, Wasser- und Heizungs-Installationsfirma fragen – schon manchem Aupair ist es passiert, dass ausgerechnet wenn die Gasteltern weg waren, eine Wasserleitung gebrochen oder im Winter die Heizung ausgefallen ist.

Wichtige Vokabeln

Oft fehlt es einem Aupair gerade am Anfang des Aufenthalts an ganz alltäglichen Wörtern für Höflichkeit, Haushalt, Straßenverkehr und Kinderbetreuung. In der

der Schule kamen diese Wörter in den politischen oder historischen Texten nicht vor. Diese kleine Aufstellung an einfachen Alltagsvokabeln hilft in der Anfangszeit.

Höflichkeit, Redewendungen

Hallo! Guten Tag!	Hello!
Es hat mich gefreut, Sie kennenzulernen	Nice to meet you! (Sagt man in den USA immer, wenn man vorgestellt wird)
Wie geht es dir/Ihnen?	How are you?, umgangssprachlich: How are you doing?, How is it going?
Danke! – Bitte!	Thanks! – You're welcome
Danke! – Keine Ursache!	Thanks! – Don't mention it!
Okay, geht in Ordnung.	umgangssprachlich: That's cool!
Wie bitte?	Pardon/ Excuse me?
Einen schönen Tag!	Have a nice day!
Bis bald/später!	See you soon / later! Talk to you soon / later!
Oh, mein Gott!	Oh my gosh! Oder: Oh my goodness! (Nicht das Wort „God" benutzen – es gilt als unhöflich, das Wort Gott zum Schimpfen oder Fluchen zu verwenden.)
jemanden stören	to disturb someone, to bother someone
um Erlaubnis fragen	to ask so. for permission (to do sth.)
Ich möchte, dass du…	höflich: I would love you to … I would appreciate if you … (Das sind keine Bitten, sondern Aufforderungen!) betont, eindringlich: I want you to ...
Mach doch bitte… Z.B. Geh doch bitte mit den Kindern in den Park	Why don't you … E.g. Why don't you take the kids to the park? (Keine Bitte, sondern eine Aufforderung!)
Es tut mir leid! Entschuldigung	I am sorry.
Entschuldigt mich bitte! (wenn man z.B. vom Tisch aufsteht)	Excuse me
Ich rufe dich an. Ruf mich an.	I'll give you a call. Oder: Give me a call. Höflichkeitsfloskel – ist bei neuen Bekanntschaften nicht unbedingt ernst gemeint
Du kannst mich jederzeit besuchen	You can visit me any time (Höflichkeitsfloskel, nicht unbedingt ernst gemeint)

vom Tisch aufsteht)	
Ich rufe dich an.	I'll give you a call.
Ruf mich an.	Give me a call.
	Höflichkeitsfloskel - - ist bei neuen Bekanntschaften nicht unbedingt ernst gemeint
Du kannst mich jederzeit besuchen	You can visit me any time. (Höflichkeitsfloskel, ist in den USA nicht unbedingt ernst gemeint)
Willst du mitfahren?	Do you need a ride?
Kann ich dir/ Ihnen helfen?	May I help you?
Für Gäste	
Bedien dich!	Help yourself.
Fühl dich wie zu Hause!	Make yourself home. (sagt man in den USA üblicherweise immer zu Gästen)
Setz dich!	Have a seat.
Mach es dir bequem!	Make yourself comfortable.

Beschäftigung mit Kindern

umarmen/ in den Arm nehmen	give a hug
Ermahnungen/Lob	
Bitte hör auf!	Please, stop.
Hör sofort auf!	Stop it now!
Komm her!	Come here.
Komm herunter.	Get down.
Bitte sei ruhig/still!	Please, be quiet.
Bleib weg von...	Stay away from...
Geh weg von/vom ... (Herd)	Get away from... (the stove)
Lass deinen Bruder in Ruhe!	Leave your brother alone!
Entschuldige dich!	Apologize! Say that you are sorry!
Das hast du gut gemacht!	You did such a great job.
Das ist sehr schön.	That is so beautiful.
Du bist so ein toller/eine tolle... (Schwimmer/Schwimmerin)	You are such a great... (swimmer)

Verabredung zum gemeinsamen Spielen	Playdate
kuscheln	to cuddle

Spielsachen / Spiele

miteinander spielen	Play with each other
Verstecken spielen	Play hide and seek
Brettspiel	Board game
Spielregeln	Rules
Würfel	Dice
würfeln	to roll the dice
„Ich bin an der Reihe"	"It is my turn"
Schummeln	to cheat
eine Runde aussetzen	to skip a turn
Mensch-Ärgere-Dich-Nicht	Sorry!
Kartenspiel	Card game
Puppe	Doll
Puppenhaus	Doll house
Schaukelpferd	Rocking horse
Bilderbuch	Picture book
Bauklötzchen	Building blocks
Draußen	Outdoor
werfen (z.B. Ball)	to throw
Dreirad	tricycle
Spielplatz	playground
Rutsche	slide
Schaukel	swing
Sandkasten	sandbox
Schaufel	shovel
Bagger	digger
Sandförmchen	mold
Eimer	bucket
Sieb	sieve
Klettergerüst	monkey bars
klettern	to climb
Murmeln	marbles
Märchen	Fairy tale

Schneewittchen	Snowhite
Dornröschen	Sleeping Beauty
Hänsel und Gretel	Hansel and Gretel
Aschenputtel	Cinderella
Froschkönig	Frog King

Babys / Kleinkinder

Neugeborenes	newborn
Säugling	infant, baby
Kleinkind im Krabbelalter bis ca. 2 Jahre	toddler
weinen	to cry
ein Kind beruhigen	to calm down a child
trösten	to comfort
Windeln	diapers
Öltücher	wipes
Babycreme	Baby creme
Toilettentraining für Kleinkinder	potty training
Schnuller	pacifier umgangssprachlich: binky
Baby-Rassel	rattle
Fläschchen	baby bottle
die Flasche geben	to give a baby its bottle
Kinderwagen	carriage
Buggy, Sportwagen für Kleinkinder	stroller
Kindersitz	car seat
Hochstuhl	high chair
Sitzauflage	booster seat
Wiege	cradle
Lätzchen	bib
Mittagsschlaf	nap

Schule / Kindergarten

Vorschule	kindergarden
Kindergarten	preschool
Erzieherin im Kindergarten	preschool teacher
Grundschule	primary school
Klassenkamerad	classmate

Zeugnis	report (card)
Note	grade
Schulhalbjahr	term
Sommerferien	summer break
Lob/Preis	award (kl. Preise werden in Grundschulen jede Woche für besondere Leistungen wie „Beste Hausaufgaben der Woche" vergeben)
Schultasche	school bag
Stundenplan	schedule
Hausaufgaben machen	to do homework
Referat, bei dem man etwas basteln muss	school project
Radiergummi	eraser (ACHTUNG: brit. „rubber" ist in den USA das Kondom)

Kleidungsstücke

Hose	pants (in den USA nicht trousers)
Pullover	sweater
Unterwäsche	underwear
Unterhose	panties
BH	bra
Hausschuhe	slippers
Turnschuhe	sneakers
Stiefel	boots
Jacke	jacket
Mütze	cap
Schal	scarf
Handschuhe	gloves, mittens
Kleiderschrank	closet
Zieh bitte deine … an	Please, put on your…
Zieh dich bitte an!	Get dressed!
Mache dich bitte fertig!	Get ready!

Haus / Haushalt

Grundstück vor dem Haus	frontyard
Hof, Grundstück hinter dem Haus	backyard

Wiese, Rasen	lawn
Terrasse	Deck, patio
Wohnräume	
Küche	kitchen
Bad	bathroom
Toilette	bathroom, restroom (toilet ist eher die Toilettenschüssel))
Schlafzimmer	bedroom
Kinderzimmer	nursery, children's room
Arbeitszimmer	study, office
Wohnzimmer	family/ living room
Esszimmer	dining room
Flur	hall
Keller (ausgebaut)	basement
Keller (Lagerraum)	cellar
Waschküche	laundry room
Lagerraum	storage
Dachboden	attic
Saubermachen	
Waschmaschine	washing machine
Wasch-, Spülmittel	detergent
Bleichmittel	bleach
Weichspüler	softener
Wäsche	laundry
Trockner	drier
Spülmaschine	dishwasher
Putzlappen	cloth, cleaning rag
Besen	broom
Hand-, Kehrschaufel	dustpan
Staubsauger	vacuum cleaner
staubsaugen	to vacuum
aufwischen	to wipe (up)
fegen	to sweep
Küchenutensilien	
Kühlschrank	fridge, refrigerator
Tiefkühlschrank	freezer
Mikrowelle	microwave

Herd	stove
Backofen	oven
Spüle	sink
Wasserhahn	ab
Spüllappen	rag
Spülbürste	dishwashing brush
Geschirrtuch	dishtowel
Serviette	napkin
Geschirr	dishes
Teller	plate
Tasse (klein)	cup
Tasse (Kaffeebecher)	mug
Suppenkelle	ladle
Teekanne/ Kaffeekanne	tea pot/ coffee pot
Auflaufform	Casserolec
Kuchenform	cake pan, cake tin
Teigschaber	dough scraper
Ausstechförmchen	(cookie) cutter
Quirl	mixer
Pfanne	frying pan
Bratwender	spatula
Schüssel	bowl

Ernährung

Ernährung – allgemein	nutrition
Ernährung – persönliche	diet
Lebensmittel	groceries
Frühstück	breakfast
Ahorn-Sirup	maple sirup
Waffeln mit Blaubeeren	blueberry waffles
Gebratener Toast mit Ahorn-Sirup	French Toast
Kleine, süße Pfannkuchen	pancakes
Spiegelei	fried egg
Rührei	scrambled eggs
Würstchen	sausage
Haferflocken	oatmeal
Cerealien	cereal

Müsli	muesli
Joghurt	yogurt
Pausensnack für die Schule	lunch bag
Mittagessen	lunch
Käse-Maccaroni	Maccaroni and cheese
Nudeln	noodles, pasta
Tomatensoße	tomato sauce
Brötchen	weiße Brötchen: roll bagel (ringförmige Brötchen mit einem Loch in der Mitte, gibt es in verschiedenen Sorten)
Toastbrot	toast
Brot	bread In den USA ist dies jedoch in der Regel Toastbrot. Brot, wie man es hier in Bäckereien zu kaufen bekommt, wird in der Regel als „continental style bread" bezeichnet und ist meist nur in Spezialitätengeschäften zu bekommen
Brotlaib	loaf
Erdnussbutter	peanut butter
Honig	honey
Marmelade	jam, marmalade umgangssprachlich: jelly
belegtes Brot	sandwich
Wurstbrot	bologna Sandwich bologna, von Kindern oft bologny genannt, ist eine Lyoner-ähnliche Wurstsorte, die als Aufschnitt für Sandwiches verwendet wird.
Schinken	ham
Schinkenspeck	bacon
Frischkäse	cream cheese
Schmelzkäse	soft cheese
Abendessen	dinner
Fleisch	meat
Hühnchen	chicken
Rind	beef
Schwein	pork

Truthahn	turkey
Schweinebraten	roast pork
Rinderbraten	roast beef
Bratensoße	gravy
Thunfisch	tuna
Fischstäbchen	fish sticks
Lachs	salmon
Püree	mash
Kartoffelbrei	mashed potatoes
Pommes Frites	French fries
Milchreis	rice pudding
Gemüse	vegetables
Aubergine	eggplant
Blumenkohl	cauliflower
Brokkoli	broccoli
Champignons	mushrooms
Erbse	pea
grüne Bohnen	string beans
Gurke	cucumber
Kartoffel	potato
Kohl	cabbage
Kürbis	pumpkin
Lauch	leek
Mais	corn
Möhre	carrot
Oliven	olives
Paprika	pepper
Radieschen	radish
Salat	lettuce
Sellerie	celery
Spargel	asparagus
Tomate	tomato
Zucchini	zucchini
Zwiebel	onion
Obst	fruit
Ananas	pineapple
Apfel	apple
Banane	banana
Birne	pear

Blaubeere	blueberry
Erdbeere	strawberry
Himbeere	raspberry
Johannisbeere	redcurrant
Kirsche	cherry
Melone	melon
Orange	orange
Pfirsich	peach
Pflaume	plum
Traube	grape
Gewürze	spices
Essig	vinegar
Muskatnuss	nutmeg
(pflanzliches) Öl	(vegetable) oil
Paprika	paprika
Pfeffer	pepper
Salatsoße	dressing
Salz	salt
Zimt	cinnamon
Zucker	sugar
Kräuter	herbs
Basilikum	basil
Petersilie	parsley
Schnittlauch	chive
Thymian	thyme
Süßigkeiten	candy
Bonbon	candy
Eis	ice cream
Eiswaffel	ice cream cone
gefüllter, oft gedeckter Kuchen	pie
Keks	cookie
Kuchen	cake
Lakritz	liquorice
Pralinen	chocolates
Schokolade	chocolate
Tafel Schokolade	chocolate bar
eine Scheibe, ein Stück…	a slice of…

Gesundheit

Fieber, erhöhte Temperatur	fever, temperature
Fieberthermometer	thermometer
Bauch	stomach Umgangssprache: tummy
Bauchweh "Ich habe Bauchweh" (Kindersprache)	stomache ache stomache pain "My tummy hurts"
„Mir ist schlecht"	„I feel sick" "My stomache feels sick"
sich erbrechen, übergeben	to puke, to vomit, to throw up
Durchfall	diarrhea
Kopfweh	headache
Beule	bump
Kratzer, Schramme	scratch
blauer Fleck-	bruise
nach Luft japsen, würgen	to choke
keuchen	to gasp
husten	to cough
Erkältung	cold
Halsschmerzen	sore throat
Ausschlag	rash
Sonnenbrand	sunburn
Insektenstich	sting
Pflaster	band-aid Kindersprache: bandy
Verband	bandage
Pinzette	tweezers
Desinfektionsmittel	disinfectant
Medikament	medicin
Tabletten	pills
Vitamintabletten/-präparate	vitamins
Kinderärztin	pediatrician

Auto / Verkehr

Kindersicherung	Child safety lock

Gurt	seat-belt
Windschutzscheibe	windshield
Scheibenwischer	wiper
Blinker	turn signal (blinker)
Motorhaube	hood
Kofferraum	trunk
Tankstelle	gas station
Benzin	gas
"Bitte voll machen." (bei Tankstellen mit Tankwart)	"Fill it up, please"
von der Polizei angehalten werden	to get pulled over
Strafzettel	ticket
Geschwindigkeitsübertretung	speeding
mit jemandem mitfahren	to ride with s.b.
Geschwindigkeitsbegrenzung	speed limit
Ampel	traffic light
Verkehrsschild	traffic sign
Ausfahrt	exit
Spur, Fahrbahn	lane
Autobahngebühr	toll
Parkplatz	parking lot
Auffahrt zu einem Haus	driveway
Öffentliche Verkehrsmittel	public transportation
mit dem Bus fahren	to take the bus, to ride the bus
Bushaltestelle	bus stop

College

Vorlesung/ Kurs	class
Hauptfach	major
Vorlesungsverzeichnis	program, university calender
sich für einen Kurs einschreiben	to enroll in a class, to register for a class, to sign up for a class
einen Kurs machen	to take a class/ course
College-, Studiengebühren	tuition fee
Hausaufgaben	assignment
Punkte, die man für einen Kurs bekommt	credits

Unterwegs

etwas erledigen	to run errands
Lebensmittel einkaufen	grocery shopping
Supermarkt	supermarket
Lebensmittelgeschäft	grocery store
Einkaufszentrum	mall
Bäckerei	bakery
Metzgerei	butcher
Kaufhaus	department store
Bank	bank
Apotheke	pharmacy
Drogerie	drugstore,
Postamt	post office
Rathaus	town hall
Büchergeschäft	bookstore
Bücherei	library
einen Film ausleihen	to rent a movie
Discothek	club
Fahrstuhl	elevator
Rolltreppe	escalator
Geldautomat	ATM machine
EC-Karte	cash card
Geld abheben	to withdraw money
Geld einbezahlen	to make a deposit
ein Konto eröffnen	to open a bank account
eine Rechnung bezahlen	to pay a bill
Im Restaurant	
Speisekarte	menu
Bestellen	to order
Rechnung	check
Die Rechnung bitte!	The check, please!
getrennt bezahlen	to pay seperately
Es wird Ihnen ein Tisch zugewiesen	Please wait to be seated
Trinkgeld	tip

Aupair-Vermittler

Finden sich unter www.au-pair-box.com

American Aupair Agency,
T. 06192 962369, F. 06192 22808
bredlow@t-online.de, www.aaa-american-aupair-agency.de

AU PAIR Agentur Int. Maria-Theresia,
T. 08168 98617-07/-06, F. 08168 9861704
contact@activeabroad.net, www.aupairmaria-theresia.de
Die vormals als «Aupair-Agentur Int. Maria-Theresia» gekannte Organisation existiert seit 1998 mit jährlich steigenden Vermittlungszahlen. Zweigstelle in Berlin, Hauptsitz bei München. Vermittlung von Au Pairs ins Ausland: USA, Australien, Kanada und Europa.
Weitere Angebote: Sprachreisen, Sommer-Camps, Auslandsstudium, Europa, Nord-u. Südamerika, Ozeanien.

AYUSA International,
T. 030 8439390, F. 030 84393939
aupair@ayusa.de, www.ayusa.de
Teil einer amerikanischen Organisation. Führt das AuPairCare Programm in den USA seit über 15 Jahren durch. Das deutsche Büro mit Sitz in Berlin und knapp 40 Repräsentanten deutschlandweit bereiten die Au Pairs sowohl individuell als auch durch Gruppenseminare auf ihr Auslandsjahr vor. In den USA leben die Au Pairs in Gastfamilien, für die sie sich selbst entscheiden können. Dort haben sie stets einen örtlichen Ansprechpartner, der bei Fragen zur Verfügung steht und regelmäßige Treffen mit anderen Au Pairs aus der ganzen Welt organisiert.

Cultural Care Aupair *Deutschland,*
T. 01802 287247, F. 030 20347401,
Aupair.de@culturalcare.com
www.culturalcare.com
Teil von EF Education, Spezialist für Sprachreisen und Kulturaustausch und seit 40 Jahren mit diversen Programmen auf dem Markt.
Seit 1989 wurden bereits mehr als 45.000 Au Pairs erfolgreich nach Amerika entsandt. EF bietet außerdem Sprachreisen, internationale Sprachschulen, Studienjahre im Ausland, Work und Travel, High School Jahre, Sprachkurse für Fach- und Führungskräfte in zahlreichen Ländern sowie Online-Sprachkurse an.

Cultural Care,
EF Education Wien
T. 0043 15128287, F. 0043 15122076
Aupair.at@culturalcare.com, www.culturalcare.com

EF Education AG Zürich,
T. 0041 12504101, F. 0042 12504110
aupair.ch@culturalcare.com , www.ef-swiss.ch

GermanAuPair, T. 02361 9050634,
silke.Rixen@germanaupair.de, www.germanaupair.de

iST, T. 0351 31992580, F. 0351 31992585
ist-dresden@sprachreisen.de, www.aupair.de

Munichaupair,
T. 089 20189550, F. 089 20189552,
patricia@munichaupair.com, www.munichaupair.com

STEP IN,
T. 0228 95695-0, F. 0228 95695-99
info@step-in.de, www.step-in.de
Austauschorganisation mit Sitz in Bonn-Bad Godesberg und Partnerorganisationen weltweit. Führt seit 1997 High School-, Work & Travel, Work Experience und Praktika-Programme sowie Volunteer-, Au-pair- und Sprachkursaufenthalte in aller Welt durch. STEP IN arbeitet grenzüberschreitend mit langjähriger Erfahrung und einem Netzwerk aus persönlichen Kontakten und kooperiert ausschließlich mit professionellen Partnern, die sich zur Erfüllung der hohen Anforderungen an die Austauschprogramme verpflichtet haben.

WeitereAdressen

USA

Die jeweils aktuellen sogenannten „Sponsor Organization" finden sich bei
http://j1visa.state.gov/participants/how-to-apply/sponsor-search/?program=Au%20Pair bzw.
http://j1visa.state.gov/, > Getting a J-1 Visa, > Choose a J-1 Visa program, > Au Pair, > Find an Au-Pair Sponsor.

Dänemark:

*IAPA Secretaria (International Au Pair Association (IAPA),
Bredgade 25 H ,DK-1260 Copenhagen K, Denmark,
Tel +45 3317 0066, Fax +45 3393 9676
www.iapa.org*

China tickt anders

Jahre einer intensiven Begegnung

Der Autor, ein ausgezeichneter Kenner des Landes, schildert seine Erlebnisse und Beobachtungen aus seinen 17 Jahren im Reich der Mitte. Voller Kuriositäten, geschrieben mit Humor und viel Verständnis.
Schwarz-weiß-Fotos.
190 S.
15,90 €

Preiswert durch Europa

Interrailführer – Die besten Adresssen

Seit zig Jahren ist Interrail nicht nur eine Art der Fortbewegung, nein, es ist eine Philosophie. Mit dem Ticken kann man sich quer durch ganz Europa treiben lassen. Das Buch zeigt die besten Stellen und wie sich so mancher Euro sparen lässt.
Brochierte Ausgabe

300 S.
17,90 €

interconnections-verlag.de, > Katalog oder im Buchhandel

Griechenland neu entdeckt

Landschaften, Menschen, Begegnungen

Griechenland heute, neu erlebt, neu erwandert. Museen und Ruinen natürlich, aber auch die kaum erschlossene Bergwelt mit ihren den Göttern geweihten Gipfeln, Schluchten und heiligen Quellen. Ausgezeichnete Einblicke in die reiche Vogel- und Blumenwelt.

Brochierte Ausgabe, s/w-Foto
136 S
15,90 €

Spanien, wie wir es lieben

Kastilien und Estremadura – Städte & Landschaften

Reise durch das Herz Spaniens, ein Land in Bewegung, quirlige Städte, nette Begegnungen und immer spannend. Man merkt, wie viel Herzblut die Autorin in ihrem Werk stecken hat. Wunderschöne Farbfotos.

158 S.
16,90 €

Reise ins Herz Australiens

Menschen, Mythen und Geschichten

Potpourri von Beobachtungen, Begegnungen, Geschichten sowie Hintergründen zur australischen Gesellschaft.
Brochierte Ausgabe

180 S.
15,90 €

interconnections.de

interconnections-verlag.de, > Katalog oder im Buchhandel